U0505729

"十四五"国家重点出版物出版规划项目

★ 转型时代的中国财经战略论丛 ◢

系统性金融风险传导与金融宏观审慎监管有效性研究

Systematic Financial Risk Transmission and
the Effectiveness of Financial Macro-prudential Supervision

马玉洁 刘 超 著

中国财经出版传媒集团

经济科学出版社
Economic Science Press

图书在版编目（CIP）数据

系统性金融风险传导与金融宏观审慎监管有效性研究/
马玉洁，刘超著 . —北京：经济科学出版社，2021. 11
（转型时代的中国财经战略论丛）
ISBN 978 - 7 - 5218 - 3090 - 3

Ⅰ. ①系…　Ⅱ. ①马…②刘…　Ⅲ. ①系统风险 - 金融风险 -
风险管理 - 研究 - 中国　Ⅳ. ①F832. 1

中国版本图书馆 CIP 数据核字（2021）第 239022 号

责任编辑：于　源　陈　晨
责任校对：靳玉环
责任印制：范　艳

系统性金融风险传导与金融宏观审慎监管有效性研究
马玉洁　刘　超　著
经济科学出版社出版、发行　新华书店经销
社址：北京市海淀区阜成路甲 28 号　邮编：100142
总编部电话：010 - 88191217　发行部电话：010 - 88191522
网址：www. esp. com. cn
电子邮箱：esp@ esp. com. cn
天猫网店：经济科学出版社旗舰店
网址：http://jjkxcbs. tmall. com
北京季蜂印刷有限公司印装
710 × 1000　16 开　16 印张　260000 字
2021 年 12 月第 1 版　2021 年 12 月第 1 次印刷
ISBN 978 - 7 - 5218 - 3090 - 3　定价：65. 00 元
（图书出现印装问题，本社负责调换。电话：010 - 88191510）
（版权所有　侵权必究　打击盗版　举报热线：010 - 88191661
QQ：2242791300　营销中心电话：010 - 88191537
电子邮箱：dbts@ esp. com. cn）

总　序

　　《转型时代的中国财经战略论丛》是山东财经大学与经济科学出版社合作推出的"十三五"系列学术著作，现继续合作推出"十四五"系列学术专著，是"'十四五'国家重点出版物出版规划项目"。

　　山东财经大学自 2016 年开始资助该系列学术专著的出版，至今已有 5 年的时间。"十三五"期间共资助出版了 99 部学术著作。这些专著的选题绝大部分是经济学、管理学范畴内的，推动了我校应用经济学和理论经济学等经济学学科门类和工商管理、管理科学与工程、公共管理等管理学学科门类的发展，提升了我校经管学科的竞争力。同时，也有法学、艺术学、文学、教育学、理学等的选题，推动了我校科学研究事业进一步繁荣发展。

　　山东财经大学是财政部、教育部、山东省共建高校，2011 年由原山东经济学院和原山东财政学院合并筹建，2012 年正式揭牌成立。学校现有专任教师 1688 人，其中教授 260 人、副教授 638 人。专任教师中具有博士学位的 962 人。入选青年长江学者 1 人、国家"万人计划"等国家级人才 11 人、全国五一劳动奖章获得者 1 人、"泰山学者"工程等省级人才 28 人，入选教育部教学指导委员会委员 8 人、全国优秀教师 16 人、省级教学名师 20 人。学校围绕建设全国一流财经特色名校的战略目标，以稳规模、优结构、提质量、强特色为主线，不断深化改革创新，整体学科实力跻身全国财经高校前列，经管学科竞争力居省属高校领先地位。学校拥有一级学科博士点 4 个，一级学科硕士点 11 个，硕士专业学位类别 20 个，博士后科研流动站 1 个。在全国第四轮学科评估中，应用经济学、工商管理获 B＋，管理科学与工程、公共管理获 B－，B＋以上学科数位居省属高校前三甲，学科实力进入全国财经高校前十。工程学进入 ESI 学科排名前 1%。"十三五"期间，我校聚焦内涵式发展，全面实施了科研强校战略，取得了一定成绩。获批国家级课题项目 172 项，教育部及其他省部级课题项目 361 项，承担各级各类横向课题 282 项；教师共发表高水平学术论文 2800 余篇，出版著作 242 部。同时，新增了山东省重点实验室、省重点新型智库和研究基地等科研平台。学校的发展为教师从事科学研究提供了广阔的平台，创造了更加良好的学术生态。

"十四五"时期是我国由全面建成小康社会向基本实现社会主义现代化迈进的关键时期，也是我校进入合校以来第二个十年的跃升发展期。2022 年也将迎来建校 70 周年暨合并建校 10 周年。作为"十四五"国家重点出版物出版规划项目，《转型时代的中国财经战略论丛》将继续坚持以马克思列宁主义、毛泽东思想、邓小平理论、"三个代表"重要思想、科学发展观、习近平新时代中国特色社会主义思想为指导，结合《中共中央关于制定国民经济和社会发展第十四个五年规划和二〇三五年远景目标的建议》以及党的十九届六中全会精神，将国家"十四五"期间重大财经战略作为重点选题，积极开展基础研究和应用研究。

与"十三五"时期相比，"十四五"时期的《转型时代的中国财经战略论丛》将进一步体现鲜明的时代特征、问题导向和创新意识，着力推出反映我校学术前沿水平、体现相关领域高水准的创新性成果，更好地服务我校一流学科和高水平大学建设，展现我校财经特色名校工程建设成效。通过对广大教师进一步的出版资助，鼓励我校广大教师潜心治学、扎实研究，在基础研究上密切跟踪国内外学术发展和学科建设的前沿与动态，着力推进学科体系、学术体系和话语体系建设与创新；在应用研究上立足党和国家事业发展需要，聚焦经济社会发展中的全局性、战略性和前瞻性的重大理论与实践问题，力求提出一些具有现实性、针对性和较强参考价值的思路和对策。

山东财经大学校长

2021 年 11 月 30 日

前　言

　　金融风险管理是各国政府和理论界持续关注的热点问题。随着金融系统的复杂动态关联演化，金融风险来源多样化、多渠道并行传导特征日益凸显，金融系统风险溢出效应不断加强。特别是全球新冠肺炎疫情冲击下国际国内经济发展不确定性增强，金融风险防范和监管面临更加严峻的挑战。系统性金融风险作为金融风险的宏观表现形式，其微观结构特征中蕴含着风险从积累、传导到爆发的演化信息。如何提取风险诱发和传导的关键信息，揭示金融风险的微观结构性特征，探究系统性金融风险多渠道演化规律，提升金融风险防范与监管有效性，是当前系统性金融风险研究和风险监管实践亟须解决的重要课题。

　　金融风险管理也是我国金融系统管理必不可少的重要组成部分，防范化解系统性金融风险、维护金融安全已被提升到国家发展战略高度。十九大政府报告中提出"健全货币政策和宏观审慎政策双支柱调控框架，健全金融监管体系，守住不发生系统性金融风险的底线"。2019年政府工作报告中提出"要平衡好稳增长与防风险的关系，确保经济持续健康发展"。2020年《中共中央关于制定国民经济和社会发展第十四个五年规划和二〇三五年远景目标的建议》提出，"健全金融风险预防、预警、处置、问责制度体系"。从我国金融风险防控来看，"十三五"时期我国防范化解重大金融风险攻坚战取得重要阶段性成果，但金融混业、创新、国际化趋势下，金融监管依然面临金融机构隐匿关联交易、资本市场泡沫化、影子银行反弹回潮、地方政府隐性债务累积、中小银行资本充足率低、跨境资本流动风险、金融创新监管滞后等难题。改革并完善适应现代金融市场发展的金融宏观审慎监管框架，是我国当前金融监管改革的重要任务。"一委一行两会"的新监管体系下，如何有效识别系统性金融风险，选择行之有效的金融宏观审慎监管工具，提高金融监管效率，促进金融宏观审慎监管与其他经济政策的协调运作，探索与我国金融系统发展环境相适应的金融宏观审慎监管改革路径是现阶段我国金融监管亟须解决的重大问题和严峻挑战。

本书基于金融系统的复杂性、系统性金融风险传导的多渠道性、金融监管的多部门协调性需求，运用复杂网络方法和 VAR 类拓展模型对系统性金融风险演化及金融监管有效性进行研究。主要从系统性金融风险多维传导机制以及金融宏观审慎监管工具的传导路径、工具有效性、与其他政策的协调有效性、宏观审慎政策有效性预测五个方面，探究系统性金融风险传导机理和金融宏观审慎监管工具及政策的有效性，并结合我国当前金融宏观审慎监管体系中的不足，提出优化我国金融宏观审慎监管体系的政策建议，以期为我国金融系统完善发展和金融监管有效性提升尽绵薄之力。其中，系统性金融风险多维传导机制研究主要从时间维度和空间维度揭示全球股票市场风险溢出不同维度特征，分析全球股票市场风险溢出的宏微观结构特征，探究金融风险溢出效应及其传导机制；金融宏观审慎监管工具传导路径研究主要根据金融宏观审慎监管工具作用路径不同尝试构建金融宏观审慎监管系统动力学因果反馈模型，探究不同类别金融宏观审慎监管工具的传导路径和作用机理；金融宏观审慎监管工具有效性研究主要不同类别宏观审慎监管工具的作用效果进行评价研究，分析不同政策环境下不同类别金融宏观审慎监管工具作用的时间路径和影响程度；金融宏观审慎监管与其他宏观政策协调有效性研究主要将金融宏观审慎监管与其他政策的协调有效性纳入金融宏观审慎监管有效性研究体系中，对金融宏观审慎监管与货币政策、微观审慎监管政策的协调性进行研究；金融宏观审慎监管有效性预测研究主要基于金融系统变量的时变性和随机性特征重构我国金融状况指数，对金融宏观审慎监管政策有效性进行预测研究；完善我国金融宏观审慎监管框架的政策建议研究主要基于前期研究对我国金融宏观审慎监管中存在问题的研究及其主要分析结果，从建立金融宏观审慎监管工具储备池、完善金融宏观审慎监管协调机制建设、加强金融宏观审慎监管预期管理三个方面提出优化我国金融宏观审慎监管体系的政策建议。

随着金融系统复杂性的提升以及金融系统的灵活动态发展，系统性金融风险的影响因素也呈多元化动态演化，金融宏观审慎监管既要注重宏观层面的方法体系构建也要加强对政策实施过程中不同政策工具作用效果的深入研究,金融宏观审慎监管体系的研究任重而道远,还有许多方面的研究工作需要在以后研究中继续深入。

最后,感谢我的博士生导师北京工业大学经济与管理学院刘超教授在本人博士就读期间和本书写作过程中给予的指导,正是刘超教授的方向性指导和鼓励才使本书得以完成。同时,感谢博士期间研究团队的每一位老师和同学的帮助。感谢山东财经大学对本书出版给予的支持,感谢出版过程中默默作出贡献的各位老师和编辑工作人员。感谢山东省自然科学基金项目"多源异构信息网络下系统性金融风险传导及区间预警研究(ZR2020QG009)"在本书写作过程中给予的支持。

马玉洁

山东财经大学

2021 年 6 月 8 日

目　录

第1章 绪 论

1.1 研 究 背 景

随着全球经济和金融体系的不断发展，金融创新不断加快，金融产品、金融机构以及金融市场之间的相互作用关系不断增强，金融系统复杂性提升。同时，在微观审慎监管和金融创新交互作用下催生的影子银行体系不断发展壮大，金融风险通过溢出效应、季风效应、金融关联等方式在金融系统内部传染性提升，金融系统脆弱性增强①。长期繁荣的经济发展外表使人们对未来经济和金融发展形势预期较为乐观，系统性金融风险在影子银行的高杠杆运作和金融资产证券化发展链条中不断地扩散和蔓延②。以金融机构个体稳健性监管为目标的微观审慎监管政策在金融系统性风险方面的监管空白成为 2008 年全球金融危机爆发的最根本的原因。此次金融危机给全球经济的重创以及金融风险的迅速蔓延引发了人们对以微观监管为主的金融监管体系有效性的思考，旨在维护金融稳定的金融宏观审慎监管政策开始受到关注和高度重视。危机后国际社会达成一致共识，即要迅速调整金融监管理念和方式，着手构建金融宏观审慎监管政策框架，以增强金融体系的抗风险能力、降低由内部关联性和顺周期趋势所导致的系统性风险③。

---

① 宫晓琳. 宏观金融风险联动综合传染机制 [J]. 金融研究，2012（5）：56 – 69.

② 颜永嘉. 影子银行体系的微观机理和宏观效应——一个文献综述 [J]. 国际金融研究，2014（7）：46 – 53.

③ Schoenmaker D，Wierts P. Macroprudential supervision：from theory to policy [J]. *National Institute Economic Review*，2016，235（1）：50 – 62.

2009 年，各国政府陆续启动了大规模的金融监管体系改革，以加强金融宏观审慎监管、提升金融体系防范系统性风险的能力。金融宏观审慎监管成为现代金融监管体系不可或缺的重要组成部分，并随金融系统的发展呈动态演化。

另外，随着金融风险传染性的增强，金融危机的全球性特征凸显，但从金融危机的演变进程来看，其表现形式却又不尽相同，不同的国家或地区表现出不同的形式。美国次贷危机的诱因在于金融市场的过度创新和监管不力使得系统性风险积累，在资产证券化过程中，没有建立相应的监管制度，从而使得风险随金融产品和金融业务的关联性而传染到整个金融系统①。欧洲主权债务危机被视为是美国次贷危机的延伸，但是从其发生的根源来看，则是由于欧洲部分国家的高福利、高财政赤字以及欧洲一体化发展中机制建设不足导致经济结构严重失调。欧洲国家为了刺激经济发展纷纷推出量化宽松政策，而这一政策的推出又伴随着经济和金融全球化发展蔓延到新兴经济体②。对于新兴经济体来说，金融市场、经济市场建设还不完备，流动性资金导致资产价格的巨大波动，市场弹性不足，从而积累系统性风险。由此可见，金融危机具有全球性特征但又存在地域性差异，这就对以防范系统性金融风险为目标的金融宏观审慎监管提出了更大的挑战。各国应该在吸取他国经验教训的基础上，从各自的国情和金融系统发展状态出发，开展适合自身发展的金融宏观审慎监管制度改革。

加强金融宏观审慎监管已成为全球金融改革的核心内容之一。全球新冠肺炎疫情冲击下国际、国内经济发展不确定性增强，金融风险防范和监管面临更加严峻的挑战。从我国金融系统运行状态来看，随着金融创新速度的加快和国际化程度的加深，经济金融体系中存在的系统性风险隐患不容忽视③。《中华人民共和国国民经济和社会发展第十三个五年规划纲要》明确指出"改革并完善适应现代金融市场发展的金融监管框架，健全符合我国国情和国际标准的监管规则，实现金融风险监管

---

① Liebeg D，Eidenberger J，Schmitz S W，et al. Macroprudential supervision：A key lesson from the financial crisis ［J］. *Financial Stability Report*，2014（27）：83 – 94.

② Fáykiss P，Szombati A. Macroprudential supervision in non-euro area European countries ［J］. *Mnb Bulletin*，2013，8：61 – 68.

③ 王国刚. 新常态下的金融风险防范机制 ［J］. 金融研究，2015（2）：16 – 22.

全覆盖"。2019 年政府工作报告中提出"要平衡好稳增长与防风险的关系，确保经济持续健康发展"。2020 年《中共中央关于制定国民经济和社会发展第十四个五年规划和二〇三五年远景目标的建议》提出，"健全金融风险预防、预警、处置、问责制度体系"。面对全面金融监管时代的来临，我国必须树立从严、全面监管的理念，重新审视目前的金融监管体制。党的十九大作出了健全货币政策和宏观审慎政策双支柱调控框架的重要部署。2017 年 7 月，国务院成立金融稳定发展委员会统筹协调金融监管重大事项。2018 年 3 月，中共中央印发的《深化党和国家机构改革方案》中明确指出，将中国银行业监督管理委员会和中国保险监督管理委员会的职责整合，组建中国银行保险监督管理委员会。随着各项改革措施的开展监管理念从行业监管转向功能监管，借鉴英国"双峰"和美国监管模式，形成"一委一行两会"新监管体系。新金融监管改革将防范化解系统性金融风险放在金融监管的重要战略位置，体现了健全宏观审慎政策框架，统筹金融监管调控的金融监管战略思想。

有效识别系统性金融风险，建立与一国金融、经济发展相适应的金融监管系统，提高金融效率、规范金融秩序、促进金融稳定，调控经济和金融协调运行，保护金融消费者合法权益，进而使金融更好地为实体经济服务，成为金融监管改革新趋向。在我国金融监管改革背景下，如何确定与我国金融系统发展环境相适应的金融宏观审慎监管改革路径，选择行之有效的金融宏观审慎监管工具，提高金融监管效率，促进金融宏观审慎监管与其他经济政策的协调运作是现阶段我国金融监管亟须解决的重大问题和严峻挑战。

1.2 研究意义

系统性风险的防范与监管问题是次贷危机以后金融界持续关注的焦点，2009 年二十国集团（G20）峰会首次正式提出金融宏观审慎监管的理念，之后，经济理论界开始重视金融宏观审慎监管的研究和实践。本书研究结合系统性金融风险传导特征和我国金融宏观审慎监管发展及其面临的挑战，在对系统性金融风险传导与宏观审慎相关研究进行梳理的基础上，从系统性金融风险溢出、传导、演化以及我国金融宏观审慎监管的传导路径、工具有效性、与其他经济政策的协调有效性、金融宏观审慎监管有效性预测几个方面开展研究，提出完善我国金融宏观审慎监管体系的政策建议，为当前我国金融宏观审慎监管改革提供思路借鉴。

1.2.1　理论意义

（1）从多个维度不同层次对系统性金融风险传导规律进行分类探索，分析不同金融主体之间的风险溢出机制，揭示系统性金融风险传导的时间和空间关联演化特征。金融风险溢出效应的发挥不仅受风险时效性的影响，还受溢出对象之间空间关联性的影响，且随着金融系统内部以及金融系统与外部经济社会环境之间关系的复杂性提升，金融风险溢出效应也体现出更多的复杂性。本书从复杂非线性视角对金融风险溢出效应进行分析，揭示风险溢出的微观层面特征。一方面，从时间维度和空间维度揭示全球股票市场风险溢出不同维度特征；另一方面，分别从宏观、中观、微观层面，按照"全球市场整体溢出—各国市场之间溢出—中美两国之间溢出"的思路分析全球股票市场风险溢出的宏微观结构特征，探究金融风险溢出效应及其传导机制，探究全球股票市场金融风险溢出的时间和空间演化特征，从微观的角度揭示金融风险的复杂非线性溢出机制。

（2）分析金融宏观审慎监管政策传导路径，探索金融宏观审慎监管工具有效性，更加深入地揭示金融宏观审慎监管系统有效运作的内部传导路径。随着金融系统环境的动态演化以及金融系统复杂性的提升，系统性金融风险的诱因及风险传染路径也随之复杂化，传统的单一路径分析和工具有效性研究难以揭示金融宏观审慎监管工具复杂的内部运作机制。随着金融宏观审慎监管工具的多样化发展，宏观审慎工具的选择和复杂金融环境下实施的有效性成为当前金融宏观审慎监管研究中面临的难题。本书运用系统动力学因果反馈仿真方法从不同类别的金融宏观审慎监管工具作用机理出发，通过建立金融宏观审慎监管工具实施的因果反馈回路，探究金融宏观审慎监管的传导路径，揭示金融宏观审慎监管系统的内部运作机制，并在此基础上，运用 Qual – VAR 模型研究不同政策环境下不同类别监管工具在我国金融宏观审慎监管实施过程中的有效性，分析不同监管工具有效性差异的原因，对金融宏观审慎监管工具的选择和演化规律探索具有重要意义。

（3）分析金融宏观审慎监管与货币政策、微观审慎监管政策等经济政策的协调有效性，揭示金融宏观审慎监管系统有效运作的外部协调机制。随着金融系统开放性的增强，金融系统众变量之间存在复杂作用关系，使宏观审慎监管政策的制定和实施不仅仅要考虑系统性风险，还要考虑与其所处的外部政策环境，将金融宏观审慎监管与微观审慎监管、货币政策等其他宏观经济政策有机结合才能更好地发挥金融宏观审慎监管的调控作用。但从当前研究来看各项经济政策之间的协调性及协调边界的界定还需进一步探索，本书从金融宏观审慎监管与各类经济政策的协调机理分析入手，研究金融宏观审慎监管与货币政策、微观审慎政策等经济政策的协调关系，探明其与各种经济政策之间的协调运作机制，通过非线性门限模型和 Panel – VAR 模型探究金融宏观审慎监管政策与其他经济政策之间协调运作的可能性、协调边界以及政策协调的优势所在，揭示金融宏观审慎监管系统运作的外部协调机制，为金融宏观审慎监管有效性研究奠定研究基础。

（4）以 VAR 类宏观计量拓展模型体系为基础，建立 VAR 类拓展模型的金融宏观审慎监管研究方法体系，丰富金融宏观审慎监管研究体系。VAR 模型不以严格的经济理论为基础而是从经济数据本身出发，通过变量之间的脉冲响应揭示变量之间的因果关系，避免了传统经济计量方法在模型估计和变量关系研究上的主观判断的干扰。VAR 类宏观计量模型拓展形式以 VAR 模型为基础，在保持 VAR 模型在数据关系分析和变量内生性、外生性问题处理优势的基础上，根据研究对象及其特征的不同对其进行改进。本书从金融宏观审慎监管有效性所涉及的研究问题出发，针对金融宏观审慎监管政策的间断性问题采用定性向量自回归 Qual – VAR 模型将二元信息转化为连续信息分析不同金融宏观审慎监管工具的有效性；针对宏微观审慎协调监管中的面板数据分析问题采用基于面板数据的 Panel – VAR 模型分析两种政策协调实施的有效性；针对金融数据演化过程中的动态性和时变性问题，采用混合创新时变系

5

数随机方差向量自回归模型（MI - TVP - SV - VAR）分析不同时间和空间维度金融宏观审慎监管与所处金融状况环境的动态作用关系，并对金融宏观审慎监管有效性进行预测研究，对金融宏观审慎监管有效性研究方法体系的拓展具有理论研究意义。

1.2.2　现实意义

（1）厘清金融宏观审慎监管体系的作用机理，找到金融宏观审慎监管的关键因素，探究金融宏观审慎监管工具的有效性，为我国金融宏观审慎监管政策实施工具的选择提供依据。随着金融系统复杂性的提升，系统性金融风险的产生、传导及作用方式也呈复杂动态演化。金融宏观审慎监管作为系统性金融风险的监管体制，其监管对象的确立、监管工具的选择以及监管措施的制定也随系统性金融风险的演化而呈动态多样化发展。金融宏观审慎监管工具的多样性使得金融宏观审慎监管政策制定时工具的选择成为难题，通过文献梳理发现已有研究缺少对金融宏观审慎监管工具传导路径及有效性的系统性研究，本书分别研究流动类工具、信贷类工具、资本类工具和税收类工具实施的传导路径及其在实际实施中的作用效果，对我国金融宏观审慎监管工具效果的比较分析以及工具的选择具有一定的借鉴意义。

（2）通过研究金融宏观审慎监管与其他经济政策的协调关系，对我国金融宏观审慎监管政策的制定具有重要的指导意义。不管是哪种经济政策都是为社会经济发展服务，金融宏观审慎监管政策的制定和实施不仅仅要考虑系统性风险，还要考虑与其他经济政策的协调运作。研究金融宏观审慎监管与货币政策、微观审慎政策等经济政策的协调关系，探明其与各种经济政策之间的协调运作机制，将金融宏观审慎监管与微观审慎监管、货币政策等有机结合，将金融宏观审慎监管与我国的中长期发展战略相结合，使其成为我国可持续发展战略的重要组成部分，对我国社会经济体制的协调发展具有重要的现实意义。

（3）通过分析金融宏观审慎监管有效性与其所处金融状况之间的关系，预测金融宏观审慎监管有效性，对我国金融宏观审慎监管的预期管理具有借鉴意义。各国系统性风险的诱因不同，经济结构体系不同，风险的表征也不同，这就意味着金融宏观审慎监管不能大一统，也不能简单的照搬照抄，各国需要根据自身的国情和系统性风险特征探索适合本国经济发展的金融宏观审慎监管制度体系。而我国当前正处于经济转型期，社会经济环境更加复杂，金融混业、创新、竞争、国际化交错并存，金融系统及其环境呈动态性和时变性演化，因此，基于混合创新时变系数随机方差向量自回归模型（MI – TVP – SV – VAR）分析不同时间和空间维度金融宏观审慎监管与所处金融状况环境的动态作用关系，通过所处的金融状况的变动预测金融宏观审慎监管的有效性，及时发现现有监管政策中存在的问题，对探究与我国经济社会发展相适应的宏观金融监管体系，提高金融监管效率，完善金融宏观审慎监管预期管理具有一定借鉴意义。

综上，在金融创新和金融国际化的不断发展，金融风险跨市场、跨区域传染性不断加剧，金融监管目标不断丰富和多样化，宏微观审慎监管与行为监管日趋复杂化的背景下，研究金融宏观审慎监管传导路径，分析不同类别金融宏观审慎监管工具有效性，协调金融宏观审慎监管与货币政策、微观审慎监管等政策的复杂作用关系，预测我国金融宏观审慎监管政策效果，既是对金融宏观审慎监管研究理论的丰富，也对我国当前金融监管改革具有一定的指导意义。

1.3 研 究 内 容

本书以我国金融宏观审慎监管为研究对象，在对选题背景和意义以及国内外研究现状进行分析的基础上，主要从系统性金融风险、传导机制以及金融宏观审慎监管工具的传导路径、工具有效性、与其他政策的协调有效性、宏观审慎政策有效性预测几个方面，探究金融宏观审慎监管政策的运作机理及金融宏观审慎监管工具的有效性，并基于本书主体研究内容和研究结果提出有针对性的政策建议，为我国金融宏观审慎监管体系完善提供思路借鉴。拟从以下几个主要方面开展研究：

（1）多维视角下系统性金融风险传导机制研究。本部分首先基于多时间尺度及风险溢出动态演化将极大重叠离散小波变换（MODWT）

和动态风险溢出模型相结合，对不同时间尺度下四次金融危机期间的风险溢出特征进行对比，探究全球股票市场金融风险溢出的时间演化特征。其次，构建基于前沿网络拓扑的金融风险溢出模型，形成四次危机期间全球股票市场风险溢出网络拓扑结构图，并通过对比不同时期风险溢出网络拓扑结构差异，探究全球股票市场金融风险溢出的空间关联演化特征。最后，基于金融系统的复杂非线性演化，运用多重分形去趋势交叉相关性分析方法（MF－DCCA）对股票市场间的交叉相关性进行分析，从微观的角度揭示金融风险的复杂非线性溢出机制。

（2）金融宏观审慎监管传导路径研究。金融宏观审慎监管的主要目的是对系统性金融风险的防控，研究金融宏观审慎监管有效性首先需要探究金融宏观审慎监管如何发挥作用降低或减缓系统性金融风险。金融宏观审慎监管作用的发挥离不开金融宏观审慎监管工具的实施，因此，在研究金融宏观审慎监管有效性之前需要研究不同类别金融宏观审慎监管工具如何在金融系统发挥作用，也就是金融宏观审慎监管的传导路径。本部分在梳理金融宏观审慎监管演化基础上，沿袭国际上通常的分类方式从时间维度和横截面维度对现有的主要金融宏观审慎监管工具进行分类，分析不同金融宏观审慎监管工具的作用目标和如何发挥风险防控作用。之后分别从流动类工具、信贷类工具、资本类工具和税收类工具四个不同类别的金融宏观审慎监管工具作用路径入手，运用系统动力学因果反馈仿真方法，建立不同类别金融宏观审慎监管工具实施的因果反馈回路，分析不同传导反馈回路的正负极性，探究不同类别金融宏观审慎监管工具的传导路径和作用机理，找到金融宏观审慎监管系统运行的关键因素变量，为后期金融宏观审慎监管工具有效性差异分析和金融宏观审慎监管与其他经济政策之间协调关系研究奠定基础。

（3）金融宏观审慎监管工具的有效性评价。金融宏观审慎监管的重要目标是维持金融系统稳定，从金融系统的基本平稳运行和金融系统风险承受能力两个方面运用熵值法构建金融系统稳定性评价指标体系，对我国金融宏观审慎监管有效性进行评价，在此基础上，基于金融宏观审慎监管工具实施的间断性，采用 MCMC 模拟方法将金融宏观审慎监管的二元信息变量变为连续变量，建立 Qual－VAR 模型分析宽松政策环境和紧缩政策环境下流动类工具、信贷类工具、资本类工具和税收类工具的有效性，揭示不同政策环境下不同类别金融宏观审慎监管工具作用的时间路径和影响程度，探究金融宏观审慎监管工具实施的动态政策效应和实施效果。

（4）金融宏观审慎监管政策的协调有效性研究。分析金融宏观审慎监管政策与货币政策、微观审慎监管政策之间的协调关系，探究金融宏观审慎监管政策与其他经济政策之间的协调作用机制，为金融宏观审慎监管制度框架设计奠定基础。

货币政策和金融宏观审慎监管政策目标不同，导致两种政策在实施过程中会存在矛盾，但这种矛盾通过金融体系的内在联系，可能会强化两种政策的实施效果，也可能会抵消各自的有效性，为保证政策实施效果有必要协调两者关系。基于金融宏观审慎监管政策与传统货币政策的多个政策调控目标，运用非线性门限模型方法构建两种政策的门限回归方程，验证两种政策目标的协调性及协调区间，为两种政策的调控提供依据。

金融宏观审慎监管和微观审慎监管作为金融监管体系的两大组成部分，在监管目标、监管对象、监管方式方面存在着很大的不同，微观审慎监管着眼于防范单个金融机构的个体性风险，以保护消费者为目的；金融宏观审慎监管关注整个金融体系，着眼于防范系统性风险，旨在维护金融稳定。从两种政策目标协调的角度出发，构建 Panel – VAR 模型分析单一政策实施和宏微观审慎监管协调实施政策效果的不同，论证金融宏观审慎监管与微观审慎监管在商业银行系统稳定性监管方面的可协调性和协调效果优越性，为我国宏微观审慎监管政策实施提供指引。

另外，基于金融宏观审慎监管作用机制分析金融宏观审慎监管与财政政策、产业政策等政策协调的必要性和可行性，为我国经济政策的制定和实施奠定研究基础。

（5）金融宏观审慎监管有效性的预测研究。金融系统环境复杂性提升对金融监管提出了更高的要求，金融监管实施效果也因所处的金融系统状态不同而存在差异性。MI – TVP – SV – VAR 模型考虑到了系数与误差协方差的时变性，对参数的时变方式没有约束条件，直接从数据中估算每一时刻的参数，能够更加直观地看到参数的变化程度。基于金融宏观审慎监管所面对的金融系统的时变性和随机性，从金融宏观审慎监管调控与金融系统状况关系出发，运用混合创新时变系数随机方差向量自回归模型（MI – TVP – SV – VAR），从与金融宏观审慎监管密切相关的货币市场、资本市场、债券市场、外汇市场以及房地产市场选取代表性指标，重新构建灵活动态的金融状况指数（MFCI），分析不同金融状况变量与金融宏观审慎监管政策有效性之间的灵活动态脉冲响应关系。另一方面，基于金融系统状况对金融宏观审慎监管政策有效性的影响，研究金融状况指数对金融宏观审慎监管政策效果的预测作用，在因果关系检验基础上，将 MF – ADCCA 算法运用到对 MFCI 与金融宏观审慎监管效果的非对称相关性研究中，分析不同标度下金融宏观状况指数与金融宏观审慎监管政策效果之间的非对称交叉相关性，从非对称相关性、跨期相关性的角度分析金融状况指数对金融宏观审慎监管政策有效性的预测作用和预测能力，并运用交叉谱分析对 MFCI 指数的预测能力进行验证。

（6）金融宏观审慎监管优化的政策建议。基于对我国金融宏观审慎监管传导路径、工具有效性、政策协调性以及有效性预测的研究结果，将其与我国金融宏观审慎监管政策框架相结合，有针对性地从宏观审慎监管工具储备池建设、金融宏观审慎监管协调机制建设以及金融宏观审慎监管预期管理三个方面提出完善我国金融宏观审慎监管的政策建议。

1.4 研究方法和技术路线

1.4.1 研究方法

本书在研究过程中将 VAR 类拓展模型与传统计量模型研究方法相结合，从不同的方面或角度对我国金融宏观审慎监管有效性相关问题开展研究，主要研究方法有如下几种：

（1）复杂网络理论方法。将复杂网络理论方法中的极大重叠离散小波变换（MODWT）和动态风险溢出模型相结合，对不同时间尺度下四次金融危机期间的风险溢出特征进行对比，探究全球股票市场金融风险溢出的时间演化特征。运用复杂网络拓扑分析方法构建基于前沿网络拓扑的金融风险溢出模型，形成四次危机期间全球股票市场风险溢出网络拓扑结构图，通过对比不同时期风险溢出网络拓扑结构差异，探究全球股票市场金融风险溢出的空间关联演化特征

（2）系统动力学因果反馈仿真。运用系统动力学因果反馈仿真方法研究金融宏观审慎监管系统的传导路径及各变量之间的因果反馈关系。根据金融宏观审慎监管工具类别的不同，分别研究流动类工具、信贷类工具、资本类工具和税收类工具实施的传导路径，分析不同传导反馈回路的正负极性，探究不同金融宏观审慎监管工具的传导路径和作用机理，并通过系统动力学仿真模型找到金融宏观审慎监管系统运行的关键因素变量。

（3）熵值法。从金融系统的基本平稳运行和金融系统风险承受能力两个方面构建金融系统稳定性评价指标体系，反映我国金融宏观审慎监管有效性。其中，在金融系统基本平稳运行方面，从商业银行、投资银行、保险机构和资产管理机构四种类别运行状况进行评价；在金融系统风险承受能力方面从金融深化程度、市场流动性、房地产市场、外汇市场这四个方面对金融系统内部和外部经济环境变量因素进行测度。运用熵值法构建金融稳定性指标体系对我国金融宏观审慎监管效果进行评价研究。

（4）定性向量自回归模型（Qual – VAR 模型）。金融宏观审慎监管工具实施具有间断性特点，传统的时间序列向量自回归方法在该类变量研究上具有局限性，Qual – VAR 模型研究中可以通过 MCMC 模拟将金融宏观审慎监管的二元信息变量变为连续变量。将 Qual – VAR 模型运用到对我国金融宏观审慎监管工具有效性评价中从金融宏观审慎监管工具作用的时间路径和影响力度两个方面分析不同类别金融宏观审慎监管工具的有效性，既能够揭示不同金融宏观审慎监管工具对金融系统稳定的动态政策效应，又能够反映不同政策效应实施效果。

11

（5）基于面板数据的向量自回归模型（Panel - VAR 模型）。Panel - VAR 模型将传统的 VAR 模型与面板数据模型相结合，在考虑经济变量滞后项的基础上将所有变量做内生化处理，能够更加真实地反映各经济变量之间的动态关系。微观审慎监管重在对单个金融机构资本和流动性的监管，金融宏观审慎监管则重在对系统性金融风险的防范，两种监管模式的监管目标不同，因此，在政策调控过程中，两种政策对商业银行稳定性的影响也存在时间和程度上的差别。构建 Panel - VAR 模型从不同金融监管政策对商业银行稳定性影响作用入手，分别研究微观审慎政策、宏观审慎政策以及宏微观审慎政策协调作用对商业银行稳定性的影响效果，分析不同金融监管政策工具对商业银行稳定性影响的作用方向、程度以及动态作用过程。

（6）混合创新时变系数随机方差向量自回归模型（MI - TVP - SV - VAR）。金融宏观审慎监管所面对的金融系统并不是一成不变或者平稳性变动的，而是随时间呈动态性演化，具有时变性和随机性。MI - TVP - SV - VAR 模型考虑到了系数与误差协方差的时变性，对参数的时变方式也没有约束条件，不需要假定系数是否符合某种演进方式，而是直接从数据中估算每一时刻的参数，直观地看到参数的变化程度。从金融宏观审慎监管调控与金融系统状况关系出发，运用 MI - TVP - SV - VAR 模型，从与金融宏观审慎监管密切相关的货币市场、资本市场、债券市场、外汇市场以及房地产市场选取代表性指标，构建灵活动态的 MFCI 指数，分析不同金融状况变量与金融宏观审慎监管政策有效性之间的灵活动态脉冲响应关系。

（7）非对称多重分形去趋势交叉相关分析法（MF - ADCCA 算法）。基于金融系统状况和金融监管的非线性、复杂性特征，传统的跨期相关性检验不能对两者之间的非线性关系进行准确度量。MF - ADCCA 可以准确描述变量之间的非对称多重分形相关关系，运用 MF - ADCCA 在对金融状况指数与金融宏观审慎监管有效性的跨期相关性检验基础上，分析不同标度下金融宏观状况指数与金融宏观审慎监管政策效果之间的非对称交叉相关性，更深入探究金融状况指数与金融宏观审慎监管政策的跨期预测作用。

（8）非线性门限回归模型。货币政策通过影响信贷水平和资产价格调控价格水平，金融宏观审慎监管的出现提供了新的政策杠杆以抑制危险的繁荣并缓解失衡，但两种政策在某种程度上又存在相互矛盾。以金融宏观审慎监管有效性指标为门限变量，基于金融系统的复杂非线性特征，构建基于金融稳定的货币政策多目标非线性门限回归模型，分别对金融宏观审慎监管目标与传统货币政策各目标之间的门限效应进行检验，探究货币政策与宏观审慎政策协调性的存在，并进一步确定两种政策的可协调区间。

1.4.2 技术路线

本书以金融宏观审慎监管为研究对象，围绕金融宏观审慎监管有效性问题开展研究。第一部分，通过对本书研究开展的背景、意义、研究方案的分析，论证本书研究的必要性和可行性；第二部分，对国内外金融监管相关研究进行梳理，在探究本领域研究现状的基础上，进一步梳理本书的研究思路，论证本书研究的科学性；第三部分，从时间和空间角度研究系统性金融风险演化特征，并从微观角度揭示金融风险的复杂非线性溢出机制；第四部分，从不同类别的金融宏观审慎监管工具作用路径入手，探究金融宏观审慎监管方案的传导路径和作用机理；第五部分，在对不同类别金融宏观审慎监管工具传导路径分析基础上，评价宽松政策状态和紧缩政策状态下不同类别金融监管工具的有效性；第六部分，从金融宏观审慎监管与货币政策、微观审慎监管政策等其他经济政策相互作用关系的角度出发，分析金融宏观审慎监管与其他经济政策之间的作用机理，论证各类政策的协调有效性；第七部分，从金融宏观审慎监管与金融系统状况的关系出发，构建我国金融状况指数通过对两者之间的因果关系检验、非对称相关性、跨期相关性、交叉相关性检验，判定我国金融状况指数对金融宏观审慎监管有效性的预测作用和预测时效，为我国金融宏观审慎监管政策实施提供指引；第八部分，综合本书前期研究结果，结合我国社会经济发展需求，从我国国情出发，为我国金融宏观审慎监管改革提供思路借鉴。

本书研究技术路线如图1-1所示。

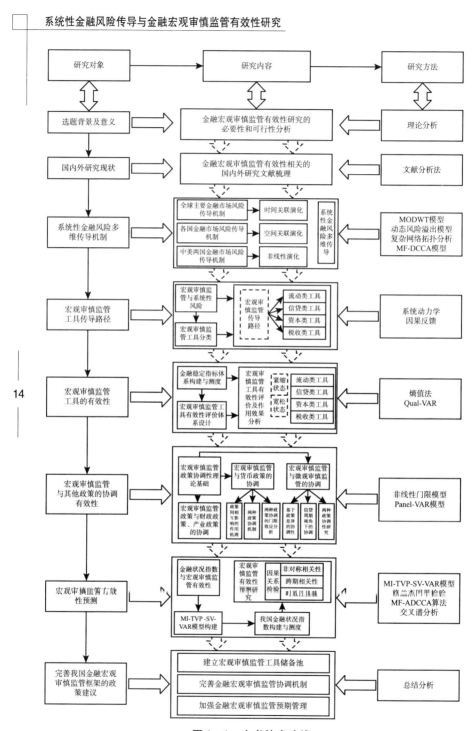

图 1–1   本书技术路线

1.5 本书创新之处

本书围绕系统性金融风险传导以及金融宏观审慎监管有效性相关问题开展研究,与已有研究相比,可能存在以下创新之处:

(1)基于复杂网络理论及方法从时间和空间演化角度对系统性金融风险传导特征进行研究,揭示了系统性金融风险复杂非线性传导机制。金融风险来源多样化和多渠道并行传导特征对系统性金融风险复杂网络结构和演化机制探索提出了新挑战。金融风险溢出效应的发挥不仅受风险时效性的影响,还受溢出对象之间空间关联性的影响,且随着金融系统内部以及金融系统与外部经济社会环境之间关系的复杂性提升,金融风险溢出效应也体现出更多的复杂性。复杂网络理论及方法与金融领域交叉学科研究成为系统性金融风险问题的新趋势,特别是,复杂网络方法中的谱分析方法适用于多时间尺度、多区域、多市场、多主体之间风险传染的网络拓扑结构分析,可以从风险传导的不同角度揭示系统性金融风险特性及其演化规律。本书系统性金融风险传导机制研究部分首先,基于多时间尺度及风险溢出动态演化将极大重叠离散小波变换(MODWT)和动态风险溢出模型相结合,对不同时间尺度下四次金融危机期间的风险溢出特征进行对比,探究全球股票市场金融风险溢出的时间演化特征;其次,构建基于前沿网络拓扑的金融风险溢出模型,形成四次危机期间全球股票市场风险溢出网络拓扑结构图,通过对比不同时期风险溢出网络拓扑结构差异,探究全球股票市场金融风险溢出的空间关联演化特征;最后,基于金融系统的复杂非线性演化,运用多重分形去趋势交叉相关性分析方法(MF - DCCA)对中美两国股票市场间的交叉相关性进行分析,从微观的角度揭示金融风险的复杂非线性溢出机制,为系统性金融风险监管工具选择及政策制定提供支撑。

(2)采用系统动力学因果反馈方法构建了金融宏观审慎监管系统动力学因果反馈模型,揭示了不同类别金融宏观审慎监管工具的传导路径。金融宏观审慎监管的主要目的是对系统性金融风险的防控,研究金融宏观审慎监管有效性首先需要探究金融宏观审慎监管如何发挥作用降低或减缓系统性金融风险。已有金融宏观审慎监管有效性研究多集中于对其有效性的评价研究，侧重对政策结果的分析，而忽略了对政策作用过程的研究。系统动力学的因果反馈既可以通过确定系统中各变量的因果关系将复杂系统问题简化，又可以通过正负反馈机制分析系统各变量之间的相互作用关系，揭示复杂系统内部及系统与外部环境之间的相互作用机制。本书根据金融宏观审慎监管工具作用路径的不同，运用系统动力学因果反馈仿真方法，建立不同金融宏观审慎监管工具实施的因果反馈回路，分别分析流动类工具、信贷类工具、资本类工具和税收类工具四个不同类别的金融宏观审慎监管工具的传导路径，分析不同传导反馈回路的正负极性，探究不同类别金融宏观审慎监管工具的作用机理，为后期探究不同类别宏观审慎监管工具有效性差异原因以及宏观审慎监管政策与其他政策的协调机理分析提供依据。

（3）采用非线性门限模型方法分别对金融宏观审慎监管目标与货币政策各目标之间的门限效应进行检验，证明了金融宏观审慎监管政策与货币政策协调性的存在，找到了金融宏观审慎监管政策与货币政策的可协调作用区间。金融宏观审慎监管重在金融系统稳定，传统货币政策则兼具经济增长、物价稳定、充分就业、国际收支平衡四个调控目标，由于两种政策目标不同，在实施过程中，可能因目标不同存在一定程度上的冲突，也可能因政策目标的关联性而相互补充，协调促进。在对金融宏观审慎监管与货币政策相互影响作用机制研究的基础上，以金融宏观审慎监管有效性指标为门限变量，基于金融系统的复杂非线性特征，构建基于金融稳定的货币政策多目标非线性门限回归模型，并分别对金融宏观审慎监管目标与货币政策各目标之间的门限效应进行检验，探究金融宏观审慎监管与货币政策同时作用于金融系统时两种政策目标之间的可协调性，找到了两种政策的协调区间，得出当表征金融宏观审慎监管目标的金融稳定指数在 1.60‰ ~ 3.50‰ 之间时，可以实现金融监管与货币政策各个目标之间的最优协调状态，为我国金融宏观审慎监管政策调控提供依据。

（4）采用 MI – TVP – SV – VAR 模型方法重构了灵活动态金融状况指数并对金融宏观审慎监管政策有效性进行预测，进一步运用 MF – ADCCA 算法、交叉谱分析等验证了所构建金融状况指数的预测能力。鉴于我国正处于经济结构调整、产业转型升级的改革发展期，金融状况与经济状态呈动态演化，相关经济变量具有动态性、时变性和随机

性特点，简单的平滑转化模型难以对其时变性进行准确描述。MI –
TVP – SV – VAR 模型考虑到了系数与误差协方差的时变性，对参数的
时变方式也没有约束条件，故而从金融宏观审慎监管调控与金融系统状
况关系出发，运用 MI – TVP – SV – VAR 模型，从与金融宏观审慎监管
密切相关的货币市场、资本市场、债券市场、外汇市场以及房地产市场
选取代表性指标，重构灵活动态的 MFCI 指数，分析不同金融状况变量
与金融宏观审慎监管政策有效性之间的灵活动态脉冲响应关系。基于此
分析金融状况指数对金融宏观审慎监管政策有效性的预测作用，在因果
关系检验基础上，运用 MF – ADCCA 算法分析两者之间的非对称相关关
系，基于跨期相关性检验和交叉谱验证了金融状况指数对金融宏观审慎
监管政策有效性的预测作用和预测能力。

（5）根据 VAR 类拓展模型体系在研究对象和研究方法上的优势，
构建金融宏观审慎监管有效性研究的 VAR 类拓展模型研究方法体系，
丰富了金融宏观审慎监管研究体系。随着计量经济学的不断发展其方法
也不断丰富，但不同类别的方法体系在研究假设、研究机理上存在差
异，金融宏观审慎监管有效性研究中涉及的研究对象具有不同特性，如
果选取不同类别的计量经济学研究方法所得到的结果可能因研究假设等
前提的存在而有所差别。VAR 类拓展模型不以严格的经济理论为依据，
而是以现实数据为基础，不需事先区分变量的外生性和内生性，且
VAR 类宏观计量模型根据不同研究对象的特点演化为不同的拓展模型，
无论是对二元数据、面板数据还是具有时变性特征的数据都有其适用的
方法。因此，本书中将 VAR 类拓展模型与传统计量模型的研究优势相
结合，针对金融宏观审慎监管有效性研究中的不同问题，不同研究对象
的不同特点，选取不同类型的拓展方法对我国金融宏观审慎监管有效性
开展研究，分析不同监管工具有效性，揭示金融宏观审慎监管变量与内
部和外部变量之间的因果关系，探究金融宏观审慎监管调控效果，是金
融宏观审慎监管研究方法体系的新探索。

17

第2章 系统性金融风险传导及金融宏观审慎监管有效性的相关研究综述

随着全球经济一体化、金融国际化的推进，金融创新不断加快、金融竞争不断加剧，各国现有金融体系的脆弱性也日益凸显，尤其是20世纪90年代以来，金融危机巨大的破坏性、多发性、系统性以及金融风险的传染性使金融宏观审慎监管问题成为各国关注的焦点。为此，社会各界对金融宏观审慎监管问题进行了大量理论和实践探索，并且产生了各种理论观点、积累了丰富的理论和实践经验。本书主要从金融宏观审慎监管的演化发展、金融宏观审慎监管有效性研究、金融宏观审慎监管与其他经济政策相关性研究、金融宏观审慎监管优化及改革措施等方面展开相关研究梳理。因本书以 VAR 类模型体系为基础对金融宏观审慎监管有效性开展研究，故最后对 VAR 类模型演化及各类拓展模型的特点做简要梳理，为本书研究方法的选择奠定基础。

2.1 系统性金融风险诱因相关研究

金融系统的内在关联和动态演化使系统性金融风险诱因呈多样性，系统性金融风险事件发生主体不同，其演化路径会存在较大差异，对金融系统和经济系统的影响也不同。从系统性金融风险主体差异的视角，结合我国现代金融体系发展特点，主要对银行业、证券市场、保险行业、地方政府债务、房地产行业五个方面可能存在的系统性金融风险诱因进行分析。

基于银行业的金融风险诱因研究：银行业作为金融系统最传统也是最重要的组成部分，其风险一方面来自银行传统信贷业务发展中的风险累积，另一方面则来自银行创新业务产生的风险关联以及影子银行发展带来的风险。传统业务发展方面，不良资产、债务危机以及收益下降是现阶段银行系统性风险发生的主要原因。[①] 另外，金融机构中经营同质化也是影响系统性金融风险的重要因素。[②] 创新业务发展方面，主要来源于影子银行关联交易，影子银行主要通过银行机构的风险承担、与银行机构的关联度以及风险放大机制这三个渠道对银行系统风险状态产生影响。[③] 为了规避监管，影子银行与其他非银行类金融机构合作开展的信用、期限或流动性转换业务中潜藏的风险，随着影子银行规模的扩大也不断积累。[④]

基于证券市场的金融风险诱因研究：与其他市场相比证券市场具有更高的信息敏感性，证券市场的金融风险主要表现为由经济发展环境变化和经济政策不确定性引起的金融市场波动和风险的跨市场传染，进而引发系统性金融风险。杨子晖和周颖刚（2018）对系统性金融风险的网络拓扑结构进行分析发现全球经济环境的不确定性使金融市场的风险波动溢出倾向不断增强，系统性金融风险跨市场传染趋势明显[⑤]，而经济政策的不确定性会影响市场参与者的预期，通过预期误差引发市场波动[⑥]。还有学者通过马尔科夫区间转移模型发现在高波动区间下经济政策不确定性对股票市场的冲击最为显著（Hoque & Zaidi，2019）。

基于保险业的金融风险诱因研究：传统观点认为，银行业是系统性风险的主要来源，保险业不会发生系统性风险[⑦]，但随着保险行业规模的不断扩大和业务的拓展，保险行业风险特征的演化发展也不容忽视。保险业务本身具有转移和分散风险的功能，虽然保险业务的开展并不会

19

---

① Gibson H D, Hall S G, Tavlas G S. Measuring systemic vulnerability in European banking systems [J]. Journal of Financial Stability, 2018, 36 (6): 279 – 292.

② 张晓明, 任紫薇. 我国银行与保险经营同质化水平研究 [J]. 经济问题, 2019, 6 (6): 73 – 82.

③ Culp C L, Neves A M P. Shadow banking, risk transfer, and financial stability [J]. Journal of Applied Corporate Finance, 2017, 29 (4): 45 – 64.

④ 李鹏. 中国式影子银行宏观审慎监管：现实挑战与框架改进 [J]. 经济学家, 2019, 11 (11): 93 – 103.

⑤ 杨子晖, 周颖刚. 全球系统性金融风险溢出与外部冲击 [J]. 中国社会科学, 2018, 12 (12): 69 – 90.

⑥ Beckmann J, Czudaj R. Exchange rate expectations and economic policy uncertainty [J]. European Journal of Political Economy, 2017, 47 (3): 148 – 162.

⑦ Harrington S E. The financial crisis, systemic risk, and the future of insurance regulation [J]. Journal of Risk & Insurance, 2009, 76 (4): 785 – 819.

造成系统性风险，但是，保险业务创新而衍生出的新业务可能会导致系统性金融风险的发生①。例如，保险行业中再保险业务是保险行业系统性金融风险最主要的风险诱因。再保险公司处于保险行业业务顶层，其破产势必会损害整个保险行业的稳定性，甚至会因风险外溢效应而连带其他金融行业（Kanno，2016）。

基于地方政府债务的金融风险诱因研究：地方政府债务风险伴随社会杠杆率过高问题而引起关注。地方政府债务的增加会使政府部门的杠杆率提升，而政府与金融机构之间存在的业务关联会将风险传递到金融系统，一旦发生政府债务危机势必会引发系统性金融风险。一方面，地方政府债券市场信息不对称和价格的非市场化波动会造成金融系统的不稳定②，这种担保或者有偿债务的存在使地方政府债务面临较多的风险隐患。③ 另一方面，地方政府债务规模的增长可能会引发经济系统的波动，地方政府债务风险具有顺周期性，其规模的增加容易造成风险的累积，一旦风险爆发可能会间接引发银行挤兑或资产抛售等风险事件。④ 例如，政府债券被商业银行大量认购，随着地方政府债务规模的不断扩大，银行信贷资源被挤占，银行信贷配给效率降低，一旦发生政府债务危机势必会触发系统性金融危机。⑤

基于房地产行业的金融风险诱因研究：由次贷危机引发的全球性金融危机的爆发引起监管机构及学者们对房地产行业风险的关注，从房地产行业泡沫产生来看，房价上涨、利率及再融资成本的下降会降低贷款成本，加大企业财务杠杆，经过多重反馈使系统性金融风险隐患不断增强。房地产价格上升会使其抵押品价值增加，房地产企业所获信用资金增加，企业杠杆率提升。⑥ 当房地产市场过热时，非理性预期推动房地

---

① 郭金龙，赵强. 保险业系统性风险文献综述 [J]. 保险研究，2014，6 (6)：41 – 52.

② Oet M V, Bianco T, Gramlich D, Ong S J. Safe. An early warning system for systemic banking risk [J]. Journal of Banking & Finance, 2013, 37 (11)：4510 – 4533.

③ 马建堂，董小君，时红秀，徐杰，马小芳. 中国的杠杆率与系统性金融风险防范 [J]. 财贸经济，2016，37 (1)：5 – 21.

④ 项后军，巫姣，谢杰. 地方债影响经济波动吗 [J]. 中国工业经济，2017，1 (1)：45 – 63.

⑤ 毛锐，刘楠楠，刘蓉. 地方政府债务扩张与系统性金融风险的触发机制 [J]. 中国工业经济，2018，4 (4)：19 – 38.

⑥ Khandani A E, Lo A W, Merton R C. Systemic risk and the refinancing ratchet effect [J]. Journal of Financial Economics, 2013, 108 (1)：29 – 45.

产市场价格上涨，如果得不到适时调控就会造成房地产泡沫积累，一旦泡沫破灭，会因房地产市场的关联效应而引发系统性风险。①

2.2　系统性金融风险传导相关研究

随着金融系统的复杂演化和系统性风险研究的拓展，系统性金融风险传导机制的相关研究也在不断演化发展，主要可以划分为以下三个类别：第一类主要研究银行间风险的传染。这类文献主要关注银行经营状况与银行风险敞口之间的关联效应。2008 年次贷危机以后，全球银行业及巴塞尔委员会等国际金融组织加强对系统性风险的关注，并将关注重点放在银行业资产负债表对银行流动性风险的影响方面。②③ 第二类主要研究银行风险向宏观经济传染的路径。这类文献主要通过银行资产负债变动对宏观经济变量的影响探究银行业风险向宏观经济传导的路径。④ 有研究发现银行破产会造成系统性金融风险的急剧上升，风险通过银行关联性和资产规模影响到宏观经济的稳定性。⑤ 第三类主要研究金融市场传染、溢出效应与金融市场的联合冲击。这类文献主要通过研究金融市场波动率的变动，探究系统性金融风险在金融市场间的传染和冲击效应。⑥⑦ 例如，苑莹等（2020）通过对中国、日本、美国、韩国四个国家股票市场的风险传染效应研究证实了金融市场间风险传染效应

21

---

① Coën A, Lefebvre B, Simon A. International money supply and real estate risk premium: The case of the London office market [J]. Journal of International Money and Finance, 2018, 82 (4): 120 – 140.

② Huang X, Zhou H, Zhu H. A framework for assessing the systemic risk of major financial institutions [J]. Journal of Banking & Finance, 2009, 33 (11): 2036 – 2049.

③ Bratis T, Laopodis N T, Kouretas G P. Systemic risk and financial stability dynamics during the Eurozone debt crisis [J]. Journal of Financial Stability, 2020, 47 (3): 100723.

④ Bhansali V, Gingrich R, Longstaff F A. Systemic credit risk: What is the market telling us? [J]. Financial Analysts Journal, 2008, 64 (4): 16 – 24.

⑤ 方意. 系统性风险的传染渠道与度量研究——兼论宏观审慎政策实施 [J]. 管理世界, 2016, 8 (8): 32 – 57.

⑥ Emmanouil N K, Nikos K N. Measuring systemic risk in the European banking sector: A copula CoVaR approach [J]. European Journal of Finance, 2017, 24 (11): 944 – 975.

⑦ Fan H C, Gou Q, Peng Y C. Spillover effects of capital controls on capital flows and financial risk contagion [J]. Journal of International Money and Finance, 2020, 105 (7): 102189.

的存在，认为不同国家之间的市场风险存在非线性相依性。

　　另外，随着金融系统在经济系统中地位的不断提升，系统性金融风险不仅可通过金融系统内部传染，还会通过与经济系统中其他产业的关联进行传导，因此，有必要从金融系统内部风险和金融系统外部风险传导两方面对系统性金融风险的传导机制研究进行梳理。金融系统内部风险传导方面：金融风险传染主要基于金融系统内部各子系统之间的联动性，某一子系统发生风险引发整个金融系统风险。随着世界经济一体化程度不断加深，金融系统内部关联性与风险传染性逐渐增强。银行收益、股票收益与对冲基金收益之间的传染性已被证实（Boyson，2016）。刘超等（2017）采用溢出指数以及复杂网络方法，对我国金融市场之间风险溢出效应进行研究。金融系统外部风险传导方面：金融风险主要通过对外贸易和投资、宏观经济等金融系统外部渠道进行传导。[①] 宏观经济稳定是金融稳定的前提和基础，宏观经济中经济驱动力、通货膨胀、就业水平等的状态变动均会对金融风险传染产生影响。杨子晖等（2020）则从经济不确定性的角度研究金融风险的传染关系，研究发现起始于股票市场的风险会因经济政策不确定因素的影响而传导至外汇市场并逐步扩散，美国的经济政策不确定性是造成全球金融市场不稳定的重要因素。

2.3　金融宏观审慎监管的演化发展

2.3.1　金融宏观审慎监管的产生

　　宏观审慎监管是为了维护金融系统稳定，防范系统性金融风险而采取的一种自上而下的监管模式。宏观审慎监管的提出最早可以追溯到1979年。国际清算银行会议在解决宏观经济与发展中国家快速增长贷款之间关系问题时指出，如果经济问题由微观问题转为宏观问题，其对

---

① Kenourgios D，Dimitriou D. Contagion of the global financial crisis and the real economy：A regional analysis［J］. Economic Modelling，2015，44（1）：283 - 293.

应的微观审慎问题也就转变为宏观审慎问题。[1] 英格兰银行也指出金融宏观审慎监管可以从整个市场的角度进行监管以弥补微观审慎视角下监管的不足。但是，当时金融宏观审慎监管并未引起足够的重视。1986年，巴塞尔委员会（BIS）首次将宏观审慎写入到公开文件中，强调系统审慎的重要性[2]，但因当时处于经济全球化发展的初期，人们更关注各类金融创新衍生品所带来的收益，而忽略了其潜在的系统性风险，金融宏观审慎监管一直处于搁置状态。直到 1997 年亚洲金融危机爆发，宏观审慎开始受到关注，国际货币基金组织建立宏观审慎性指标（macroprudential indicators，MPIs）对金融系统的脆弱性进行评价。[3] 2000年，国际货币基金组织（IMF）在其报告中也明确指出要建立更加完善的 MPIs，提高对金融系统性风险的防范能力。长期以来对系统性风险监管的缺失使系统性金融风险不断积累，2007 年末，由美国次贷危机引发的全球金融危机的爆发，其规模庞大和破坏强度史无前例，人们开始重新重视和思考现有金融监管体系存在的问题，金融宏观审慎监管逐渐被纳入各国的金融监管体系当中，并扮演越来越重要的角色。[4] 更有学者进一步揭示了宏观审慎监管在非银机构信贷风险调控时发挥的重要作用（Kim et al.，2018）。

2.3.2　金融宏观审慎监管模式演化

金融宏观审慎监管政策的实施效果与其监管模式密切相关，随着各国政府对金融宏观审慎监管重视程度的加强，金融宏观审慎监管模式也在不断演化发展。英国金融服务管理局（FSA，2009）将金融宏观审慎监管模式分为三种类型：一是建立一个监管协调委员会，进行监管工作的协调事宜，中央银行（以下简称"央行"）负责监控系统性风险，微

---

[1]　Piet Clement. The term "macroprudential"：origins and evolution ［R］. BIS Quarterly Review，2010，3：59 - 65.

[2]　BIS. Recent innovations in international banking ［R］. BIS Report，1986：2 - 4.

[3]　Ahuja A，Nabar M. Safeguarding banks and containing property booms：cross-country evidenceon macroprudential policies and lessons from Hong Kong SAR ［R］. IMF Working Papers，2011，11：1 - 27.

[4]　刘澜飚、郭子睿，王博. 中国宏观审慎监管沟通对金融资产价格的影响——以股票市场为例 ［J］. 国际金融研究，2018，374（6）：78 - 87.

观审慎监管机构负责系统性风险的化解；二是由央行兼任金融宏观审慎监管的职能，发挥金融宏观审慎监管的系统性风险防范和化解功能；三是大一统的管理将央行、金融监管机构和财政部门综合到一起，成立一体化监管职能部门，由该部门负责监管政策的制定和实施。由此可见，不管在哪种模式中央行都在金融宏观审慎监管体系中发挥重要作用。相关学者也对央行在金融宏观审慎监管模式中的作用进行了研究，认为央行在监管框架中处于核心位置，由央行来发挥统一监管的职能能够更加有效地发挥政策工具的功效（Borio，2011）。在对金融体系失衡积累原因的分析研究中，学者发现当一国的央行的监管权力和对经济的调控权力较大时，该国发生因经济失衡引发的金融危机的频率就越低，即便发生其给经济带来的损失也较小（Mariathasan & Merrouche，2014）。我国学者也从我国制度安排的角度研究宏观审慎监督制度，尹继志（2011）指出央行在我国金融结构体系中扮演最后贷款人的角色，其在实施货币政策或进行宏观审慎监管调控的过程中同时也发挥了维护金融系统稳定的角色。王伟和李海平（2012）通过分析我国银行业金融宏观审慎监管的内在机理，得出央行在我国银行业金融宏观审慎监管框架体系中发挥的作用。在金融宏观审慎监管机构安排上最具争议的就是是否应该将宏观审慎整合进央行，研究发现央行能否发挥金融监管和货币政策制定的职能主要取决于以下三个方面：一是与其他机构相比，央行更具有监管优势能够扮演好金融宏观审慎监管人的角色；二是将宏观审慎监管的职能与央行原有职能合并到一起，可以避免因分开管理所造成的无效协调和无效沟通；三是央行发挥货币政策调控功能的过程中已经具备对金融机构杠杆率和潜在风险调控的影响力，因此也应该承担金融宏观审慎监管的职能（Blanchard & Riggi，2013）。刘志洋（2012）分析了次贷危机之后国际上主要国家的金融宏观审慎监管现状，并通过经验分析认为我国应在中央银行内部成立中央银行主导的、各部门联合的金融宏观审慎监管委员会。还有研究以美国金融宏观审慎监管体系的演化为例，通过与全球其他国家或地区的对比揭示央行在宏观审慎监管中的重要地位（Gohari & Woody，2015）。

因各国发展环境、利益群体以及改革步伐的不同，各国金融监管也在不同背景下呈现各异的动态演变，其中，具有代表性的主要国家金融监管改革历程，如表2-1所示。

表 2 - 1　　　　　　主要国家金融监管发展历程及动态演变

国家	时间	改革要点	改革原因
英国	1979 年	1979 年《银行法》出台，英格兰银行监管职能法制化——英国金融监管史里程碑	1973～1975 年"二级银行危机"在英国大范围爆发
	1986 年	成立证券投资委员会，行使对证券机构和自律组织的监管权	20 世纪 80 年代英国金融自由化发展，对金融市场的监管需求增加
	1997 年	成立英国金融监管服务局，统一负责全部金融活动的监管，实行混业监管	20 世纪 90 年代英国政府加快监管制度化、规范化的建设
	2011 年	2011 年，财政部公布《金融改革新方案》，建立金融政策委员会、审慎监管局、金融行为监管局分别负责金融宏观审慎监管、微观审慎监管和行为监管	金融危机暴露了金融监管体系中存在的严重监管缺陷：监管职责不明确，不能及时识别金融体系的潜在风险；缺少全局监管机构
美国	1933 年	1933 年《银行法》通过，标志着美国金融业进入管制时期，分业经营、分业监管的体制最终确立	1929～1933 年美国经济大危机期间，宏观监管不力、金融欺诈及股市操纵等行为盛行
	20 世纪 90 年代	采用联邦保险制度、取消银行经营的地域范围限制，形成"双线多头分业"监管体制以及单一银行和单一州制	20 世纪 80 年代末，银行和储贷协会的大量倒闭引发金融业恐慌，当局再度重视监管问题
	1999 年	《金融服务现代化法》取消分业经营模式，建立"伞式 + 功能"式监管体制	"混业经营"成为趋势
	2010 年	通过《美国金融监管改革法案》，成立跨部门的金融服务监管委员会，全面重塑美国金融监管体系	原有监管体制存在重复交叉；系统性风险不断加大；缺乏改变新型系统性风险背景下监管规则的力量、工具
日本	20 世纪 80 年代前	监管权力完全集中于大藏省，实行高度集中的管理体制和"二元化"金融监管制度	这一时期，日本实行主银行制度，重点关注金融体系的安全维护问题
	20 世纪 90 年代至 21 世纪初	进行一系列改革，成立金融监管厅，最终确立了统一的金融监管体制	原有监管体制存在行政干预色彩浓厚，银行缺乏独立决策权问题，加剧了日本"泡沫经济"的恶化

续表

国家	时间	改革要点	改革原因
日本	2009 年	提出"四个支柱"及"五项举措"加快金融监管改革	日本在金融危机中经济状况不断恶化，政府希望通过金融改革建立更为开放、公平、高效的金融市场
中国	1984 年	中国人民银行作为国家金融监管机构行使中央银行职能，并成立金融机构管理司	随着经济的发展和金融机构的增多，需要加强金融业统一管理和综合协调
	1992 ~ 2003 年	证监会、保监会和银监会逐步成立，分业监管的雏形基本形成	为监督证券市场、保险市场、银行及资产管理公司等金融机构，加强对金融业监管
	2004 年	中国金融业进入分业监管阶段，最终形成中国人民银行、银行、证券、保险"一行三会"，"分业经营、分业监管"的格局	金融创新、金融竞争和金融国际化，对金融监管提出了更高要求
	2018 年	银监会与保监会合并成立银保监会，建立"一委一行两会"的监管新格局	原有的分业监管模式已不能满足金融混业经营的发展需求，金融系统关联性增强，对系统性金融风险监管提出更高要求

资料来源：由中国银监会网站和英格兰银行网站（http://www.bankofengland.co.uk）等相关信息整理所得。

一国金融监管模式要与各国的社会经济发展需求相适应，其动态演变是顺应时代发展而进行的革新，从目前各国所执行的金融监管模式来看，主要有以德国和日本为代表的单层多头模式、以美国和加拿大为代表的双层多头模式、以英国和澳大利亚为代表的双峰监管模式、以中国和印度为代表的分业监管模式等。因各国监管立场及侧重各有不同，不同的金融监管模式也具有不同的特点，现阶段主要国家金融监管模式，如表 2 - 2 所示。

表 2 - 2　　　　　　　现阶段主要国家金融监管模式

监管模式	代表国家	监管模式特点
单层多头模式	德国、日本	在中央一级由两家及两家以上机构共同负责监管，地方没有独立监管机构。此模式有利于金融监管体系的集中和监管效率的提高，但需要各金融管理部门之间协调配合

监管模式	代表国家	监管模式特点
双层多头模式	美国、加拿大	中央和地方对金融机构都有监管权,同时每一级有若干机构共同行使监管职能。监管机构依法行使各自职能,各机构既相互协调,又有制约
双峰监管模式	英国、澳大利亚	由承担两个监管目标(审慎监管与行为监管)的监管机构构成。此模式下,各监管机构责任清晰,监管效率高
分业监管模式	中国（2018 年之前）、印度	对银行、保险、证券分别设立专门的监管机构,进行分业监管。此模式的监管针对性强,避免监管权力过度集中,抑制腐败滋生
跨国监管模式	欧盟、西非货币联盟	建立跨国中央银行对合作区域内的金融监管机构实行统一管理。此模式适用于对区域性经济组织的联合监管,如欧盟;但在实践中,由于各国利益难以协调,这一模式受到很大限制

资料来源:由中国银监会网站和英格兰银行网站（http：//www.bankofengland.co.uk）等相关信息整理所得。

　　由此可见,金融监管并不是一成不变或者一蹴而就的,各国金融监管的重心随着各国金融市场或者经济发展的需求而不断进行调整,监管模式也在不断发展变化。金融监管在不同国家、不同时期具有不同的表现形式。但从金融监管动态演化过程来看,防范金融风险这一金融监管最基本的目标没有改变,金融监管调控和改革的目的就是为了更好地降低金融风险,维护金融系统的稳定。在实践中,从各国的改革大方向来看,各国政府都开始重视金融宏观审慎监管,英国政府将原有的微观审慎监管机构并入英格兰银行,成立新的金融政策委员会实施金融宏观审慎监管。欧盟则成立欧洲系统性风险委员会对欧洲地区的金融系统性风险进行预警和监测。美国政府在美联储的基础上对其组织结构进行改进以发挥金融宏观审慎监管的职能。我国政府也在2018 年开启金融监管改革新步伐,建立"一委一行两会"的新监管体系,但原有监管模式下的历史遗留问题还有待进一步解决,金融监管改革依然面临严峻挑战。

2.4 金融宏观审慎监管工具有效性相关研究

2.4.1 金融宏观审慎监管与系统性风险

金融宏观审慎监管主要是为了维护金融系统稳定①，重在对系统性金融风险进行监管。金融监管与金融风险之间存在复杂作用关系，金融风险的演变推动金融监管的演化发展。对金融宏观审慎监管工具、传导路径以及框架构建的研究离不开对系统性风险的认知。②

在金融监管与金融风险关系研究方面，传统金融监管体系主要是基于单个金融机构风险管控的微观审慎框架，只要确保单个金融机构风险可控，便能维护金融系统的整体稳定。进入 21 世纪，金融危机的频繁爆发使传统金融监管模式有效性受到质疑，促使各国金融监管当局开始重新审视金融监管体系。《巴塞尔协议 I》尽管划分了宏观审慎和微观审慎的界限，指出两者的作用对象分别是系统性风险和非系统性风险，但从对金融危机产生根源的分析中可以发现，微观审慎监管有很大局限性，应建立宏、微观金融监管的协调机制，共同维护金融体系的稳定。金融系统性风险并不等于单个金融机构风险的简单加权，单个金融机构的安全也不意味着整个金融系统稳定。在金融市场国际化发展的进程中，金融风险的跨市场、跨地域传染成为新的态势，金融宏观审慎监管作为应对系统性风险的关键手段而逐渐受到重视（Schwerter，2011）。基于此学者们开始研究金融风险通过机构之间的关联性产生的溢出效应（Allen et al.，2011）。金融宏观审慎监管应当从系统性风险的角度展开，以解决金融体系中存在的"合成谬误"问题。次贷危机中金融消费者保护同样引起监管部门的关注，但现阶段金融消费者保护、行为监管弱化，不少金融机构内部的行为风险管理部门以及客户权益保护部门

---

① George Mészáros. Macroprudential regulation: A contradiction in its own terms [J]. Journal of Banking Regulation, 2013, 14 (2): 164 – 182.

② Masciandaro D, Pansini R V, Quintyn M. The economic crisis: Did supervision architecture and governance matter? [J]. Journal of Financial Stability, 2013, 9 (4): 578 – 596.

甚至合规部门均为弱势部门。新时期的金融监管需要平衡审慎监管与行为监管之间的关系，加强金融消费者保护（Inderst & Ottaviani，2012）。通过相关研究梳理金融风险与金融监管演化关系，如图 2 - 1 所示。

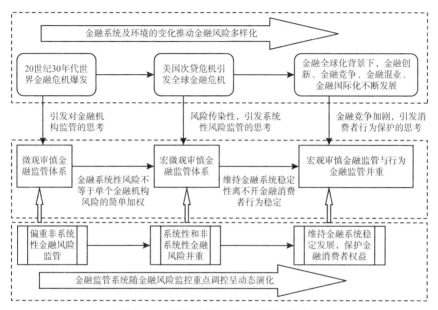

图 2 - 1　金融监管与风险管理演化关系

在金融宏观审慎监管对系统性风险的监测方式研究方面，主要有压力测试、宏观审慎指标和早期预警指标三种手段。①② 其中，压力测试就是通过一定的技术手段来评估金融机构或者金融体系在遇到宏观经济波动或者冲击时的波动性，从而使得风险更加透明化；宏观审慎指标则是为了监测金融体系的系统性风险和可持续状况而进行的统计方式，通常宏观审慎指标包括总微观审慎变量和对金融体系有潜在影响的宏观经济变量；早期预警指标就是对金融体系的系统性风险进行量化评估，但是由于指标体系过于庞大且不规则，不具有较强的前瞻性，其预测优势

29

① Silva W，Kimura H，Sobreiro V A. An analysis of the literature on systemic financial risk：A survey ［J］. Journal of Financial Stability，2017，28（2）：91 - 114.

② Inderst R，Ottaviani M. How（not）to pay for advice：A framework for consumer financial protection ［J］. Journal of Financial Economics，2012，105（2）：393 - 411.

并不突出，但后期学者们对早期预警指标进行不断的改进和完善，用于对系统性金融风险的监测。[①][②] 还有学者开始基于现阶段系统性金融风险的跨市场跨机构传染特征，从复杂网络建模方法的应用方面拓展金融监管与系统性风险监测的新领域（Caccioli et al.，2018）。

通过对金融宏观审慎监管与系统性风险关系的梳理可以看出金融宏观审慎监管随着金融风险的动态性、多样性而不断演化发展，在制定金融宏观审慎监管政策时应该根据不同的风险来源和传导路径，制定差异化的监管政策，才能有效防范系统性风险的发生。

2.4.2　金融宏观审慎监管目标

宏观审慎政策旨在防范系统性金融风险，维护金融稳定，但是从当前学术界对于金融稳定的定义来看还存在一些分歧。通常而言，金融稳定大体上可以分为两类：一类从金融系统应对外部冲击的稳健性角度分析[③]；另一类则强调金融风险内生性，将金融稳定描述为金融体系内部应对冲击的弹性[④]，或者说是金融系统的脆弱性。

从宏观审慎政策的具体目标研究来看，一部分学者将逆周期监管作为金融宏观审慎监管的重要目标，认为宏观审慎监管就是要抑制繁荣时期风险的累积和萧条时期风险的上升，金融宏观审慎监管的主要任务是避免泡沫的产生（Brunnermeier，2009；Rose，2013）。另一部分学者认为，宏观审慎政策的目的是防范系统性危机风险的发生，将金融宏观审慎监管目标定为缓解金融系统顺周期发展过程中因机构之间内在关联而产生的共同风险，防范系统性金融风险传染（Danielsson，2012；Cifuentes et al.，2018）。程方楠和孟卫东（2017）在研究宏观审慎监管政策与货币政策的协调问题中指出宏观审慎监管政策主要通过信贷调控实

---

① 苗永旺，王亮亮. 金融系统性风险与金融宏观审慎监管研究 ［J］. 国际金融研究，2010（8）：59 - 68.

② Martin M. Assessing the model risk with respect to the interest rate term structure Under Solvency Ⅱ ［J］. Journal of Risk Finance，2013，14（3）：269 - 274.

③ Allen W A，Wood G. Defining and achieving financial stability ［J］. Journal of Financial Stability，2005，2（2）：152 - 172.

④ Schinasi G J. Defining financial stability ［R］. IMF Working Papers，2004，04（4/187）：37 - 55.

现维护金融稳定的目标。

通过相关研究文献梳理可以发现，学者们对金融宏观审慎监管目标的界定可以归纳到两个主要的方面，一是维护金融系统稳定，防范系统性金融风险；二是有效的阻隔金融风险的传染。鉴于金融系统风险在不同的金融市场中的传染机制和传染程度不同难以用某一指标体系代替，在本书研究过程中，从金融宏观审慎监管的宏观特性出发，从金融系统稳定和金融系统发展两个角度构建金融宏观审慎监管有效性评价指标体系对金融宏观审慎监管目标有效性进行评价。

2.4.3　金融宏观审慎监管工具探索及其有效性研究

随着金融宏观审慎监管的不断演化发展，金融宏观审慎监管工具种类也在不断丰富，学者们有关宏观审慎监管工具的相关研究较多，但是在工具选择标准及其有效性研究上并没有形成统一的定论。为应对系统性风险信息的复杂性，国际货币基金组织认为在宏观审慎监管过程中应该将金融系统中的信息和资源进行整合，而金融宏观审慎监管工具只是作为调控手段的一部分，通过工具与其他政策的配合实现对系统性风险的防控（IMF，2011）。当金融系统面临脆弱性和系统性风险时，有效的宏观审慎工具不是一蹴而就的，而是循序渐进地发挥作用（Borio，2012）。

从金融宏观审慎监管工具体系的发展来看，各国政府也在不断探索金融宏观审慎监管的工具，如预警指标体系、宏观压力测试等（Drehmann & Borio，2009），闫海（2010）则对后来发展的逆周期监管、最后贷款人制度等工具进行研究。学者们在对宏观审慎工具进行研究时，对工具的分类角度也要有所不同，如从时间维度工具和截面维度工具、数量型和价格型、事前预防型和事后反应型、规则型和相机抉择型等不同角度进行分类。其中，大部分的研究集中于从截面维度和时间维度的差异上监管工具开展研究。在截面维度工具的研究上，可以通过对个体金融机构的债务状况进行分析确定系统性风险发布，以此给出监管机构的重点监管对象（Acharya，2009）。又如王力伟（2010）通过对金融宏观审慎监管理论梳理，提出从空间维度对系统重要性金融机构的监管政策建议。与截面维度的工具相比，以逆周期监管为主的时间维度的工具受关注的程度更高①②，时间维度主要是解决金融系统的顺周期问题，李文泓（2009）认为要建立金融体系自动稳定器，实施逆周期监管。海曼明斯基（Hyman Minsky，1982）最早开始从时间维度对金融宏观审慎监管工具的有效性开展研究，主要从信贷风险和资本市场风险的传染对金融危机的加速作用展开研究。随着监管环境的变化，有学者开始将逆周期监管与前瞻性规划两种政策工具相结合，研究其对资产证券化所引发的系统性风险的防范能力（Shin，2009），并通过对欧洲银行的实证研究证实，为避免在经济萧条时期银行因资金紧张无法为市场提供资金，应在经济繁荣时期就设立对银行的资本监管约束，通过逆周期监管的方式提高银行的资本水平（Toader，2015）。另外，随着经济全球化发展，开放经济条件下的最优资本控制中也需要考虑逆周期监管对系统性金融风险防范的重要作用（Schmitt - Grohé & Uribe，2017）。还有学者参照货币政策工具的分类方式，将宏观审慎政策工具分为相机抉择型和规则型两种类型，其中，相机抉择型监管工具的支持者认为相机抉择型监管工具具有更多的灵活性，在应对不同诱因的风险时具有更好的优势（Quagliariello，2013），而规则型工具的拥护者则认为资本要求或资本附加、贷款损失准备、贷款价值比率等规则型工具的实施能够发挥自动稳定器的功能，更有利于金融系统的长期稳定（Lin，2014）。

此外，还有学者从维护金融稳定层面研究金融宏观审慎监管工具的有效性，指出资本类和流动类金融宏观审慎监管工具其有效性会因系统环境的变化而改变，在政策实施环境发生较大变动时甚至会起到相反的调控效果（Hanson et al.，2014）。廖岷等（2014）通过对金融宏观审慎监管工具有效性的比较，分析时间维度和跨部门维度的金融宏观审慎监管工具在维护金融稳定方面的有效性。在新兴经济体国家金融稳定与宏观审慎研究方面，因为新兴经济体国家金融系统建设不完备，李永胜（2013）认为可以采用限制系统性货币错配的措施进行金融宏观审慎监管。同时以市场为基础的监管政策旨在减少资本流动诱因的监管（Os-

---

① Männasoo K, Mayes D G. Explaining bank distress in Eastern European transition economies [J]. Journal of Banking & Finance，2009，33（2）：244 - 253.

② Ahuja A, Nabar M. Safeguarding banks and containing property booms: cross-country evidenceon macroprudential policies and lessons from Hong Kong SAR [R]. IMF Working Papers，2011，11：1 - 27.

try et al.，2010）。刘志洋和宋玉颖（2016）也认为不同的国家在进行金融宏观审慎监管政策工具的选择方面应该根据不同国家的特点进行差别选择。

目前对金融宏观审慎监管有效性的研究主要是对金融宏观审慎监管工具有效性的评价研究。在金融宏观审慎监管有效性现有研究中最为全面的是国际货币基金组织。其中一份研究报告采用 49 个国家的动态面板数据对信贷增长上限、动态拨备、DTI、LTV、准备金要求等工具实施的效果进行比较分析，发现期限错配类监管工具的实施对一国银行系统的存贷比具有 5% 左右的调控力度，而 DTI、LTV、信贷增长上限等逆周期监管类工具在杠杆率调控方面的效果可以达到 15% 的水平（Lim et al.，2011）。有关银行贷款类金融宏观审慎监管工具的有效性研究，巴塞尔委员会（2010）指出对银行实施流动类监管和资本监管的方式从长期来看更有利于金融系统的发展，这是因为此类金融宏观审慎监管工具的实施虽然增加了运营成本，但是减少了风险发生带来的损失，从整体上来看，宏观审慎监管可以有效提高金融系统运行效率。有关银行资产负债表类审慎监管工具有效性研究，李明强（2012）以逆周期监管工具为例，通过研究金融机构对逆周期监管工具的反应认为逆周期监管工具的实施效果与金融机构对监管实施的反应有关，当金融机构通过成本调控的方式减少逆周期监管缓冲时，逆周期监管政策无效。在对英国金融体系监管研究中，发现通过对信贷供应的控制能够有效调控平滑信贷周期的影响（Aiyar，2014）。石广平等（2017）通过对异质性条件下的杠杆周期行为研究杠杆调控工具在金融监管中的作用，发现杠杆调控工具效果在银行系统中的表现优于证券系统。

通过对金融宏观审慎监管工具的已有研究成果分析发现，随着各国对金融宏观审慎监管重视程度的提升以及金融系统复杂性的增强，金融宏观审慎监管工具也在不断地丰富和发展，但是对金融宏观审慎监管工具作用效果特别是作用效果的比较研究相对较少，金融宏观审慎监管工具在金融宏观审慎监管过程中的传导路径及作用机理的系统性研究相对匮乏，难以全面揭示金融宏观审慎监管工具的作用本质。金融宏观审慎监管工具的多样化使宏观审慎政策制定时监管工具的选择及其有效性评价成为难题。因此，需要在对金融宏观审慎监管工具梳理的基础上，探究不同监管工具的作用机制和有效性评价，为金融宏观审慎监管政策制定提供依据。

2.5 金融宏观审慎监管与其他经济政策的相关性研究

2.5.1 金融宏观审慎监管与货币政策

金融宏观审慎监管政策与货币政策均为宏观经济调控政策，但又因两者目标和工具的不同在社会经济发展中发挥不同的作用，两种政策既存在相互促进的作用关系，又会因调控方式的不同而产生矛盾效果。[1][2]

货币政策促进金融宏观审慎监管目标实现的研究方面，货币政策对金融宏观审慎监管的促进作用主要通过影响金融稳定来实现。货币政策有助于调节金融系统失衡，减缓金融宏观审慎监管政策压力（Borio & Drehmann，2009）。货币政策还可以通过影响资产价格、影响金融中介机构杠杆等一系列的方式途径调节金融系统性风险（Loisel et al.，2010）。货币政策不仅可以调节通货膨胀和产出，而且对于资产价格波动也具有较好的调控作用（Bekaert et al.，2013），还可以通过加强资本流动管理促进金融市场的稳定（Engel，2016）。加息等货币政策实施也会对股票市场产生影响进而对金融宏观审慎监管效果产生影响（Gong & Dai，2017）。

金融宏观审慎监管促进货币政策目标实现的研究方面，研究认为如果使用逆周期的金融宏观审慎监管规则，货币当局可以通过更小的利率变动达到他们调整产出和通胀的政策目标（N'Diaye，2009），能够起到辅助货币政策实施的效果（Kannan & Rabanal，2009）。从政策影响的作用角度来看，宏观审慎监管与货币政策泰勒（Taylor）规则的共同实施能够发挥更好的调控作用（Claessens，2014）。王爱俭和王璟怡

---

① Yellen J L. Macroprudential supervision and monetary policy in the post-crisis world [J]. Business Economics，2010，46（1）：3 – 12.
② 王晓，李佳. 金融稳定目标下货币政策与金融宏观审慎监管之间的关系：一个文献综述 [J]. 国际金融研究，2013（4）：22 – 29.

（2014）建立动态随机一般均衡模型分析货币政策与宏观审慎政策之间的关系，认为对于货币政策而言宏观审慎政策能够起到辅助作用，特别是在市场受到金融冲击的时候这种辅助作用更加明显。梁璐璐和赵胜民等（2014）研究也认为在非传统冲击下，遵循泰勒规则的货币政策与金融宏观审慎监管政策相互配合，对通货膨胀目标制具有一定的保护作用。

金融宏观审慎监管与货币政策之间矛盾冲突的研究方面，相关研究学者认为虽然政策制定者在大多数情况下都期望货币政策与宏观审慎政策能够相辅相成、相互促进，但是，在实际的实施过程中两者有时存着矛盾和冲突。货币政策有时会通过引起资产价格变动来调控经济而金融宏观审慎监管政策则是缓和资产价格的波动，此时，两种政策相互作用就会相互削弱各自的效果（Bailliu et al.，2012）。

金融宏观审慎监管与货币政策之间的协调性的研究方面，通过学者们的研究认为两者之间并不存在绝对意义上的矛盾，两者在一定程度上可以相互协调，相互促进（方意等，2012）。在货币政策的利率调控方面，货币政策中的利率调控会影响到借贷行为，从而会引发某些行业中潜在的风险，而金融宏观审慎监管可以专门针对风险过度的市场进行调控，以达到金融稳定的目标（Ostry et al.，2010）。货币政策与宏观审慎的资本充足政策之间的合作是必要的，可以通过扮演不同的角色实现目标的双赢（Gilles et al.，2013）。吴培新（2011）认为货币政策和金融宏观审慎监管的协同可以起到抑制资产价格泡沫，应对金融失衡问题。刘生福和李成（2014）通过模型分析建议将金融稳定目标纳入货币政策函数中，实现货币当局与监管当局的统一协调。还有学者从政治经济学的角度分析货币政策实施过程中政策制定者在金融稳定目标引导下的货币政策与金融宏观审慎监管政策之间的权衡协调问题（Masciandaro & Volpicella，2016）。范从来和高洁超（2018）通过建立包含银行部门的 DSGE 模型研究指出货币政策与逆周期资本监管的协调配合可以有效促进政策实施过程的福利损失。

2.5.2　金融宏观审慎监管与微观审慎监管

金融宏观审慎监管和微观审慎监管的区别主要体现在两种监管政策

的目标和作用对象及方式的不同。金融宏观审慎监管是从金融体系的整体出发，控制金融危机的成本，而微观审慎监管则是从单个金融体系出发，控制单个金融机构倒闭的成本。

在监管目标上，金融宏观审慎监管主要通过降低系统性风险发生概率，缓解系统性风险给实体经济发展产生的破坏或造成的成本增加，维护金融系统稳定的目标①，而微观审慎监管则盯住单个金融机构的风险防范，以此实现市场中投资者或存款人的利益保护。巴曙松等（2010）以及胡利琴等（2012）都认为宏观审慎更多的是从宏观经济层面考虑，而微观审慎监管则主要考虑金融机构的微观经济行为。

在监管方式上，金融宏观审慎监管多是从金融系统的宏观层面考虑，认为金融系统内部各组分之间的相互作用行为如借贷等，会引起资产价格的波动，进而引起整个金融系统的波动，而金融系统的波动反过来又会影响到金融机构个体的稳定性（Liebeg et al.，2014；Schoenmaker & Wierts，2016）。微观审慎监管则从金融机构个体的稳健性经营入手，关注金融机构个体的稳健性指标（Claeys & Schoors，2007）。

在监管对象上，金融宏观审慎监管是自上而下的。宏观审慎监管是先设定整个金融系统的风险可承受能力，然后再根据系统中不同金融机构所产生系统性金融风险的边际贡献度，以此开展监管工作（Houben，2013）。微观审慎监管是自下而上的，微观审慎监管的主导思想为只要确保单个金融机构的稳定，就可以保证整个金融体系的稳定（Wall，2015）。

总结宏观审慎与微观审慎监管的不同如表2-3所示。

表2-3 金融宏观审慎监管与微观审慎监管的比较

项目	宏观审慎	微观审慎
直接目标	防范金融系统危机的爆发	防范单个金融机构危机的爆发
最终目标	避免经济的损失	保护金融消费者权益
金融机构共同风险暴露关系	这种关系是必要的	之间并没有联系
风险模型	内生的	外生的

① 刘生福，李成. 货币政策调控、银行风险承担与宏观审慎管理——基于动态面板系统GMM模型的实证分析 [J]. 南开经济研究，2014（5）：24-39.

项目	宏观审慎	微观审慎
审慎控制的衡量标准	以整个系统范围为单位自上而下衡量	以单个金融机构为单位自下而上衡量

资料来源：根据相关文献整理所得。

2.5.3　金融宏观审慎监管与其他经济政策

金融宏观审慎监管除了与货币政策、微观审慎监管政策有密切的联系，与资本流动管理、财政政策、产业政策等经济政策也存在一定的相互影响关系。在金融宏观审慎监管与资本流动管理政策方面，金融宏观审慎监管能通过对金融机构的负债管理来控制系统性的流动性风险，如对金融机构非核心负债征税等（Unsal，2011）。如果资本流动引发了信贷的过度扩张，那么金融宏观审慎监管工具的使用有助于缓释资本流动带来的系统性风险（Mendicino，2014）。肖卫国等（2016）分析了资本账户开放条件下金融宏观审慎监管政策的发展。在金融宏观审慎监管与财政政策关系研究方面，李建强等（2018）认为有偿财政救助以及惩罚性税收政策等能够有效规避金融宏观审慎监管政策实施过程中的道德风险，提升监管效能。在金融宏观审慎监管与产业政策研究方面，冯飞鹏（2018）研究信贷配置与产业政策的作用关系，指出产业政策可以通过作用于相关行业，影响这些行业的投资和资金需求，进而对银行信贷产生影响，同时，信贷政策也通过影响产业融资渠道发挥调节作用。

通过金融宏观审慎监管与其他经济政策之间的关系分析可知金融宏观审慎监管政策的实施不仅与其采用的工具和方式有关，与货币政策、微观审慎监管政策等经济政策之间也存在着密切的联系。金融宏观审慎监管政策的制定不仅要从自身政策范围考虑，而且要考虑政策制定时所处的其他宏观经济政策环境，只有探明金融宏观审慎监管政策与其他经济政策之间的协调作用关系，才能够促进金融宏观审慎监管政策效用的发挥，更进一步促进各类经济政策效用的协调有序发挥，促进经济社会发展。

2.6 金融监管优化及改革措施

现代金融监管理论的演化发展为金融监管优化提供理论支持，相关学者基于现代金融相关理论构建金融监管模型对金融监管系统特性及优化路径进行研究，现有金融监管优化模型可分为两类，第一类是金融监管的动态博弈模型。例如，杨亦民等（2007）利用不完全信息动态博弈模型，探讨了金融危机、监管者的软预算约束与银行道德风险之间的关系，发现消除软预算约束是降低金融危机的重要监管措施，模糊策略可以较好解除金融机构对软预算限制的期望心理。于维生和张志远（2013）通过构建国际金融监管演化博弈模型，分析了在国际金融监管过程中金融监管主体的策略选择问题。第二类是金融监管的制度变迁动态模型。在此类模型中，学者关于金融监管有效性的评价基本一致，即都承认金融监管对于防范金融危机、保持经济稳定的作用是显著的，其争论的焦点在于，金融监管制度应该以安全优先还是以效率优先。有学者认为金融监管制度应以效率优先，不良资产率这一指标可以有效体现资产质量，能够表明金融监管对银行内部特征和资产质量的作用（Ezeoha，2011）。债务违约也可以作为金融监管指标，债务违约会影响金融行业利润，因此而累积的系统性金融风险也会对经济增长产生不利影响（Barrell et al.，2008）。綦相（2015）认为金融监管制度应在安全和效率中寻求平衡，国际金融监管改革的目的之一为修复引发危机的"断层线"，稳健金融系统的安全，满足实体经济的金融需求。

随着新时期金融监管复杂性的提升，金融监管协调性及不同金融监管模式的对比研究为金融监管优化提供方向。在金融稳定与金融监管的关系方面，中央银行应履行维护金融稳定的职责，实施金融宏观审慎监管，以提高金融监管有效性（Moshirian，2011）。李成等（2013）运用定量方法实证分析了中国、美国、日本、英国四国金融监管的有效性，提出我国应提高中央银行在宏观金融稳定中的地位，完善金融法律制度和强化执法效率，构建金融宏观审慎监管与宏观经济稳定的政策协调机制。不同监管改革措施在面对潜在冲击时对金融消费者和金融机构的保护效果存在较为明显的差异，而金融机构之间的合作可以有效避免金融监管过程中出现囚徒困境（Solt，2015；Campello et al.，2010）。

在各国金融监管实践中，政府当局根据本国不同的发展特点选择不同的监管工具和监管路径构建金融监管体系对金融系统进行监管，金融监管改革过程在一定意义上既是金融监管体系的完善过程，也是金融监管工具不断丰富的过程。在金融监管模式改革方面，国外相关研究从系统性风险与金融宏观审慎监管、顺周期性、薪酬激励机制、资本充足率和杠杆率、期限转化和流动性、金融安全网措施和对问题机构的处置机制以及信用证券化等方面提出审慎监管体系改革措施。时变资本充足率要求和准备金制度有助于抑制信贷过度增长，进而降低系统性风险的发生概率（Vandenbussche et al.，2012）。对我国审慎监管体系改革的系统性研究则相对较少，且大多仅从理论层面对我国金融监管体系优化提出政策建议。如巴曙松等（2010）提出，可通过监控银行体系的隐性风险头寸来实现金融业金融宏观审慎监管。黄志强（2012）认为我国有必要从分业监管模式转变为宏观审慎和微观审慎相结合的新监管模式，建立起二者的协调监管机制，共同维护金融体系的稳定。吴云和史岩（2016）通过梳理发达国家金融监管模式与监管改革趋势，指出我国应合并监管机构职能，央行应下设金融政策委员会（FPC）负责金融宏观审慎监管，成立金融审慎局（PRA）和金融行为局（FCA）来负责微观审慎监管，整合监管权力的同时强化审慎监管。

通过对金融宏观审慎监管体制的优化研究发现金融宏观审慎监管体制随着金融系统及系统性风险的演化也呈动态演化的过程，各国根据不同阶段系统性金融风险特征及其他经济政策状态的不同而调整金融宏观审慎监管政策使其更好发挥作用。从监管的优化模型研究来看，金融系统的复杂性及其内部各因素之间的交互反馈作用关系使得单一的金融宏观审慎监管模型模拟难以充分揭示金融宏观审慎监管的作用机制和效果。而对金融宏观审慎监管政策体系的演化研究则侧重从历史的角度探寻制度优化的方向，难以预测政策在新的金融系统环境中的影响作用，因此，需要将金融系统的历史演化与现实数据分析相结合，探究当前经济环境下不同政策机制作用效果，构建金融宏观审慎监管新框架。

2.7 VAR 类模型的演化与发展

以经济理论分析为基础的传统多元线性回归、联立方程模型等计量分析方法，因在变量内生性或外生性问题处理方面存在过多的人为因素从而容易造成所构建模型无效或分析结果的偏差。基于此类研究方法的缺陷，海雅希和史密斯（Hayashi & Sims，1983）首次提出非限制性向量自回归（unrestricted vector auto-regression）模型或称之为简约式 VAR 模型。因史密斯在 VAR 模型方法上的贡献推动宏观经济研究的进展，2011 年被授予诺贝尔经济学奖。本书在研究方法体系上基于史密斯的研究脉络进行拓展，通过对 VAR 宏观经济计量模型演进与发展的梳理，结合每个模型的特点和适用性，选取合适的 VAR 类拓展模型从不同的视角对金融宏观审慎监管问题开展研究，丰富金融宏观审慎监管的研究体系。

2.7.1 VAR 类宏观计量模型的特点

VAR 模型主要是通过将所有内生变量当期值对其自身的若干滞后项进行回归的方式估计模型中内生变量之间的动态作用关系。VAR 模型往往以多方程联立的形式出现，之后研究中将 VAR 模型进行改进使其可用于对系统变量因果关系的分析（Toda & Yamamoto，1995）。VAR 模型在计量分析过程中主要具有三个方面的优点：一是 VAR 模型不以严格的经济理论为基础，而是通过所研究对象相关实际数据的分析得出结果；二是解释变量中不包括任何当期值，所以只要研究样本数据足够大就不会产生模型不可识别的问题；三是 VAR 模型分析之前不需要对变量的内生性和外生性进行区分。

脉冲响应函数和方差分解是 VAR 模型结果分析的两个重要部分。脉冲响应函数可以用于分析某一内生变量的变动对模型中其他内生变量所产生的影响作用（Pesaran & Shin，1998），而方差分解则是用于评价不同变量对某一变量冲击效果的贡献度，从而分析不同变量的作用效果。

40

传统 VAR 模型在提出之后因其在经济系统分析中的优势而得到较快的推广，但是随着研究对象的不断扩大和复杂化，传统 VAR 模型的不足也逐渐体现，主要存在五个方面的不足：第一，如果变量滞后期越长，所要估计的参数也就越多，要提高结果精确度就需要样本足够长；第二，VAR 模型不以经济理论为基础，因此也就缺少对变量的结构性约束，部分变量之间的同期相关性会影响到模型的估计结果；第三，模型无法避免"卢卡斯批判"，难以对理性预期因素进行准确的表达；第四，传统 VAR 模型属于常参数模型，当所研究经济系统变量发生结构性的变化时，模型的参数就变得不稳定；第五，传统的 VAR 模型在模型构建上对变量数目有限制，随着经济系统复杂性的提升，变量个数的约束使 VAR 模型对经济变量关系分析结果的有效性降低。

学者们基于传统 VAR 模型的不足，根据研究对象特别的不同从不同的角度对 VAR 模型进行拓展研究，形成了现在的 VAR 类拓展模型体系，现对几类重要的拓展模型进行简要分析。[①]

2.7.2　VAR 类宏观计量模型的演化发展

（1）SVAR：从简约式步入到结构式。经济变量之间可能存在结构性约束，而最初的传统的 VAR 模型没有考虑经济变量之间的结构性冲击，其可靠性受到质疑。为提高 VAR 模型对经济信息的识别度，学者们构建结构向量自回归（structural VAR，SVAR）[②] 模型。SVAR 模型的提出增强了脉冲响应的经济学含义，并被逐渐推广，例如，运用 SVAR 模型研究货币总量冲击对全球流动性的影响[③]。虽然 SVAR 模型与 VAR 模型相比具有一定的进步，但是从期对经济问题的解释来看还存在着在识别结构性冲击时对外生约束的设定过于随机，规范性不足。

（2）BVAR：VAR 模型统计推断方法上的革命传统。VAR 模型难

---

① 沈悦，李善榮，马绫涛. VAR 宏观计量经济模型的演变与最新发展——基于 2011 年诺贝尔经济学奖得主 Smis 研究成果的拓展脉络 [J]. 数量经济技术经济研究，2012（10）：150 – 160.

② Lippi M，Reichlin L. The dynamic effects of aggregate demand and supply disturbances：comment [J]. American Economic Review，1993，83（3）：644 – 652.

③ Sousa J M，Zaghini A. Global monetary policy shocks in the G5：A SVAR approach [J]. Journal of International Financial Markets，Institutions and Money，2007，17（5）：403 – 419.

以解决参数过多问题，于是学者们开始探索将贝叶斯定律运用到 VAR 模型分析中。贝叶斯估计假设 VAR 待估系数服从一定的先验分布，并将这种先验分布与似然函数相结合，得到参数的后验分布，从而提升预测的准确性。先验分布的引入在一定程度上优化了系数的取值范围，减少无约束 VAR 的自由度损失。20 世纪 80 年代以来，BVAR 模型作为一种有效的预测工具被西方国家广泛应用于政府决策和经营管理领域。①②

（3）PVAR：向空间计量的拓展传统。VAR 模型还面对变量在空间和数量上的约束问题，未解决此类问题学者们提出了基于面板数据的向量自回归（panel data vector autoregression，PVAR）模型。PVAR 模型在原有 VAR 模型优势的基础上还对原模型在数据长度约束和变量异质性两个方面进行了优化，从而使 VAR 模型拓展到空间计量领域，同时也为宏观经济研究提供了更有效的分析方法。

从 PVAR 模型的发展来看，最开始仅是对简单的混合数据信息进行研究，之后又有学者将两阶段最小二乘法运用到 PVAR 模型中使其能够分析时变性数据。③ 另外，还可以通过对 PVAR 模型中每个变量的个体平均时间序列数据建立时间序列向量自回归模型的方法估计模型参数，并对这种方法的可靠性进行了验证（Pesaran & Smith，1995）。而对于模型处理细节改进方面，可以通过"前向均值差分法"去除个体效应，"组内均值差分法"去除时间效应。还在此基础上对 PVAR 模型进行了优化使其可以兼具时序分析与面板数据分析的优势。④ 在应用研究法方面，有学者运用 PVAR 方法研究全球流动性过剩对新兴国家资产价格的影响作用（Brana et al.，2012）。

（4）非线性动态 VAR：线性分析范式的变革。传统的 VAR 模型基于经济结构不发生改变的前提，认为参数结构在整个研究样本阶段内不会因外部环境的变化而变化。但是随着经济系统的复杂化以及非线性科

① Sousa J M, Zaghini A. Global monetary policy shocks in the G5: A SVAR approach [J]. Journal of International Financial Markets, Institutions and Money, 2007, 17 (5): 403 –419.

② Dua P, Ray S C. A BVAR model for the connecticut economy [J]. Journal of Forecasting, 2010, 14 (3): 167 –180.

③ Holtz – Eakin D, Rosen N H S. Estimating vector autoregressions with panel data [J]. Econometrica, 1988, 56 (6): 1371 –1395.

④ Westerlund J. New simple tests for panel cointegration [J]. Econometric Reviews, 2005, 24 (3): 297 –316.

学的发展，20 世纪 70 年代之后，学者们开始意识到传统线性范式下对经济问题的分析和预测研究的失效。基于非线性范式，学者们也开始对 VAR 模型进行改进，将非线性方法纳入 VAR 模型优化中，其中所形成的非线性动态 VAR 模型主要有三类：门限向量自回归模型（threshold vector auto regression model，TVAR）、马尔可夫机制转换向量自回归模型（markov switching vector auto regression model，MSVAR）和平滑转换向量自回归模型（smooth transition vector auto regression model，STVAR）。

其中，TVAR 模型主要是针对研究变量在不同区制或不同状态下的存在的非线性作用关系问题，将非线性门限模型与 VAR 模型相结合描述其非线性动态特征①。对于 MSTVAR 模型来说，运用马尔科夫链作为模型线性转换的工具，但是这种转换一般是随机的，不能得到其转换的非线性表达式，使其应用受到限制，如在利用 MSVAR 研究人口变动问题方面的研究显示对于严格逐步突变模型的适度偏离是稳健的（Girod et al.，2011）。STVAR 模最早型是在研究转换机制时运用平滑转换或渐进性转换的方式处理传统 VAR 模型的函数转换问题时提出的。② 朱玲玲和胡日东（2014）建立 STVAR 模型研究金融脱媒对我国货币政策传导机制的非对称效应。

（5）DSGE - VAR：微观经济与宏观计量的结合。VAR 模型从数据本身信息含量出发，不以经济理论为基础对经济学问题进行分析的方式一直受到经济学家们的争议。基于此，新凯恩斯主义者将 VAR 模型与经济学中的动态随机一般均衡（dynamic stochastic general equilibrium，DSGE）模型相结合构建 DSGE - VAR 模型。这样传统经济学中动态随机一般均衡模型所包含的厂商、政府、金融机构等行为人就都包含在 DSGE - VAR 模型中，且模型还可以发挥 VAR 模型优势对货币政策等其他政策冲击的反应进行分析。因 DSGE - VAR 模型以经济学理论为基础所以受到西方经济学者的认可，并被广泛应用，我国学者也开始将其运用到经济问题分析中，马理和娄田田（2015）构建包含零利率下限约束的 DSGE 模型对宏观政策的传导机制进行研究。

---

① Ferraresi T，Roventini A，Fagiolo G. Fiscal policies and credit regimes：a TVAR approach [J]. Journal of Applied Econometrics，2014，30（7）：23 - 56.

② Wesise C. The asymmetric effects of monetary policy：a nonlinear vector autoregression approach [J]. Jouranl of Money，Credit and Bankig，1993，31（1）：85 - 108.

DSGE 模型的设计理念在实际的研究中常常会因参数校准、参数估计等问题使操作过于复杂。对于这类问题学者们会采用广义矩估计（GMM）、贝叶斯估计法、模拟矩估计（SMM）、极大似然估计（ML）等能够反映模型问题特征的参数估计方法进行估计。例如有学者将 DSGE 模型的先验信息应用到 VAR 模型的估计中，得到 BVAR 的估计结果，然后通过比较两个模型的边缘概率分布来评估模型的有效性（Smets & Wouters，2003）。之后学者们开始不断探索模型的拓展研究。

（6）TVP - VAR 及其拓展模型：向非线性、时变参数拓展。传统的 VAR 模型研究中假定模型的系数和扰动项的方差都是不变的，但这种假定明显不符合实际经济情况。特别是在当前经济系统复杂性不断增强，经济系统内部各因素影响作用不断增强的条件下，需要建立模型的参数具有动态性和非线性特征。已有的非线性类 VAR 模型仅能够处理变量之间的非线性关系，难以分析变量之间的动态演化关系，因此学者们开始研究构建基于非线性、变参数的 VAR 模型，时变参数的向量自回归（time varying parameter vector autoregression，TVP - VAR）模型就是这类模型中最具代表性的一种。研究中还可以在 TVP - VAR 模型基础上将时变性纳入模型系数和误差项的方差处理过程中构建带有随机波动的时变参数形式（TVP - SV - BVAR 模型），有学者将其运用到对美国货币政策传导机制的分析中，得出比其他模型更有优势的结果（Primiceri & Giorgio，2005）。另外，通过对模型中不同参数的设定可以使其按照不同的方式演进，可以克服 TVP - VAR 类模型中的过度参数化问题，比如混合创新时变系数随机方差向量自回归模型（MI - TVP - SV - VAR 模型）（Koop et al.，2009）。周德才等（2015）运用这种方法对通货膨胀进行预测研究，发现其对现实的解释力极强。

（7）FAVAR：向大规模、多变量拓展。VAR 模型所处理的经济变量过少是该模型的主要缺陷之一。因为在实际的政策制定过程中政策制定者需要考虑经济或金融系统中的众多因素，而传统的 VAR 模型在参数设计上具有局限性，研究变量数量上的限制使模型的分析效果大打折扣。为了克服 VAR 模型变量数量上的局限性，可以处理多变量问题的因素扩展向量自回归（factor augmented vector auto regressive，FAVAR）模型被提出。与传统 VAR 模型相比，FAVAR 模型最明显的优势就在于可以对大规模、多变量的数据样本进行分析，研究不同政策变量对系统产生的冲击反应，从而可以更加全面、真实地反映各经济变量之间的动态作用关系。学者们开始运用 FAVAR 模型分析通货膨胀预期、国内生产总值（GDP）等对货币政策的冲击作用，发现 FAVAR 模型的实证分析效果优越于小规模的 VAR、BVAR 等模型（Bernanke & Eliasz, 2005；Lombardi et al., 2012）。但上述 FAVAR 模型同样具有对变量平稳性的约束，对于非平稳的数据可能会因差分处理而造成信息的丢失，之后学者又针对这一问题对 FAVAR 模型进行了改进，将贝叶斯统计对非平稳数据的推断方法与 FAVAR 模型相结合，构建大规模的贝叶斯向量自回归（large-scale bayesian vector autoregression，LBVAR）模型，进一步拓展了 VAR 模型的发展空间（Gupta et al., 2010）。在 FAVAR 模型的应用研究方面，学者们将其运用到美元升值冲击对亚洲经济体经济增长和通货膨胀的影响研究中，得出了具有优势的研究结论（Liu et al., 2017）。

通过对 VAR 类宏观计量模型发展演化历程的梳理可以发现，VAR 类宏观计量模型根据不同研究对象的特点演化为不同的拓展模型，无论是对二元数据、面板数据还是具有时变性特征的数据都有其适用的方法。可以将 VAR 类模型与传统计量模型的研究优势相结合，针对金融宏观审慎监管有效性研究中的不同问题，不同研究对象的不同特点，选取不同类型的拓展方法对我国金融宏观审慎监管有效性开展研究，揭示金融宏观审慎监管变量与内部和外部变量之间的因果关系，形成新的金融宏观审慎监管研究方法体系。

2.8　文　献　综　述

综上所述，学者们对金融风险演化以及金融宏观审慎监管的发展、内涵、目标、工具、有效性、与其他经济政策之间的关系以及金融宏观审慎监管优化等方面开展了大量的研究工作，对金融宏观审慎监管制度的完善发展具有重要的推动作用。但是从已有的文献梳理来看还存在以下的不足：第一，随着金融系统复杂性的提升及关联性的增强，金融系统风险诱因呈多元化，金融风险来源的差异化使其表现出不同的结构性特征，金融风险在金融系统内部以及金融系统与外部经济系统之间的传染性不断增强。金融风险不仅可以通过银行、证券等金融系统内部子系统之间的关联进行传导，而且还可以通过宏观经济等外部系统进行传染，系统性金融风险传导渠道复杂性不断提升。系统性金融风险的多渠道并行传导以及金融系统要素之间的复杂关联性，使单一路径探索已经不能满足系统性金融风险防控的需求，需要探寻新的方法更加全面地揭示系统性金融风险复杂动态传导路径。第二，金融宏观审慎监管工具不同其作用效果也不同，要实现对不同类别金融宏观审慎监管工具有效性的评价首先需要厘清各类金融宏观审慎监管工具的作用机理。现有研究中已有对某一类或者某几类金融宏观审慎监管工具有效性的评价研究，或是从单一政策工具实施的单一路径对宏观审慎监管工具传导路径进行分析，缺少对金融宏观审慎监管工具及其作用路径、作用效果的系统性研究，难以揭示金融宏观审慎监管工具复杂传导路径。第三，金融宏观审慎监管的有效实施离不开与其他经济政策的协调运作，各类经济政策的协调是金融宏观审慎监管政策有效实施的外部条件，已有金融宏观审慎监管与其他政策协调研究中，更注重对各类政策关系的理论分析，已有的实证分析也仅从较小的角度论证两者之间的关系，缺少对金融宏观审慎监管与其他经济政策协调有效性的系统分析和论证研究。第四，金融宏观审慎监管政策是否能够达到预期的效果是政策当局关注的重点问题，从已有对金融宏观审慎监管的研究来看，尚缺乏对金融宏观审慎监管有效性的预测研究。第五，从对金融宏观审慎监管有效性相关问题的研究方法来看，不同的学者从不同的角度，选取不同类别的方法进行研究，尚没有形成较为系统的研究方法体系。

　　本书将 VAR 类宏观计量拓展模型与其他经济学方法相结合，围绕系统性金融风险传导与金融宏观审慎监管有效性问题开展研究：第一，基于复杂网络理论及方法研究系统性金融风险的时间和空间传导及演化机制，从不同维度揭示系统性金融风险的多层传导规律，为金融宏观审慎监管工具选择和政策制定提供支持。第二，对宏观审慎监管工具类别及其传导路径进行研究，为工具有效性评价和政策协调性研究奠定基础。运用系统动力学因果反馈仿真方法，建立不同金融宏观审慎监管工具实施的因果反馈回路，分析不同传导反馈回路的正负极性，探究不同类别金融宏观审慎监管工具的传导路径和作用机理，为金融宏观审慎监管工具有效性分析奠定基础。第三，对不同政策环境下不同类别的宏观审慎监管工具有效性进行评价，结合前面对不同类别工具传导路径的分析，探究不同政策环境下宏观审慎监管工具的选择依据。金融宏观审慎监管的有效实施还与外部其他宏观经济政策有关，因此，从金融宏观审慎监管与外部其他宏观政策作用关系的角度，分析金融宏观审慎监管与其他宏观政策的协调有效性也是宏观审慎监管有效性研究的重要组成部分。主要从金融宏观审慎与货币政策及微观审慎监管的协调入手，通过非线性门限模型验证金融宏观审慎监管政策和货币政策目标的协调性及协调区间，构建 Panel – VAR 模型分析不同单一政策实施和宏微观审慎监管协调实施的政策效果。金融宏观审慎监管政策实施离不开其所处的金融系统，金融系统的复杂性、动态性和时变性为金融宏观审慎监管提出了更大的挑战，因此，可从金融宏观审慎监管调控与金融系统状况关系出发，运用 MI – TVP – SV – VAR 模型，重新构建灵活动态的 MFCI 指数，分析不同金融状况变量与金融宏观审慎监管政策有效性之间的灵活动态脉冲响应关系，并运用 MF – ADCCA 算法等从跨期相关性、非对称相关性的角度分析金融状况指数对金融宏观审慎监管政策有效性的预测作用和预测能力。第四，将金融宏观审慎监管有效性研究结果与我国现有金融监管改革相结合，有针对性地从工具设计、机制设计、预期管理三个方面提出完善我国金融宏观审慎监管的政策建议，对金融宏观审慎监管研究体系的发展以及我国金融宏观审慎监管政策改革和完善具有重要的理论和现实意义。

第 3 章 系统性金融风险溢出、多维 网络传导与风险演化研究

随着金融系统的复杂动态关联演化，金融风险多渠道并行传导特征日益凸显，全球金融市场风险溢出效应不断加强。本章选取 1997 年亚洲金融危机、2008 年全球金融危机、2015 年中国股市异常波动以及 2020 年美国股市暴跌四次危机事件对全球主要股票市场金融风险溢出特征进行研究，一方面，从时间维度和空间维度揭示全球股票市场风险溢出的动态演化特征和网络拓扑结构特征；另一方面，从宏观、中观、微观层面分析全球股票市场风险溢出的宏微观结构特征，探究金融风险溢出效应及其传导机制。

3.1 金融风险溢出与系统性金融风险传导

金融风险溢出是系统性金融风险的核心，对全球金融市场风险溢出特征及传导机制的探索有助于揭示系统性金融风险产生机理，把握金融风险传导和传染规律，为金融风险防范和监管提供支持。随着金融系统的复杂动态关联演化，金融风险多渠道并行传导特征日益凸显，全球金融市场的风险溢出效应不断加强。受全球新冠肺炎疫情不断扩散及石油价格下跌的影响，2020 年 3 月 9 日美国三大股指大幅下跌触发市场熔断机制，发生了自 1997 年 10 月 27 日第一次熔断之后美国证券市场历史上的第二次熔断，并于之后的 3 月 12 日、3 月 16 日、3 月 18 日又接连发生三次熔断。美股大幅下跌带动全球股市开启新一轮暴跌模式，多国股指触发熔断，引发社会各界对金融风险溢出效应的关注和思考。纵观全球金融市场发展，金融风险的发生不仅受经济金融系统内部影响（如墨西哥

金融危机、亚洲金融危机、美国次贷危机、中国股市异常波动等），还会因社会其他不确定事件的发生而引发金融系统的不稳定（如互联网泡沫危机、"9·11"恐怖袭击事件、日本福岛核事故、新冠肺炎疫情等），进而通过全球金融市场关联产生不同程度的风险溢出（如图3-1所示）。

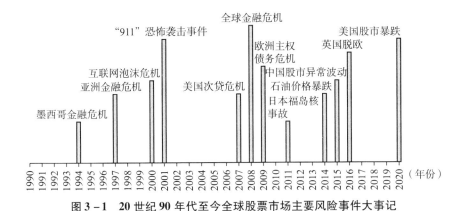

图3-1　20世纪90年代至今全球股票市场主要风险事件大事记

金融风险溢出效应是指某国或者某个金融市场发生风险事件通过各国金融市场或地区内金融市场间的关联而引发其他国家或市场发生危机的程度。随着金融市场复杂性的提升以及金融与社会经济系统关联性的增强，金融风险溢出效应的内涵也在不断扩展，由金融市场内部逐步拓展至经济系统中其他产业的关联溢出。金融风险溢出效应相关研究也从金融风险内部溢出和外部溢出两方面开展。在金融风险内部溢出方面，既包含不同国家内金融市场之间的风险溢出[1][2][3]，也包含不同国家之间的不同金融市场内部风险溢出[4][5]。通过不同状态下、不同市场之间、

① 洪永森，成思危，刘艳辉，等. 中国股市与世界其他股市之间的大风险溢出效应 [J]. 经济学（季刊），2004（2）：703－726.

② Boyson N M，Stahel C W，Stulz R M. Hedge fund contagion and liquidity shocks [J]. The Journal of Finance，2016，65（5）：1789－1816.

③ 刘超，徐君慧，周文文. 中国金融市场的风险溢出效应研究——基于溢出指数和复杂网络方法 [J]. 系统工程理论与实践，2017，37（4）：831－842.

④ Elyasiani E，Mansur I. International Spillover of Risk and Return among Major Banking Institutions：A Bivariate GARCH Model [J]. Journal of Accounting，Auditing and Finance，2003，18（2）：303－330.

⑤ 崔金鑫，邹辉文. 时频视角下国际股市间高阶矩风险溢出效应研究 [J]. 国际金融研究，2020，398（6）：75－85.

不同国家之间风险溢出状况，探索风险传染演化的强度和路径。

对于金融系统内部风险溢出效应，主要是基于金融系统内部各子系统之间的联动性，某一子系统发生风险而引发的整个金融系统风险。随着世界经济一体化程度不断加深，金融系统内部关联性与风险传染性逐渐增强。大宗商品市场作为金融系统重要组成部分其与股票市场之间也存在复杂的风险溢出关系，赵新泉和孟晓华（2018）在对国际大宗商品铜、石油、黄金与我国沪深 300 指数之间的风险溢出效应进行研究并发现相比黄金而言国际大宗商品铜、石油对股票市场的极端风险溢出效应较为明显。石油市场、金融市场以及石油相关 CDS（信用违约掉期）部门之间也存在风险传递及溢出机制（Balcilar et al.，2018）。对于金融系统外部风险溢出效应，主要是指金融风险通过对外贸易和投资、宏观经济等金融系统外部渠道进行传导。其中，对外贸易和投资是国际金融风险与实体经济关联和传导的重要途径（Kenourgios & Dimitriou，2015）。宏观经济稳定是金融稳定的前提和基础，宏观经济中经济驱动力、通货膨胀、就业水平等的状态变动均会对金融风险传染产生影响[1]。资本管制的风险调控手段可以有效抑制资本流动造成的全球金融危机对新兴经济体的影响（Fan et al.，2020）。李卉和付文林（2019）从区域金融风险传染的角度分析地区财政对地区金融市场风险溢出效应的影响。杨子晖等（2020）则从经济不确定性的角度研究金融风险的传染关系，研究发现起始于股票市场的风险会因经济政策不确定因素的影响而传导至外汇市场并逐步扩散，美国的经济政策不确定性是造成全球金融市场不稳定的重要因素。

纵观对金融风险溢出效应的研究方法最开始主要集中于相关系数法[2]、协整分析[3]、多元 GARCH 模型[4]、CoVaR 类方法[5]等方法方面，

---

① Shikimi M，Yamada K. Trade and financial channels as the transmission mechanism of the financial crisis [J]. International Review of Economics & Finance，2019，63（9）：364 – 381.

② Steeley J M. Volatility transmission between stock and bond markets [J]. Journal of International Financial Markets Institutions & Money，2006，16（1）：71 – 86.

③ Hong Y，Liu Y，Wang S. Granger causality in risk and detection of extreme risk spillover between financial markets [J]. Journal of Econometrics，2009，150（2）：271 – 287.

④ Francq C，Zakoïan J M. Risk-parameter estimation in volatility models [J]. Journal of Econometrics，2015，184（1）：158 – 173.

⑤ 严伟祥，张维，牛华伟. 金融风险动态相关与风险溢出异质性研究 [J]. 财贸经济，2017，38（10）：67 – 81.

但是这些方法都具有静态、线性等弊端，不能对复杂金融系统中各市场之间的动态、非线性风险溢出演化进行有效度量。针对上述方法的缺陷，有学者开始将 Copula 类函数和复杂网络方法运用到对金融风险溢出效应的研究中[①]。其中，Copula 类函数方法主要通过分析尾部极值相依性探究市场之间的复杂非线性相依关系，从而揭示不同市场之间的风险溢出效应，如时变 Copula 函数[②]、MRS - Copula 函数[③]等，之后又有学者对该类方法进行改进，并将其运用到对金融风险溢出效应研究中，如构建 Copula - CoVaR 模型对欧洲大型银行之间的系统性风险进行研究，揭示流动性风险对于系统性风险的发生产生的影响（Emmanouil et al.，2017）。姜永宏等（2019）运用 DCC - GARCH - CoVaR 模型对国际石油市场与中国各行业之间的风险溢出效应进行分析，发现国际石油价格的波动对我国工业行业和原材料行业的风险溢出较为显著。还有学者构建 Vine Copula 模型对金融危机期间各金融市场之间的风险溢出效应进行了比较分析[④]。苑莹等（2020）构建 Clayton Copula - ETV 模型对中日美韩四个国家股票市场的风险传染效应进行研究，证实了金融市场间风险传染效应的存在，认为不同国家之间的市场风险存在非线性相依性。

　　另一方面，鉴于金融风险来源多样化和多渠道并行传导特征对系统性金融风险复杂网络结构和演化机制探索提出的新挑战，复杂网络理论及方法与金融领域交叉学科研究成为金融风险溢出效应研究的新趋势。复杂网络理论及方法作为系统工程理论与技术的重要组成部分，适用于对因复杂系统要素相互作用而形成的涌现特征及其作用机制的探索。现阶段另一类金融风险溢出效应研究的热点集中于运用复杂网络理论及其

51

　　① 刘超，李元睿，姜超，等. 中国证券公司系统性风险测度及演化特征研究——来自20家上市证券公司的数据［J］. 中国管理科学，2019，28（5）：11 - 22.

　　② Mensi W，Hammoudeh S，Shahzad S J H，et al. Modeling systemic risk and dependence structure between oil and stock markets using a variational mode decomposition-based copula method［J］. Journal of Banking & Finance，2017，75（2）：258 - 279.

　　③ Chang Q L，Chi X，Cong Y，et al. Measuring financial market risk contagion using dynamic MRS - Copula models：The case of Chinese and other international stock markets［J］. Economic Modelling，2015，51（12）：657 - 671.

　　④ Goel A，Mehra A. Analyzing Contagion Effect in Markets During Financial Crisis Using Stochastic Autoregressive Canonical Vine Model［J］. Computational Economics，2019，53（3）：921 - 950.

方法，分析金融系统时间和空间的溢出特征。其中，复杂网络方法中的谱分析方法适用于多时间尺度、多区域、多市场、多主体之间风险传染的网络拓扑结构分析，可以从风险传导的不同角度揭示系统性金融风险特性及其演化规律。谱分析最早被应用于信号和图像分析领域，后来被逐渐推广应用于金融时间序列的特征分析中，其中，小波分析和网络拓扑结构分析是现阶段谱分析在金融风险领域应用最为广泛的方法。小波分析因其在时间序列频域和时域信息分析方面的优势而被广泛应用[1][2]。鉴于传统离散小波分析在样本长度、信息频率等方面的限制，郭文伟（2017）运用极大重叠离散小波变换（MODWT）模型对股票市场与债券市场泡沫的风险传导关系研究中发现在不同的时间频度上表现出不同方向的联动性特征。同理，极大重叠离散小波变换也被应用于贵金属的价格依赖关系研究中，用于揭示其相依性在时间频度上的动态性（Tweneboah & Alagidede，2018）。在金融风险的复杂网络特征分析中，更多学者将特性分析与风险溢出波动相结合，用以揭示风险的网络拓扑结构和溢出效应。如尹力博和吴优（2017）用这种方法研究了离岸人民币对周边国家的溢出效应，除此之外，还有学者将其运用在股票、主权债券、信用违约交换、外汇之间的波动溢出效应研究中，分析风险的溢出和接受对象特征（Tiwari et al.，2018）。杨子晖和周颖刚（2018）基于网络分析视角，运用有向无环图和网络拓扑分析方法对全球系统性金融风险溢出的动态演变进行分析，验证系统性金融风险跨市场传染效应的存在。

通过对已有相关研究梳理可知，金融风险溢出是一个持续性研究课题。现有研究多集中于验证金融市场间风险溢出效应的存在或者对溢出结构的分析，但是缺少更深层次地对金融市场风险溢出效应的特征演化规律的分类探索。金融风险溢出效应的发挥不仅受风险时效性的影响，还受溢出对象之间空间关联性的影响，且随着金融系统内部以及金融系统与外部经济社会环境之间关系的复杂性提升，金融风险溢出效应也体现出更多的复杂性。因此，还需要从复杂非线性视角对

---

① Baruník J, Kočenda E, Vácha L. Gold, oil, and stocks: Dynamic correlations [J]. International Review of Economics & Finance, 2016, 42 (3): 186–201.

② Madaleno M, Pinho C. International stock market indices co-movements: a new look [J]. International Journal of Finance & Economics, 2012, 17 (1): 89–102.

金融风险溢出效应进行分析，揭示风险溢出的微观层面特征。基于金融系统的非线性、复杂性，为消除趋势对时间序列标度行为的影响，学者们开始运用多重分形去趋势交叉相关性分析方法（MF－DCCA）对金融序列之间的交叉相关关系进行研究，但 MF－DCCA 方法更多地适用于对市场整体相关关系的分析，难以揭示市场间复杂非线性相关关系。基于此，学者们开始探索将 MF－DCCA 方法与非对称消除趋势波动分析法（A－DFA）相融合，提出非对称多重分形去趋势交叉相关分析法（MF－ADCCA）以研究市场间的非对称交叉相关关系特征（Cao et al. , 2014；Ramirez et al. , 2009）。通过多维度多层次的风险溢出效应特征识别可以弥补当前单方面研究的不足，丰富对金融风险溢出效应规律的探索。

　　本章选取 1997 年亚洲金融危机、2008 年全球金融危机、2015 年中国股市异常波动以及 2020 年美国股市暴跌四次金融危机时期全球主要股票市场为研究对象，对四次金融危机时期金融风险溢出效应进行研究，一方面，从时间维度和空间维度揭示全球股票市场风险溢出不同维度特征；另一方面，分别从宏观、中观、微观层面，按照"全球市场整体溢出—各国市场之间溢出—中美两国之间溢出"的思路分析全球股票市场风险溢出的宏微观结构特征，探究金融风险溢出效应及其传导机制，为金融风险防范和监管提供有效支持。本部分主要贡献在于：第一，基于多时间尺度及风险溢出动态演化将极大重叠离散小波变换（MODWT）和动态风险溢出模型相结合，对不同时间尺度下四次金融危机期间的风险溢出特征进行对比，探究全球股票市场金融风险溢出的时间演化特征；第二，构建基于前沿网络拓扑的金融风险溢出模型，形成四次危机期间全球股票市场风险溢出网络拓扑结构图，通过对比不同时期风险溢出网络拓扑结构差异，探究全球股票市场金融风险溢出的空间关联演化特征；第三，基于金融系统的复杂非线性演化，运用多重分形去趋势交叉相关性分析方法（MF－DCCA）对中美两国股票市场间的交叉相关性进行分析，从微观的角度揭示金融风险的复杂非线性溢出机制。

3.2 基于多维网络的系统性金融风险溢出模型构建

3.2.1 极大重叠离散小波变换

小波分析可将时间序列分解为不同的时间尺度，因此，可以运用小波分析探究不同时间尺度下股票市场风险溢出特征。与传统的离散小波分析（DWT）相比，极大重叠离散小波变换（MODWT）通过小波变换得到的系数具有时变性，不仅可以通过分辨研究样本低频部分的信息量提升分辨率，而且对于样本长度没有限制，能够提供更有效的非对称小波方差估计（Chernick，2001）。

在 MODWT 模型基础上，构建全球主要股票市场指数序列的小波分析模型[①]。在小波母函数的选择方面，综合考虑正交性，消失距的阶数以及对称性的性能要求，并结合本部分研究数据的特点，选择 sym8 小波作为母函数对全球股票市场数据进行小波分解，分解层数为 6 层（刘向丽和王旭朋，2015）。

根据 DWT 方法定义小波滤波器 h_l 和尺度滤波器 $g_l(l = 0，\cdots，L - 1)$（L 是过滤器的长度）将时间序列 $X(t)$ 分解为一组子序列，得到小波系数 $W_{j,t}$ 和尺度系数 $V_{j,t}$：

$$W_{j,t} = \sum_{l=0}^{L-1} h_{j,l}X(t - 1)，V_{j,t} = \sum_{l=0}^{L-1} g_{j,l}X(t - 1) \qquad (3.1)$$

为提升滤波器性能，在 MODWT 模型中将小波滤波器和尺度滤波器重新调整为 $\tilde{h}_{j,l} = h_{j,l}/2^{j/2}$ 和 $\tilde{g}_{j,l} = g_{j,l}/2^{j/2}$（$j = 1，2，\cdots，J，J$ 是分解尺度）。因此得到时间序列的小波系数 $\tilde{W}_{j,t}$ 和尺度系数 $\tilde{V}_{j,t}$ 分别为：

$$\tilde{W}_{j,t} = \frac{1}{2^{j/2}} \sum_{l=0}^{L-1} \tilde{h}_{j,l}X(t - 1)，\tilde{V}_{j,t} = \frac{1}{2^{j/2}} \sum_{l=0}^{L-1} \tilde{g}_{j,l}X(t - 1) \qquad (3.2)$$

运用这种分解所得到的不同尺度下的小波系数与原始时间序列 X 能

---

① Percival D B，Walden A T. Wavelet Methods for Time Series Analysis ［M］. Cambridge：Cambridge University Press，2000.

够保持长度的一致性。小波系数和尺度系数也可以通过以下定义得到：

$$\widetilde{W}_j = \widetilde{\omega}_j X, \quad \widetilde{V}_j = \widetilde{\upsilon}_j X \tag{3.3}$$

在本书的研究中，原始时间序列 X 表示各股票市场指数的波动率，可以通过 MODWT 在保持各股票市场原时间序列长期趋势不变的情况下对各市场指数进行分解和重构，得到重构后不同时间尺度的序列式（3.4）。

$$X = \sum_{j=1}^{J} \widetilde{\omega}_j^T \widetilde{W}_j + \widetilde{\upsilon}_j^T \widetilde{V}_j = \sum_{j=1}^{J} \widetilde{D}_j + \widetilde{S}_J \tag{3.4}$$

其中，D_j 为在尺度 J 下的时间序列的分解详情，S_J 代表趋势序列；MODWT 中第 j 级尺度对应的交易周期：$[2^j, 2^{j+1}] \Delta t$ 为滤波器频率范围 $[1/2^{j+1}, 1/2^j]$ 的反转与时间间隔 Δt 的乘积。根据 MODWT 滤波器频率范围与交易周期对应关系，d1 尺度下交易周期为 2～4 天、d2 尺度下交易周期为 4～8 天、d3 尺度下交易周期为 8～16 天、d4 尺度下交易周期为 16～32 天、d5 尺度下交易周期为 32～64 天、d6 尺度下交易周期为 64～128 天。

3.2.2　基于前沿网络拓扑的金融风险溢出模型

（1）全球股票市场风险溢出指数测算。

借助广义预测方差分解的溢出指数法，构建股票市场间风险溢出指数模型。

第一，构建所选取的全球主要股票市场指数的 VAR(p) 模型：

$$x_t = \sum_{i=1}^{p} \phi_i x_{t-i} + \varepsilon_t \tag{3.5}$$

其中，x_t 为由 N 个股票市场的指数收益率组成的 N 维列向量，ϕ_i 为 N×N 维自回归系数矩阵，ε_t 是均值为零误差向量。根据系数矩阵的递归转换式（3.5）也可表示为 $x_t = \sum_{i=0}^{\infty} A_i x_{t-i}$，系数矩阵 A_i 为 N 阶单位矩阵，且当 i<0 时，$A_i = 0$；当 i>0 时，其递归公式为：$A_i = \phi_1 A_{i-1} + \phi_2 A_{i-2} + \cdots + \phi_p A_{i-p}$。

第二，构建各市场之间的溢出效应模型，i 股票市场 x_i 向前 H 步预测误差的方差中由 j 股票市场 x_j 冲击引起的比例 $\theta_{ij}^g(H)$ 可表示为：

$$\theta_{ij}^g(H) = \frac{\sigma_{ij}^{-1} \sum_{h=0}^{H-1} (e_i' A_h \sum e_j)^2}{\sum_{h=0}^{H-1} (e_i' A_h \sum A_h' e_i)} \tag{3.6}$$

其中，σ_{ij} 为第 j 个股票市场预测误差的标准差；e_i 为 N 维列向量，第 i 个元素为 1，其余均为 0。因运用广义预测方差分解分析不同市场之间的冲击作用时是基于历史观测数据的误差分布所得 $\sum_{j=1}^{N} \theta_{ij}^g(H) \neq 1$，为进一步提高所得溢出指数的准确性在此需要对 $\theta_{ij}^g(H)$ 进行标准化处理 $\tilde{\theta}_{ij}(H) = \theta_{ij}^g(H) / \sum_{j=1}^{N} \theta_{ij}^g(H)$，$\tilde{\theta}_{ij}(H)$ 为股票市场 j 对股票市场 i 的波动溢出。

第三，构建总体溢出指数 S(H) 来衡量 N 个股票市场间的波动溢出对全球股票市场波动的贡献，从而表现全球股票市场的整体风险溢出水平。

$$S^g(H) = 100 \times \frac{\sum_{i,j=1,i\neq j}^{N} \tilde{\theta}_{ij}(H)}{\sum_{i,j=1}^{N} \tilde{\theta}_{ij}(H)} = 100 \times \frac{1}{N} \times \sum_{i,j=1,i\neq j}^{N} \tilde{\theta}_{ij}(H) \tag{3.7}$$

同理，我们还可以通过计算方向性溢出指数，测算股票市场 i 与其他股票市场之间的溢出关系。

（2）全球股票市场风险溢出网络构建。

为进一步探析全球股票市场间风险溢出特性及其演化规律，基于前期各市场间风险溢出关系分析和复杂网络理论构建全球股票市场风险溢出网络。以所选取的全球主要股票市场为网络节点，各股票市场之间的风险溢出指数为有向加权边，构建不同时期全球股票市场风险溢出网络。

通过测算不同市场节点间的交互影响作用信息分析股票市场间风险溢出强度和风险接受程度。其中包括：

节点出度表示某节点股票市场直接影响的其他股票市场数量：

$$d_t^{in} = \sum_{i=1,i\neq t}^{N-1} e_{it} \tag{3.8}$$

节点加权出度表示某股票市场对其他股票市场的风险溢出强度：

$$d_t^{win} = \sum_{i=1,i\neq t}^{N-1} \omega_{it} \tag{3.9}$$

节点入度表示直接影响某股票市场的股票市场数量：

$$d_t^{out} = \sum_{i=1,i\neq t}^{N-1} e_{ti} \tag{3.10}$$

节点加权入度表示某股票市场对其他股票市场风险溢出的风险接受程度：

$$d_t^{wout} = \sum_{i=1,i\neq t}^{N-1} \omega_{ti} \tag{3.11}$$

其中，N 为所构建的股票市场风险溢出网络的网络节点数，e_{it} 为 i 到 t 的溢出关系，若存在，$e_{it}=1$，否则 $e_{it}=0$。ω_{it} 为 i 到 t 的溢出权重。其余类似。

3.2.3 基于 MF－ADCCA 算法的金融风险溢出机制分析模型

随着股票市场复杂性的提升，基于复杂网络节点间出度和入度的测算不能更深层次的揭示全球股票市场之间的风险溢出规律及演化特征，而市场风险的溢出从一定程度上可以通过市场间的交叉相关性表征。选用多重分形去趋势交叉相关性分析方法（MF－DCCA）对中美两国股票市场间的交叉相关性进行分析，揭示两国市场随时间演化的风险溢出非线性复杂特征。

首先，将中美两国市场指数收益率序列进行预处理，其中，原始序列为 $\{x^{(1)}(k)\}$ 和 $\{x^{(2)}(k)\}$，$k=1,2,\cdots,N$，令 $\overline{x^{(i)}} = \frac{1}{N}\sum_{k=1}^{N} x^{(i)}(k)$，$i=1,2$。构造新的时间序列：

$$y^{(i)}(m) = \sum_{k=1}^{m}(x^{(i)}(k)-\overline{x^{(i)}})m = 1,2,\cdots,N \tag{3.12}$$

并将新的时间序列 $y^{(i)}(m)$ 分为不相重叠且长度为 n 的子区间，子区间的个数为 $N_n = int(N/n)$ 个。因为 N 不一定能被 n 整除，将新序列进行逆序处理并重复上述操作，得到 $2N_n$ 长度的子区间，这样可将原来不能被整除的余数序列包含在内。

其次，运用最小二乘法对所得到的子时间序列 $S_j^{(i)} = \{s_{j,k}^{(i)}, k=$

57

$1, \cdots, n\}$ 和整合时间序列 $Y_j^{(i)} = \{y_{j,k}^{(i)}, k = 1, \cdots, n\}$，其中 $j = 1$，$2, \cdots, 2N_n$ 的局部趋势进行拟合，得到局部拟合函数：

$$L_{S_j^{(i)}}(k) = a_{S_j^{(i)}} + b_{S_j^{(i)}}k; \quad L_{Y_j^{(i)}}(k) = a_{Y_j^{(i)}} + b_{Y_j^{(i)}}k \qquad (3.13)$$

进一步对子区间中的序列进行去趋势处理：

$$F_j(n) = \frac{1}{n}\sum_{k=1}^{n} |y_{j,k}^{(1)} - L_{Y_j^{(1)}}(k)| \cdot |y_{j,k}^{(2)} - L_{Y_j^{(2)}}(k)| \qquad (3.14)$$

最后，求解股票市场交叉相关的波动函数。子时间序列 $S_j^{(i)}$ 趋势的正负决定了函数斜率 $b_{S_j^{(i)}}$。因两市场非对称交叉相关性是由序列间趋势差异引发的，因此，两序列交叉相关的方向性 q 阶平均波动函数可以表示为：

$$F_q^+(n) = \left(\frac{1}{M^+}\sum_{j=1}^{2N_n} \frac{sign(b_{S_j^{(1)}}) + 1}{2}[F_j(n)]^{q/2}\right)^{1/q} \qquad (3.15)$$

$$F_q^-(n) = \left(\frac{1}{M^-}\sum_{j=1}^{2N_n} \frac{-[sign(b_{S_j^{(1)}}) - 1]}{2}[F_j(n)]^{q/2}\right)^{1/q} \qquad (3.16)$$

其中，$M^+ = \sum_{j=1}^{2N_n} \frac{sign(b_{S_j^{(1)}}) + 1}{2}$，$M^- = \sum_{j=1}^{2N_n} \frac{-[sign(b_{S_j^{(1)}}) - 1]}{2}$ 表示两市场研究样本期间相对正负趋势的子时间序列数量。

如果两股票市场的幂律交叉相关性存在，那么标度或幂律关系应该满足：

$$F_q^+(n) \sim n^{H_{12}^+(q)}; \quad F_q^-(n) \sim n^{H_{12}^-(q)} \qquad (3.17)$$

其中 $H_{12}^+(q)$，$H_{12}^-(q)$ 分别代表某市场 $\{x^{(1)}(t)\}$ 上升、下降时标度指数。当 $H_{12}^+(q) > 0.5(H_{12}^+(q) < 0.5)$ 时，两市场在市场 $\{x^{(1)}(t)\}$ 上升时的交叉相关具有持久性（反持久性）。如果 $H_{12}^+(q)$ 随着 q 的变动而变动，说明两市场的交叉相关存在多重分形特征。同理，$H_{12}^-(q)$ 亦如此。

另外，为了衡量股票市场间交叉相关的非对称程度，定义：

$$\Delta H_{12}(q) = H_{12}^+(q) - H_{12}^-(q) \qquad (3.18)$$

对于每一个 q 值，$|\Delta H_{12}(q)|$ 越大，则非对称性越强。若 $\Delta H_{12}(q) > 0$，说明时间序列 $\{x^{(1)}(t)\}$ 上升时的交叉相关的持久性程度更强，若 $\Delta H_{12}(q) < 0$，说明时间序列 $\{x^{(1)}(t)\}$ 下降时的交叉相关的持久性程度更强。若 $\Delta H_{12}(q) = 0$，说明不同趋势的时间序列 $\{x^{(1)}(t)\}$ 的交叉相关是对称的，即时间序列 $\{x^{(1)}(t)\}$ 上升趋势和下降趋势时的交叉相关性相同。

3.3　全球金融市场系统性金融风险溢出特征研究

3.3.1　样本选取与处理

3.3.1.1　样本选取

本部分根据 Choice 金融数据库中的全球市场分类将全球市场分为美洲市场、欧洲市场、亚太市场、大中华市场（因非洲股票市场起步较晚，且规模和交易量相对较小，故将欧非市场改为欧洲市场），并选取不同区域市场中重要市场指数对其风险溢出效应进行研究。本部分所选取主要股票市场信息如表 3 - 1 所示。

表 3 - 1　　　　　　　　　全球主要股票市场指数　　　　　　　　　59

所属地区	指数名称	指数代码	所属地区	指数名称	指数代码
美洲市场	标普 500	SPX	亚太市场	日经 225	N225
	多伦多 300	TSX		韩国综合	KS11
	墨西哥 MXX	MXX		孟买 SENSEX30	SENSEX
欧洲市场	英国富时 100	FTSE		澳洲标普 200	AS51
	法国 CAC40	FCHI	大中华市场	上证综指	SZ001
	德国 DAX30	GDAXI		香港恒生	HSI

为研究股票市场风险溢出的特征演化，本部分从历次股票市场危机事件中选取近代最具代表性的四次风险事件进行研究，分别为：1997年亚洲金融危机、2008 年全球金融危机、2015 年中国股市异常波动以及 2020 年美国股市暴跌。数据选取 1997 年 1 月 1 日至 2020 年 6 月 8 日期间主要股票市场指数收盘价，并剔除交易日不一致的数据。由于各国节假日及特殊事件影响，各国市场指数存在细微差异，对原始数据进行配对调整，最后得到各国市场在研究样本期间 4477 个交易日数据，数

据来源于 Choice 金融数据库。为分析危机发生不同时段风险溢出效应的不同特征表现，根据历史中不同阶段金融危机发生时点特征将每次危机分为危机前、危机中和危机后三个阶段，四次金融危机阶段划分如表 3－2 所示。

表 3－2　　　　　　　　　　四次金融危机阶段划分

金融风险阶段划分	危机前（阶段编号）	危机中（阶段编号）	危机后（阶段编号）
1997 年亚洲金融危机	1997. 1. 1 ~ 1997. 7. 1（V_{11}）	1997. 7. 2 ~ 1998. 9. 2（V_{12}）	1998. 9. 3 ~ 1999. 7. 2（V_{13}）
2008 年全球金融危机	2007. 2. 13 ~ 2007. 11. 8（V_{21}）	2007. 11. 9 ~ 2009. 4. 23（V_{22}）	2009. 4. 24 ~ 2010. 4. 22（V_{23}）
2015 年中国股市异常波动	2014. 7. 14 ~ 2015. 6. 12（V_{31}）	2015. 6. 13 ~ 2016. 2. 19（V_{32}）	2016. 2. 20 ~ 2017. 9. 12（V_{33}）
2020 年美国股市暴跌	2019. 12. 8 ~ 2020. 3. 8（V_{41}）	2020. 3. 9 ~ 2020. 4. 28（V_{42}）	2020. 4. 29 ~ 2020. 6. 8（V_{43}）

60

3.3.1.2　基本特征描述

以各股票市场指数每日收盘价的对数收益率构建各股票市场收益率序列，表 3－3 所示的各股票市场收益率序列在研究样本期间的基本统计量信息。通过表 3－3 可知，全球主要股票市场在研究样本期间各收益率序列的偏度 skewness 均小于 0，峰度 kurtosis 均大于 3，说明各市场收益率序列均呈现左偏、尖峰的分布特征，且各市场收益率序列的 Jarque － Bera 统计量在 1% 的显著水平下均拒绝服从正态分布的原假设，说明各市场收益率序列为非正态分布序列。对各市场收益率序列进行 ADF 平稳性检验，t － Statistic 统计量均小于 － 20，说明所有序列在研究样本期间为平稳时间序列。

3.3.2　全球股票市场风险溢出特征识别：时间维度

不同时频的风险溢出特征识别能够弥补传统单一时间或频率风险溢出效应的片面性，更有助于对金融风险溢出演化规律的探寻。因此，时

表 3 - 3　全球主要股票市场收益率序列基本特征分析

统计项	SPX	TSX	MXX	FTSE	FCHI	GDAXI	N225	KS11	SENSEX	AS51	SZ001	HSI
mean	0.0003	0.0002	0.0005	0.0001	0.0002	0.0003	0.0000	0.0003	0.0005	0.0002	0.0003	0.0001
median	0.0007	0.0006	0.0008	0.0005	0.0006	0.0010	0.0005	0.0008	0.0007	0.0007	0.0006	0.0006
maximum	0.1041	0.1125	0.1282	0.0982	0.1059	0.1091	0.0949	0.1659	0.1599	0.0677	0.0940	0.1967
minimum	-0.1378	-0.1700	-0.1628	-0.1151	-0.1558	-0.1305	-0.175	-0.1273	-0.1347	-0.1026	0.0962	-0.1473
std. dev.	0.0138	0.0129	0.0161	0.0135	0.0166	0.0173	0.0168	0.0196	0.0176	0.0114	0.0179	0.0182
skewness	-0.4200	-1.0379	-0.2824	-0.2734	-0.4268	-0.2889	-0.7750	-0.0476	-0.1275	-0.6253	-0.3311	-0.3306
kurtosis	12.2091	22.3868	12.7717	10.0386	11.0668	8.9058	10.5948	10.5712	11.1583	10.4214	7.3684	14.5373
Jarque - Bera	15951.8	70915.1	17871.7	9297.38	12274.7	6568.58	11208	10695	12427.8	10565.8	3641.5	24911.9
Prob.	0	0	0	0	0	0	0	0	0	0	0	0
Sum	1.4641	0.9926	2.4372	0.4550	0.8186	1.4897	0.2042	1.2739	2.3542	0.9709	1.1851	0.6131
SumSq. dev	0.8585	0.7426	1.1607	0.8119	1.2305	1.3410	1.2557	1.7113	1.3855	0.5853	1.4291	1.4762
Obs.	4477	4477	4477	4477	4477	4477	4477	4477	4477	4477	4477	4477
t - Statistic	-70.504***	-66.981***	-48.045***	-50.701***	-67.589***	-65.854***	-68.17***	-64.833***	-65.399***	-66.359***	-66.302***	-67.584***

注：*** 表示在 1% 的显著水平下显著。

61

间维度的股票市场风险溢出特征识别主要从时域和频域两个层次对风险溢出效应的演化特征进行分析。

3.3.2.1 全球股票市场风险动态溢出特征分析

随着金融系统复杂性提升，股票市场内外部影响因素日趋复杂，股票市场的风险溢出效应会随不同市场不同时间内外部不确定因素的影响发生波动（马旭军等，2019），动态溢出指数能够更好揭示不同时期各市场之间的风险溢出效应。使用滑动视窗法对不同国家股票市场风险动态时变溢出效应进行研究。经验证使用滑动窗口宽度为 200 天、预测误差步长为 10 天对样本数据动态时变风险溢出效应进行测算，得到全球主要股票市场风险动态溢出指数如图 3－2 所示。

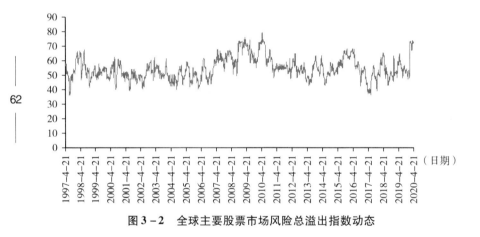

图 3－2　全球主要股票市场风险总溢出指数动态

如图 3－2 所示，样本期间全球主要股票市场风险总溢出指数在 36.06% ~79.58% 波动，1997 年亚洲金融危机、2008 年全球金融危机、2015 年中国股市异常波动以及 2020 年美国股市暴跌四次股票市场危机发生时市场风险总溢出指数均高于危机前后时段，与股票市场实际表现相吻合。其中，亚洲金融危机期间，风险最开始在东南亚市场蔓延，对全球市场的风险溢出并不显著，但 1998 年 1 月之后危机由东南亚市场传染至日本市场，逐步影响全球市场，动态风险溢出指数升至 60% 以上，特别是 1998 年 4 月以后日元大幅贬值，金融危机进一步深化 1998 年 4 月 8 日风险溢出指数最高达到 66.99%，之后风险溢出指数保持在

50% ~ 60% 之间，直至 2007 年美国次贷危机爆发，进而引发全球金融危机，全球股票市场风险溢出指数再度上涨，2008 年 11 月 5 日风险溢出指数达到该阶段最高值 73.81%，之后受欧洲债务危机影响，全球股票市场风险溢出水平一直居高不下，直至 2012 年 8 月才逐步回落。因中国股票市场开放性和市场化发展滞后，2015 年中国股市异常波动发生伊始，全球股票市场风险溢出效应并不明显，至 2015 年 8 月全球股票市场风险溢出指数才开始上涨，持续至 2016 年 6 月全球风险溢出指数就开始回落，要先于中国市场对股灾的反应，这也说明中国股票市场在全球股票市场中的影响力不及发达国家市场。2020 年 2 月之后受新冠肺炎疫情和国际石油价格的影响，全球股票市场风险增强，风险溢出指数呈现阶段性新高。直至研究样本期止，全球股票市场风险溢出指数仍然保持 70% 以上的高位，说明美国股票市场暴跌给全球市场带来的破坏性仍没有恢复，特别是在各国疫情防控外部利空信息不断增加的背景下，股票市场风险溢出效应显著。从整体风险溢出指数变动来看，2008 年金融危机之前全球股票市场风险溢出呈现密集波动状态，但风险溢出幅度相对较小，说明各国股票市场风险关联性较强，但风险溢出效应处于相对稳定状态，各市场间保持较为稳定的溢出关系。2008 年金融危机之后风险溢出的波动幅度加强，全球股票市场整体稳定性下降。

　　为验证全球主要股票市场风险总溢出指数的鲁棒性，本部分进一步选择 250 天和 300 天滑动窗口以及 12 天和 15 天步长进行稳健性检验，所得到的动态溢出指数图与图 3 - 2 呈现相似的波动状态，从而验证所得到的股票市场风险总溢出指数的鲁棒性。

3.3.2.2　基于多时间尺度的全球股票市场风险溢出特征分析

　　为进一步分析不同时间尺度下股票市场之间的风险溢出效应的变动规律，采用极大重叠离散小波变换（MODWT）方法对多时间尺度下全球主要股票市场风险溢出特征进行分析，并对各个时间尺度下分解的波动率进行平稳性检验，发现 d_4、d_5 和 d_6 尺度下的 ADF 检验接近奇异矩阵而无法构建 VAR 模型，其他尺度下波动率均为平稳时间序列，可用于溢出指数的求解，得到不同时间尺度下不同金融风险阶段全球主要股票市场风险总溢出状态如表 3 - 4 和图 3 - 3 所示。

63

表 3 - 4　　不同时间尺度下不同阶段全球主要股票市场风险总溢出净值

时间尺度	亚洲金融危机			全球金融危机			中国股市异常波动			美国股市暴跌		
	前 (V_{11})	中 (V_{12})	后 (V_{13})	前 (V_{21})	中 (V_{22})	后 (V_{23})	前 (V_{31})	中 (V_{32})	后 (V_{33})	前 (V_{41})	中 (V_{42})	后 (V_{43})
d_0	46.728	47.9494	36.882	61.541	59.55	63.668	48.337	60.688	45.103	75.835	78.555	73.448
d_1	51.426	58.4728	48.761	65.444	61.927	70.914	51.878	65.489	49.947	73.468	77.366	72.357
d_2	61.813	63.6464	69.523	79.328	74.458	76.36	64.513	75.742	64.16	83.957	91.586	90.163
d_3	71.747	58.8859	65.706	81.683	84.687	83.476	79.843	83.851	73.388	89.212	88.984	84.792

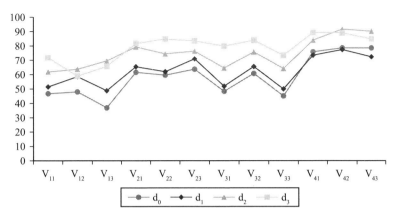

图 3 – 3　不同时间尺度下不同阶段全球主要股票市场风险总溢出状态

通过表 3 – 4 和图 3 – 3 可以看出不同时间尺度下全球主要股票市场风险总溢出指数净值具有趋势一致性，且随着时间的推移呈现上涨趋势，特别是 2020 年美国股市暴跌期间，受新冠肺炎疫情和石油价格暴跌的影响全球金融市场风险溢出指数上涨最为显著。从时间尺度差异上来看，原始尺度下风险净溢出指数低于同期其他尺度指数，且随着时间尺度的不断增加风险溢出效应也越显著，说明全球股票市场风险溢出存在时间效应。金融风险由一个市场传递到另一个市场会经时间的演化逐步扩散，由波动率平稳性检验和 $d_0 \sim d_3$ 尺度风险溢出净值可知金融市场风险溢出在 8 ~ 16 天周期溢出效应最为显著。

3.4　全球金融市场系统性金融风险溢出特征识别

随着全球金融市场关联性不断增强，金融风险溢出不仅具有时间溢出效应，而且更多地表现为空间溢出效应。金融风险的空间溢出效应主要表现为金融风险的空间溢出强度和不同金融市场之间的交互风险溢出效应两方面。

3.4.1　全球股票市场风险溢出强度特征分析

以所选取的全球主要股票市场为研究对象，通过对四次金融危机不同阶段金融风险溢出指数计算分析全球主要股票市场不同阶段的金融风险溢出强度变化，探究全球股票市场风险溢出强度演化规律（如表 3 – 5 所示）。其中，to 表示所处时期各个股票市场对其他所有市场风险的溢出指数，即该市场在不同时间阶段的风险总溢出强度。net 表示所处时期各个股票市场对其他市场的风险溢出指数与接受其他市场风险溢出指数的差值，即该市场在不同时间阶段的风险净溢出强度。

通过表 3 – 5 中不同阶段不同风险溢出强度指标可知，从全球主要股票市场风险总溢出强度来看，亚洲危机期间，香港恒生指数风险溢出为 137.11%，明显高于同期其他市场。因当时中国内地股票市场刚刚起步，在政府支持下并未受到严重影响。2008 年全球金融危机期间，美国、日本以及中国香港地区市场风险溢出高于同期其他市场，中国香港市场虽然作为中国市场组成部分，但其特殊的制度设计和国际金融中心地位使其在全球金融危机中风险溢出效应表现较为显著。2015 年中国股市异常波动期间，全球主要股票市场中上证指数风险溢出强度最大为 102.68%，日本股票市场由于地缘因素受影响较大，也表现出较为明显的风险溢出效应，但因中国股票市场在世界金融市场中地位有待提升，中国股市异常波动对全球其他股票市场的影响强度也相对较小，股灾后期全球其他股票市场风险溢出强度明显减弱。2020 年美国股市暴跌之前，受新冠肺炎疫情影响疫情暴发的前期中国经济社会中不稳定因素增加，而中国在国际贸易中地位的提升，使其对其他市场的影响强度增加，中国股票市场风险溢出最高为 163.51%，而美国股市暴跌之后北美市场开始显现较强的风险溢出效应。

从全球主要股票市场风险净溢出强度来看，不同时段风险溢出中心与总溢出强度具有一致性。亚洲危机期间，香港恒生指数风险溢出为 115.03%，明显高于同期其他市场。2008 年全球金融危机期间，美国、日本以及中国香港地区市场风险溢出高于同期其他市场。中国股市异常波动期间，上证指数风险溢出为 88.78%，明显高于同期其他市场。美国股市暴跌期间，美国市场和加拿大市场的风险溢出强度最大，分别为 68.19% 和 72.78% 明显高于同期其他地区市场。通过对全球股票市场风险溢出强度特征分析可以看出，不同时期风险中心市场的风险溢出强度明显高于同期其他市场的风险溢出强度。

表3－5　全球主要股票市场不同阶段金融风险溢出情况

风险阶段	项目	SPX	TSX	MXX	FTSE	FCHI	GDAXI	N225	KS11	SENSEX	AS51	SZ001	HSI
V₁₁	to	92.27	48.48	44.24	21.87	23.37	113.02	17.53	33.92	34.94	7.85	93.47	29.77
	net	33.18	-32.56	-13.49	-49.77	-19.94	61.36	1.78	14.03	12.36	-73.26	83.12	-16.81
V₁₂	to	47.17	45.58	99.83	46.14	14.74	63.26	29.75	76.02	9.25	2.69	3.86	137.11
	net	-36.49	-36.71	43.01	-34.78	-42.52	5.31	-17.46	65.11	-24.10	-34.98	-1.41	115.03
V₁₃	to	54.54	34.17	50.37	33.63	9.04	83.94	25.18	70.27	14.62	1.59	12.35	52.87
	net	-18.47	-39.58	32.10	-34.62	-7.65	50.20	-21.77	57.68	-0.52	-39.37	3.07	18.93
V₂₁	to	70.69	48.90	87.05	64.41	8.84	15.24	94.63	111.23	23.32	7.72	64.32	142.14
	net	-12.21	-35.45	19.85	-15.54	-51.62	-47.67	21.54	50.34	-3.33	-54.23	48.92	79.39
V₂₂	to	87.00	72.40	82.48	54.32	1.00	5.39	102.94	73.70	57.01	12.66	24.63	141.09
	net	11.78	0.45	6.61	-24.29	-9.33	-51.32	32.65	3.91	10.21	-48.45	-11.60	79.38
V₂₃	to	62.50	68.55	88.98	56.35	5.14	29.13	91.00	61.44	71.67	4.47	50.15	174.64
	net	-18.65	-7.27	12.99	-27.31	-56.14	-29.77	17.50	-15.85	32.67	-33.72	10.44	115.11
V₃₁	to	64.78	52.12	53.16	61.97	61.96	71.02	89.92	23.75	8.12	7.08	50.23	35.93
	net	-5.90	-11.12	-6.70	-0.30	8.58	23.24	54.09	-42.02	-11.40	-31.76	38.74	-15.44
V₃₂	to	59.70	63.31	28.72	62.72	73.07	75.56	116.36	23.94	17.34	2.15	102.68	102.71
	net	-17.66	-16.24	-53.58	-5.08	21.44	20.15	57.18	-53.63	-52.54	-21.77	88.78	32.94

续表

风险阶段	项目	SPX	TSX	MXX	FTSE	FCHI	GDAXI	N225	KS11	SENSEX	AS51	SZ001	HSI
V_{33}	to	40.68	32.70	46.14	61.06	53.88	53.47	89.93	32.99	19.03	4.55	20.94	85.86
	net	-30.38	-37.10	4.30	16.00	8.40	4.48	67.69	-36.63	-18.76	-13.87	1.29	34.59
V_{41}	to	112.25	79.36	83.42	126.31	31.79	22.08	69.75	75.10	37.26	4.40	163.51	104.78
	net	40.17	0.40	2.73	48.66	-44.41	-44.38	-13.50	-11.10	-46.31	-63.90	102.91	28.73
V_{42}	to	141.79	146.04	33.98	85.34	74.25	119.76	58.42	100.06	113.03	17.94	10.67	41.39
	net	68.19	72.78	-53.42	3.74	-3.72	44.93	2.09	24.67	33.24	-60.44	-84.85	-47.22
V_{43}	to	141.79	146.04	33.98	85.34	74.25	119.76	58.42	100.06	113.03	17.94	10.67	41.39
	net	68.19	72.78	-53.42	3.74	-3.72	44.93	2.09	24.67	33.24	-60.44	-84.85	-47.22

3.4.2　全球股票市场风险交互溢出效应分析

不同时期全球股票市场风险溢出强度不同，各股票市场之间的风险溢出效应也存在差异性。基于全球主要股票市场风险溢出指数构建股票市场风险溢出网络图，分析四次金融危机期间全球主要股票市场相互之间的风险溢出拓扑网络结构特点。为区分不同时期金融风险溢出网络随风险演化规律，分别构建不同阶段金融危机前、中、后股票市场的风险溢出网络拓扑结构如图 3 - 4 至图 3 - 7 所示。

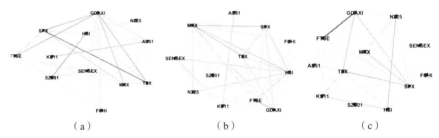

（a）　　　　　　　　（b）　　　　　　　　（c）

图 3 - 4　1997 年亚洲金融危机期间全球主要股票市场风险交互溢出关系

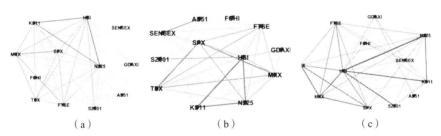

（a）　　　　　　　　（b）　　　　　　　　（c）

图 3 - 5　2008 年全球金融危机期间全球主要股票市场风险交互溢出关系

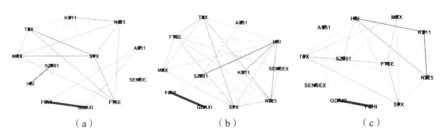

（a）　　　　　　　　（b）　　　　　　　　（c）

图 3 - 6　2015 年中国股市异常波动期间全球主要股票市场风险交互溢出关系

69

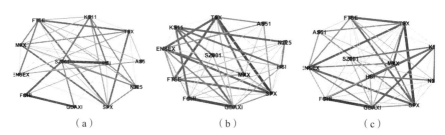

（a）　　　　　　　　　（b）　　　　　　　　　（c）

图 3 - 7　2020 年美国股市暴跌期间全球主要股票市场风险交互溢出关系

图 3 - 4 展现 1997 年亚洲金融危机期间全球主要股票市场风险交互溢出关系，由此可以看出，亚洲危机之前，美洲市场之间的风险溢出略高于其他地区风险溢出强度，而亚洲金融危机发生过程中，各国市场之间的风险溢出都有不同程度的加强，风险溢出中心转为中国香港地区，后期美国市场又表现出较强的风险溢出现象。图 3 - 5 展现 2008 年全球金融危机期间全球主要股票市场风险交互溢出关系，由此可以看出，2008 年全球金融危机之前，全球主要股票市场之间的风险溢出效应已经比亚洲危机阶段加强，金融危机爆发使风险溢出进一步加强，且美国、日本和中国香港地区三个市场与其他市场之间的风险溢出效应更为显著。图 3 - 6 展现 2015 年中国股市异常波动期间全球主要股票市场风险交互溢出关系，由此可以看出，2015 年中国股市异常波动期间，除受地域影响，法国和德国两国股票市场风险溢出较为显著之外，从全球股票市场状况来看，中国内地与中国香港地区的风险溢出关联最为显著，而中国内地市场股灾又通过中国香港地区的世界金融中心地位将风险向其他国家和地区扩散。图 3 - 7 展现 2020 年美国股市暴跌期间全球主要股票市场风险交互溢出关系，由此可以看出，该阶段全球股票市场之间的风险交互溢出强度远高于其他阶段的风险溢出，这主要是由于全球金融市场的信息敏感度高于其他市场，新冠肺炎疫情在全球的蔓延和国际原油价格的暴跌等带来的不确定性因素使市场对全球未来经济信心受损，利空信息在全球市场蔓延，从而导致全球股票市场风险交互溢出效应增强。

通过图 3 - 4 至图 3 - 7 的宏观比较可以看出，2008 年全球金融危机期间和 2020 年美国股市暴跌期间全球主要股票市场相互之间的风险溢出强度比其余两次危机期间的风险溢出要更为显著，特别是 2020 年美国股市暴跌加深了全球股票市场的风险交互溢出，各地区股票市场都受到不同程度的重创。而通过不同时期全球股票市场风险的交互溢出分析也可以发现在不同时期、不同阶段下美国股票市场对全球其他股票市场的风险溢出效应都比较明显，占据全球股票市场的绝对中心位置，日本、英国以及中国香港股票市场的风险溢出中介作用较为显著。

3.5 金融市场风险溢出机制分析

由股票市场风险溢出时间维度和空间维度的特征可以发现，同一市场在不同时期风险溢出效应不同，不同市场在同一时期的风险溢出效应也存在较大差距，时间维度上受不同时期全球经济社会复杂因素的影响，空间维度上受不同国家关联效应的影响。为进一步分析不同股票市场之间风险溢出效应演化机理，在前期研究基础上以中美两国股票市场为例，从两国股票市场风险溢出的差异性和相关性两个方面，探究不同股票市场之间的风险溢出特质。

3.5.1 金融市场风险溢出的差异性分析

为分析中美两国股票市场风险溢出差异性，首先对四次危机期间两国市场股票指数变动情况进行对比。

图 3-8 为四次金融危机期间美国标普 500 和中国上证综指之间的对比分析图，通过四次危机的对比可以看出，相比中国市场，前三次危机期间美国股票市场表现出较高地稳定性，市场整体受风险冲击的影响较小，尤其是全球金融危机和中国股市异常波动期间，美国标普指数总体趋势较为平稳。亚洲危机期间因中国股票市场刚刚起步，开放性不足，受外部影响相对较小，且在一定程度上受政府影响痕迹明显，因此，在亚洲金融危机期间，上证综指并未受到较大冲击，而美国市场更是远离风险中心，两个市场均表现相对稳定。2008 年的全球金融危机虽然起源于美国的次贷危机，但是美国股票市场依然表现稳健，市场指数仅在危机集中爆发阶段出现下降，之后又稳步回升，成熟市场的风险自我调节优势显现。相比而言中国股票市场受挫较为严重，上证综指由最高的 6092 点，跌至最低 1717 点，市场容易受到其他市场波动影响。中国股市异常波动主要是由于市场对经济向好的过度反应造成中国股票

市场泡沫不断积累，而由国家整治场外配资等投机行为引发市场资金出逃，造成股价连续下跌。由于中国股市异常波动的根源在资本市场，是特定市场特定情况下市场调节反应，因此，对全球其他市场的影响较小。通过两国市场指数变动可以看出，美国标普指数在中国股市异常波动阶段还呈现出稳步上涨的趋势。随着中国资本市场的发展和各类监管制度的完善以及市场开放性的不断提升，中国股票市场的风险调节能力也得到提升。从图3-8（d）可以看出2020年美国股市暴跌期间，中国上证综指表现出较为缓和的溢出反应。从危机后期两国市场的表现来看，

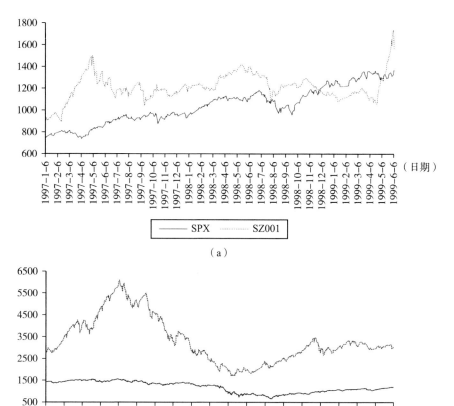

（a）

（b）

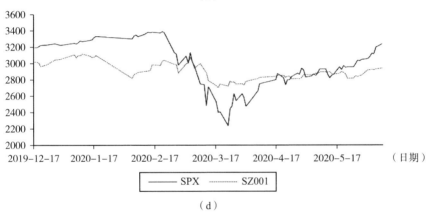

（c）

（d）

图 3 - 8　四次金融危机期间中美股票市场指数对比

美国市场具有较强的恢复能力。通过两个市场指数的对比发现，美国市场作为成熟度和开放性较高的股票市场，具有较好的风险自我调节能力，受风险溢出的干扰相对较小，且对其他股票市场具有较强的干扰能力，中国股票市场经过 30 多年的发展，其风险调节能力也逐步提升。

图 3 - 9 对中美两国股票市场在四次金融危机期间的总风险溢出指数和净风险溢出指数进行了对比分析。从两个市场的总风险溢出指数变动来看，除了 2015 年中国股市异常波动（中）和 2020 年美国股市暴跌（前）这两个阶段中国股市风险总溢出指数高于美国市场之外，其他阶段美国市场总溢出均高于中国股票市场风险溢出。2015 年中国股市异

常波动（中）中国处于风险中心故而风险溢出指数会高于其他地区，2020年美国股市暴跌（前）中国股市风险溢出指数较高则是由于该阶段新冠肺炎疫情对中国社会经济系统产生较大影响，而此时全球其他国家的疫情还没有全面爆发，中国经济未来发展预期降低，股票市场信心不足，再加上中国在全球产业链不可或缺的地位，从而导致中国市场风险溢出明显。因此，除去这两次中国处于风险事件中心地位之外，从整体来看，美国股票市场的风险总溢出效应要高于中国股市的风险溢出效应。而两个市场的净风险溢出指数变动来看，结果却恰恰相反。从两个市场的净风险溢出来看，除2008年金融危机（中）以及2020年美国股市暴跌（中、后）三个阶段外，中国股市的净风险溢出要高于美国市场的同期表现，这说明与美国市场相比，中国市场更容易受到其他市场风险溢出的影响，稳定性和风险自我调节能力有待进一步提升。

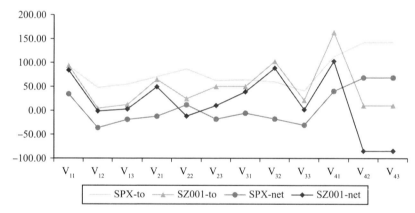

图3-9　四次金融危机期间中美股票市场风险溢出指数对比

3.5.2　金融市场风险溢出的相关性分析

为进一步探究中美两国股票市场风险溢出作用机制，基于股票市场的非线性相关关系（苑莹等，2020），采用MF-ADCCA算法对四次金融危机期间中美两国股票市场相关性进行分析，通过风险传导风向探索揭示两国市场风险溢出机制。图3-10为四次金融危机期间中美股票市场不同趋势下交叉序列标度指数，通过图可以看出四次金融危机期间两国股票市场交叉序列的$h^+(q)$和$h^-(q)$均不为常数，说明不同趋势的两国股票市场的交叉相关性具有多重分形特征，且各阶段交叉序列的 $h^+(q)$ 和 $h^-(q)$ 全不相等，说明在不同趋势下，两国股票市场具有非对称的交叉相关性，且两者之间的非对称相关关系会随两个市场波动幅度的变动而发生改变。而且四次金融危机期间，两国股票市场交叉序列的标度指数均随着 q 值的增大而增大，说明大幅波动导致的序列自相关性的非对称程度比小幅波动导致的序列自相关的非对称程度要强。

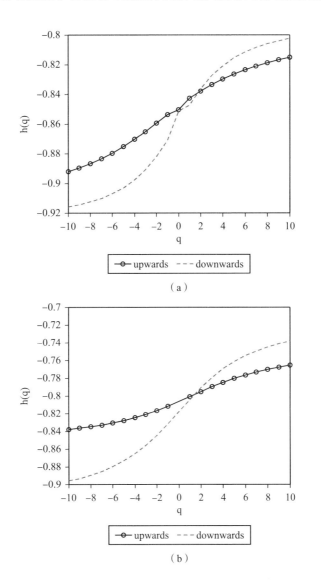

（a）

（b）

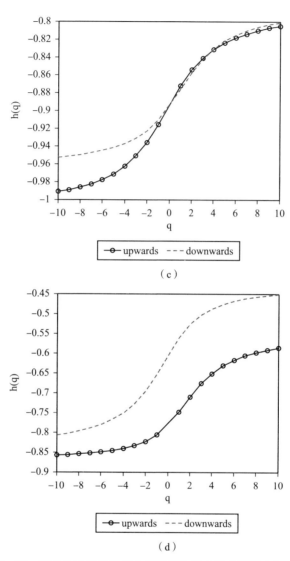

（c）

（d）

图 3 - 10　四次金融危机期间中美股票市场交叉序列标度指数图

令 q = 2，通过求解 $\Delta H_{12}(2)$ 进一步分析中美两国股票市场在四次危机中的风险传导方向由表 3 - 6 中两国股票市场交叉序列各期的 $\Delta H_{12}(2)$ 值可以看出研究样本期间两国股票市场交叉序列 $\Delta H_{12}(2)$ 均不为零，再次证明两国市场的非对称交叉相关性。由表 3 - 6 各期 $\Delta H_{12}(2)$ 可以看出除了中国股市异常波动中期 $\Delta H_{12}(2)$ 为负值外，其他各期 $\Delta H_{12}(2)$

均为正。这说明对于中美两国股票市场来说，仅 2015 年中国股市异常波动期间金融风险由中国市场传导至美国市场，而其他阶段两国市场之间的风险传导均表现为美国股票市场风险对中国股票市场的溢出。通过各期 $\Delta H_{12}(2)$ 值的比较可以发现 2020 年美国股市暴跌前期和中期 $\Delta H_{12}(2)$ 值明显高于其他各期 $\Delta H_{12}(2)$ 值，说明该阶段美国市场对中国市场的风险溢出效应更为显著，两个之间的风险关联加强。

表 3 – 6　　　　　　　中美两国股票市场风险传导方向分析

统计量	亚洲危机			金融危机			中国股市异常波动			美国股市暴跌		
	前	中	后	前	中	后	前	中	后	前	中	后
$\Delta H_{12}(2)$	0.1238	0.0182	0.0182	0.1149	0.0807	0.0176	0.0194	– 0.1046	0.0166	0.2960	0.5286	0.0146

3.6　本章小结

本章选取 1997 年亚洲金融危机、2008 年全球金融危机、2015 年中国股市异常波动以及 2020 年美国股市暴跌四次金融危机时期全球主要股票市场为研究对象，分别从时间维度和空间维度揭示市场间金融风险溢出特征演化，并进一步按照"全球市场整体溢出—各国市场之间溢出—中美两国之间溢出"的思路分析全球股票市场风险溢出的宏微观结构特征，探究金融风险溢出效应及其传导机制。通过本部分研究得出以下结论：

（1）全球股票市场金融风险溢出的时间维度特征：通过对全球股票市场间时域和频域的金融风险溢出效应演化特征分析发现，全球股票市场风险溢出效应具有动态演化特征，且四次金融危机期间金融风险溢出效应均明显高于危机发生前后。不同时间尺度下全球股票市场风险总溢出状态与动态溢出状态保持一致性，且随着各国股票市场关联度的加深，危机期间全球股票市场风险溢出效应越来越显著。$d_0 \sim d_3$ 尺度下不同危机期间全球主要股票市场风险溢出也具有趋势一致性，经溢出效应分析发现 8 ~ 16 天周期的全球股票市场风险溢出效应最为显著。

（2）全球股票市场金融风险溢出的空间维度特征：通过对全球股票市场间金融风险的空间溢出强度和不同金融市场之间的交互风险溢出

效应研究发现，全球股票市场风险溢出存在地域和市场双重溢出效应。在风险的空间溢出强度方面，四次危机期间，风险中心市场的风险溢出强度明显高于同期其他市场的风险溢出强度，危机起源地区的股票市场均表现出较强的风险溢出，风险溢出具有地域影响效应。通过全球股票市场风险溢出拓扑结构分析发现，随时间演化全球股票市场风险交互溢出效果越来越显著。不同时期、不同阶段下美国股票市场对全球其他股票市场的风险溢出效应都比较明显，占据全球股票市场的绝对中心位置，而日本、英国、中国香港股票市场在全球金融风险溢出中发挥传导中介作用，风险溢出也存在市场影响效应。

（3）股票市场金融风险溢出机制演化特征：从宏观层面来看，全球股票市场风险溢出效应具有动态持续性。从中观层面来看，各国股票市场间的风险溢出效应随金融市场关联性增加而更加显著。在微观层面，通过中美两国股票市场风险溢出差异性和相关性比较发现，从整体来看，美国股票市场的风险总溢出效应的平均表现要高于中国股市的风险溢出效应，但两个市场的净风险溢出指数变动来看，结果却恰恰相反，中国股市的净风险溢出更多地表现为高于美国市场同期指数，这说明与美国市场相比，中国市场更容易受到其他市场风险溢出的影响，稳定性和风险自我调节能力还需进一步提升。而从两国市场风险溢出的非线性相关关系研究来看，不同趋势的两国股票市场的交叉相关性具有多重分形特征，两者之间的非对称相关关系会随两个市场波动幅度的变动而发生改变，大幅波动导致的序列自相关性的非对称程度比小幅波动导致的序列自相关的非对称程度要强。对于中美两国股票市场来说，仅2015年中国股市异常波动期间金融风险由中国市场传导至美国市场，而其他阶段两国市场之间的风险传导均表现为美国股票市场风险对中国股票市场的溢出，表明美国股票市场具有更强的市场影响力和风险调节能力。

第4章 金融宏观审慎监管工具 传导路径研究

金融宏观审慎监管的主要目的是防范系统性金融风险，促进金融系统稳定发展，研究金融宏观审慎监管有效性首先需要探究金融宏观审慎监管通过怎样的方式和途径来实现降低或减缓系统性金融风险的作用效果，也就是金融宏观审慎监管工具的传导路径问题。本章从金融宏观审慎监管与系统性金融风险的关系入手，在对金融宏观审慎监管工具分类分析基础上，探究不同类别金融宏观审慎监管工具的传导路径和作用机理，一方面为本章所研究的不同政策环境下不同类别金融宏观审慎监管工具实施效果的差异性分析提供依据，另一方面为第5章金融宏观审慎监管与其他经济政策之间协调关系研究奠定基础。

4.1 金融宏观审慎监管与系统性金融风险

4.1.1 系统性金融风险

国际货币基金组织——金融稳定委员会（2009）和欧洲中央银行（2009）对系统性风险给出如下定义：系统性风险是会对金融系统运作产生较为严重的损害，破坏整个金融系统的稳定性，并给社会经济发展带来较大的不利影响的金融风险。系统性金融风险的破坏性较大，不仅会给金融系统稳定带来负向冲击，还会引发社会总产出、就业等一系列问题。引发系统性金融风险的因素众多，虽然其表现多为突发性的事件，但是从数次金融危机的爆发来看，系统性金融风险发生的主要原因在于监管缺失或监管滞后所导致的风险内生。

从金融监管的视角来看，又可将系统性金融风险定义为在内外冲击与金融风险累积的共同作用下，局部金融机构损失经金融系统或实体经济的传染扩散最终造成金融系统整体功能遭受损失的可能性，可以将金融危机看作是系统性金融风险的极端状态。系统性金融风险是隐藏在金融危机背后的真正原因和永恒存在，换句话说系统性金融风险是金融体系的一种相对常态。在系统性金融风险累积的强度较低、传染范围较小，尚在可控范围内时，可认为金融体系处在安全状态中。

4.1.2　系统性金融风险传染路径

我国是银行主导型金融结构体系，从 2017 年社会融资规模来看，银行间接融资占社会融资规模的 68.2%，这远远超过其他融资方式占比，过多的社会资金集中在银行体系，现有金融资产结构分散风险能力较差，金融风险集中于银行体系，因此，银行业的风险积累和监管成为当前我国金融宏观审慎监管的重中之重。鉴于研究限制，基于我国金融结构特点本书侧重分析系统性金融风险在银行系统的传染路径。

在对系统性金融风险传染路径分析之前，首先对各路径之间的相互作用关系进行梳理。图 4-1 为宏观经济和金融环境、银行业绩和资产负债表、获得资金的能力之间的相互作用以及对资产价格的影响。图 4-1 中银行系统和所处的宏观金融环境之间存在交互反馈关系，外部风险因素的变动会导致预期、银行的资金成本、杠杆和风险承担能力的波动，从而影响金融系统的脆弱性。这种外部风险冲击传导到金融系统内部通过银行系统、资本市场等内部作用对资本和流动性产生影响。

系统性金融风险的传染路径主要有以下几种：

（1）通过流动性风险传染。从 2008 年次贷危机来看，系统性金融风险传染可能源于流动性短缺。因银行资金期限转换需求而需要持有非流动资产，这会使银行面临流动性短缺的风险。现代银行体系中建立回购市场和银行间市场对银行系统的流动性风险进行调节。下面分析两个市场因流动性不足而引发系统性金融风险的可能性和传染机制。

①回购市场机制引发的流动性短缺。回购市场的资产抵押机制为银行收回担保借款提供保障，但是回购市场的运作方式可能诱使金融机构

低估它的风险，当用长期资产抵押短期借款比例过高时就会造成过度的期限错配。当危机初现时，为减少资产价格损失，市场中的折价回购就会增加，资产价格下降，同时，折价回购的增加使银行流动性减弱，为保持流动性银行被迫出售资产，造成资产价格的进一步下跌。市场流动性和银行融资流动性减弱，且两种流动性相互作用会造成流动性风险不断扩散，市场中的投机者被迫进行跨资产去杠杆，从而导致广义流动性严重不足，引发系统性金融风险。回购市场流动性短缺引发系统性风险传染如图 4 - 2 所示。

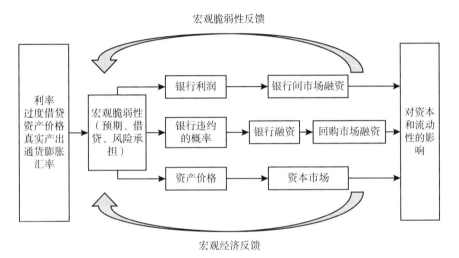

图 4 - 1　系统性金融风险传染路径示例

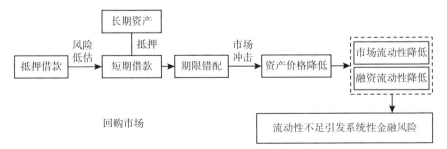

图 4 - 2　回购市场流动性短缺引发系统性风险传染

②银行间市场信息不对称引发的流动性短缺。银行系统流动性短缺

还可能是由银行间市场的信息不对称所引发，银行间市场流动性短缺的原因主要包括两个方面。一是为了防止可能的流动性冲击，每家银行都倾向于囤积流动性，而不是向银行间市场借款，除非隔夜市场的交易量增加。二是因为每个银行被怀疑持有大量难以定价的不良资产，所以，银行机构间的相互监督机制难以发挥作用。如果多数银行因逆向选择不再使用回购市场或靠出售他们流动性证券取得流动性的话，同样的银行间市场也会出现流动性不足，把无担保银行间市场留给了无力偿债的借款人，最终形成一个柠檬市场。银行间市场流动性短缺引发系统性风险传染，如图 4 – 3 所示。

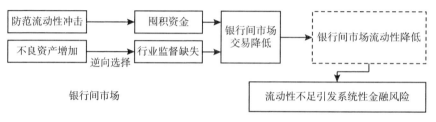

图 4 – 3　银行间市场流动性短缺引发系统性风险传染

（2）通过金融机构之间交互传染。随着金融混业经营的发展，金融机构之间业务范围不断拓展，金融系统各个主体之间通过金融产品创新和金融工具创新建立某种程度上的关联机制。这种关联机制的存在会使某一金融机构或者某一金融市场的风险会通过金融机构之间业务的关联性而传染到整个金融系统，银行的流动性风险问题还会通过与相关业务的开展传染到与银行有业务关联的保险公司、财务公司、共同基金、对冲基金、股权基金和影子银行等金融机构，引发系统性金融风险。

（3）通过信贷总供给传染。资产价值下降是系统性金融风险发生的重要表征之一，资产价值的下降对银行系统的损害一方面因银行持有资产价值的下降而使银行资本减少，另一方面也会造成贷款人贷款时抵押的资产价值降低。这两个方面都会使银行信贷供给减少，整个社会信贷总供给减少，影响企业和家庭投资，进而影响经济增长。

（4）通过信息披露传染。基于公允价值的会计准则也可能加剧系统性风险传染。银行遭受损失，这会立即反映在其账户上，银行资本金因此而减少，造成银行债权人要求更高的额外溢价才会继续对银行融资。这种溢价挤压银行利润，从而导致额外的损失。另外这种溢价风险还会传递到资本市场中，银行利润的降低会导致银行股票价格的降低和抛售，也会对银行稳定性产生不利影响。

（5）通过跨国传染汇率的变动。跨国传染汇率的变动会影响银行的收益，特别随着银行跨国业务的深入开展其影响不断增加。因此，对于跨国银行来说，对单个国家的系统性金融风险和世界范围内的系统性金融风险的应对策略有很大差异，其产生的影响也不同。当发生单个国家的系统性金融风险时，该国信贷供给减少，银行运营资本减低，这种情况下跨国银行会受到母公司的支持资金流动性影响较小，这时可以为该国提供流动性资金，起到风险缓冲作用。当发生世界范围内的系统性金融风险时，跨国银行则会受到多国资金紧缩的冲击，其会倾向于将资金收缩回国内市场，增加国外业务市场的风险而尽量减少国内市场风险。

4.2　金融宏观审慎监管工具分类分析

宏观审慎政策的实施通过宏观审慎工具在经济系统中作用的发挥来实现，因此，在对金融宏观审慎监管机制分析之前，首先需要对金融宏观审慎监管工具进行梳理。从现有的对金融宏观审慎监管工具的分类研究来看，主要分为两大类，一类是根据金融宏观审慎监管工具的作用维度的不同，将金融宏观审慎监管工具分为重在减缓系统性风险的时间维度监管工具和重在抑制系统性风险传染的横截面维度监管工具；另一类则是基于金融宏观审慎监管工具在金融系统中的传导路径的不同，将金融宏观审慎监管工具分为流动类、信贷类、资本类和税收类宏观监管工具。下面对金融宏观审慎监管工具进行简要分析，为金融宏观审慎监管传导路径分析奠定基础。

4.2.1　金融宏观审慎监管工具分类分析：作用维度

从国际上对金融宏观审慎监管工具的分类来看，主要是从不同监管工具作用维度的不同进行分类，一类重在减缓系统性风险时间维度的变化,另一类重在抑制系统性风险在横截面维度的传染。基于作用维度的宏观审慎监管工具分类如表4-1所示。

表4-1　　　　　　　金融宏观审慎监管工具分类

时间维度	横截面维度
逆周期资本缓冲	系统性资本附加要求
时变的系统性流动性附加要求	系统性流动性附加要求
特点部门资产组合资本调整要求	非核心债务征收
跨周期的风险加权资产计量方法	对未使用共同对手方清算所结算的贸易资本要求
时变的贷款价值比(LTV)、负债收入比(DTI)、贷款收入比(LTI)上限规定	基于系统性风险考虑拆分金融公司的操纵力
时变的货币错配限制或资产风险敞口限制	应付衍生品的资本要求
时变的信贷总量、信贷增长和存贷比限制	对系统性风险敏感的存款保险风险溢价
动态拨备制度	对系统重要性金融机构监管

(1)时间维度的金融宏观审慎监管工具。时间维度反映金融体系的顺周期性,即在金融周期的高涨阶段具有增加风险敞口的倾向,在萧条阶段则过度地厌恶风险。信贷、流动性和资产价格的周期变化以及繁荣时期总风险的积聚等常表现出顺周期性,这使得整个体系更容易受到冲击,既提高了金融危机发生的可能性也在危机来临时增加了系统性成本。金融宏观审慎监管通过逆周期资本缓冲、前瞻性拨备工具以及杠杆率等工具对金融系统进行调节缓解系统性风险的顺周期积累。

逆周期资本缓冲工具:逆周期资本缓冲工具主要是通过在经济繁荣时期对银行提出超额资本计提要求,而在经济衰退时可以将在繁荣时期计提资本释放用于缓冲资金缺口,从而缓解经济周期带来的资本状态的波动。在逆周期资本缓冲工具设计时主要考虑两个方面:一是所计提的资本要求与银行资本状态相结合,使银行能够有足够的资本维持其资金的流动性;二是选取合适的风险度量方法有效降低法定资本要求本身的亲周期性。

前瞻性拨备工具:从目前各国实施的前瞻性拨备工具来看最主要的

是动态拨备。动态拨备主要是依据银行的贷款头寸和对银行长期平均预期损失率计算的银行预期损失，通过这两个方面的计提可以使银行在繁荣时期储备损失准备，以备经济衰退时期使用，从而缓解周期效应对银行的损失。从当前银行风险管理来看，贷款损失拨备是最基础的风险防范手段，贷款损失拨备计提比例越高银行吸收损失的能力就越强。

杠杆率工具：资本充足率要求是最原始的杠杆率衡量工具，但是随着金融创新业务的开展，在利润追求下金融机构往往会选择比资本充足率决定的杠杆更高的杠杆率来操作，从而使金融系统风险不断积累。次贷危机之后各国监管部门开始重视杠杆率的监管，通过调控杠杆率实现对金融机构业务的监管。例如，在经济繁荣期可以通过杠杆率约束控制金融机构的扩张，缓解经济周期的影响，在经济衰退期则可以通过降低杠杆率约束，减轻对金融机构的贷款约束，释放资本。

（2）横截面维度的金融宏观审慎监管工具。横截面维度主要反映与溢出效应和传染效应相关的负外部性所可能引发的系统性风险。这种风险的传染可能是通过金融系统中的相互关联性和多米诺骨牌或网络效应而产生的直接溢出，也可能是通过银行倒闭或政策行动等信息溢出而产生的间接溢出效应。横截面维度的金融宏观审慎监管通过差异化监管工具或有资本工具以及流动性资本监管工具来抑制系统性金融风险在金融机构之间的传染。

差异化监管工具：金融系统中所存在的金融机构在规模、关联程度以及复杂性上有很大的不同，由此决定了不同金融机构在金融系统中发挥作用的差异性。系统中小规模关联业务不强的金融机构倒闭并不会给系统造成巨大的损伤，但是对于规模较大且关联业务较强的系统重要性金融机构的危机则会影响到整个金融系统。因此，对金融机构的监管也要根据其在金融系统中发挥作用的不同而进行差异化监管。对系统重要性金融机构要在拨备要求、资本要求、风险管控以及杠杆率等多个方面提出更为严格的要求，以防范系统重要性金融机构风险的发生。

或有资本工具：或有资本工具是一种当合同约定的触发条件发生时能够自动增加金融机构的所有者权益的资本工具。从当前实施的或有资本监管工具来看主要有三个类别：一是资本保险类，也就是金融机构与保险公司之间签订保险合同，当合同约定事件发生时保险公司向金融机构支付合同中的承保金额，为金融机构提供资金补充；二是或有债券，也就是反向可转换债券，这种债券发行时就约定这类债券持有人具有可以转换为公司普通股股票的选择权；三是以期权形式表示的一种合约形式，金融机构定期向资金提供方支付一定的期权费，如果合同约定的触发事件发生时，资金提供方向金融机构提供资金弥补金融机构的损失。

流动性监管工具：在面对流动性问题时，如果银行等金融机构能够迅速变现资产获得资金化解流动性压力，将不会导致流动性危机，而只是会使银行等金融机构利润遭受部分损失。但是在流动性问题没有出现时，银行等金融机构往往假设流动性问题可以通过再融资等方式来解决，而实际上一旦出现大范围的流动性问题银行无法通过融资获得资金支持。流动性监管工具的设计就是在银行等金融机构发展过程中对其资产变现能力进行规定，通过约束银行等金融机构的资产和负债的期限结构实现流动性调整。

4.2.2　金融宏观审慎监管工具分类分析：作用路径

按照监管工具作用路径的不同将金融宏观审慎监管政策工具分为流动类、信贷类、资本类、税收类四个类别，如表 4 - 2 所示。

表 4 - 2　　　　　　　　　金融宏观审慎监管工具类别

金融宏观审慎监管工具类别	金融宏观审慎监管工具名称
流动类工具	差别准备金动态调整机制
	流动性覆盖率（LCR）
	净稳定资金比例（NSFR）
	存贷比限制
信贷类工具	贷款价值比（LTV）上限
	债务收入比（DTI）上限
资本类工具	逆周期资本缓冲
	永久性资本留存缓冲
	系统重要性金融机构资本附加
	动态拨备要求
	杠杆率要求

金融宏观审慎监管工具类别	金融宏观审慎监管工具名称
税收类工具	房地产交易税
	土地交易增值税
	个人所得税
	金融操作税（IOF）

（1）流动类金融宏观审慎监管工具。流动类金融宏观审慎监管政策工具种类较多，主要包括差别准备金动态调整机制、流动性覆盖率、净稳定资金比例以及存贷比等。流动类宏观审慎监管工具主要通过调控流动性资产与负债水平发挥作用。差别准备金动态调整或流动性附加缓冲等流动类金融宏观审慎监管工具的实施可以通过直接和间接路径增强银行体系的弹性。通过出售资产或者减少对波动性较大的短期资金的依赖，减缓流动性压力对银行的直接影响，并且还能够减缓系统性风险的传染和对实体经济的负面影响。

需要注意的是，一方面流动性类金融宏观审慎监管工具的效果可能会因金融系统的自我缓冲或套利而被系统吸收，从而导致政策无效。另一方面流动性类金融宏观审慎监管工具会影响到中央银行的流动性需求，从而影响到货币政策操作目标的作用效果，同时，还可能会将流动性风险从金融机构内部传递到非金融部门，从而造成期限错配，降低金融系统的自我调节能力。

（2）信贷类金融宏观审慎监管工具。信贷类金融宏观审慎监管工具主要包括贷款价值比（LTV）和债务收入比（DTI）上限。信贷类金融宏观审慎监管工具通过降低贷款违约概率（PD）和损失给予违约（LGD）直接增加银行体系的弹性。首先，对LTV或DTI比率的限制可降低PD，因为借款人具有较高的缓冲区以承受负面冲击。其次，通过限制可以借入的金额与资产的给定价值相比较，LTV比率的限制限制了杠杆作用，并因此减少了LGD。

信贷类金融宏观审慎监管工具的调整与其他金融宏观审慎监管工具一样，代表着宏观审慎政策制定机构的政策信号，因此可以帮助改变市场预期和风险管理实践，从而提高适应能力。然而，与其他金融宏观审慎监管工具相比，在某些情况下，LTV和DTI上限的预期作用也会带来政策效果的不稳定。

（3）资本类金融宏观审慎监管工具。资本类金融宏观审慎监管工具主要从影响金融机构的资本水平入手，主要的政策工具包括逆周期资本缓冲、杠杆率、永久性资本留存缓冲、系统重要性金融机构资本附加、动态拨备要求等。资本或拨备的宏观审慎工具的实施可以增加银行系统的弹性，使得银行可以在受到突然的冲击时能够承受更大程度的损失，从而减少因信贷或其他金融中介服务资金短缺而引发的系统性金融风险。另外，通过对信贷周期和预期的改变影响市场参与者行为增强系统风险抵御能力。资本类金融宏观审慎监管工具都是通过对系统范围内资金的调控来维护银行体系的资本结构。

（4）税收类金融宏观审慎监管工具。为增强金融宏观审慎监管调控效果，除了通过资本路径、信贷路径和调节流动性外，政策当局还会通过调整金融交易税等方式进行补充。税收类金融宏观审慎监管工具主要是通过调整与金融机构或金融资产相关的税收种类实施监管调控。在某种程度上来说这类监管工具属于财政类政策工具，但因其具有了"宏观审慎性"，从广义的范围上可称作宏观审慎政策工具。这类工具主要包括金融操作税（IOF）、系统风险性风险税、房地产交易税等，其传导路径是通过金融资产交易征税，影响其融资（交易）成本，遏制资产价格泡沫，或者向系统重要性金融机构征收系统性风险贡献税，降低机构间关联程度，从而达到金融稳定的目的。

4.3 金融宏观审慎监管工具传导路径的系统动力学因果反馈基础

通过以上分析可知，金融宏观审慎监管工具种类众多，不同类别金融宏观审慎监管工具的作用对象、作用原理、作用效果都存在差异，从而导致金融宏观审慎监管传导路径的复杂性。已有研究只是从单一政策工具实施的单一路径对宏观审慎监管工具传导路径进行分析，难以揭示金融宏观审慎监管工具复杂传导路径。系统动力学的因果反馈既可以通过确定系统中各变量的因果关系将复杂的系统问题简化，又可以通过正负反馈机制分析系统各变量之间的相互作用关系，揭示复杂系统内部及系统与外部环境之间的相互作用机制。在对金融宏观审慎监管传导路径分析之前首先对系统动力学因果反馈的特点和适用性进行分析。

4.3.1　系统动力学因果关系

复杂系统中各变量之间存在多种关系种类，因果关系是其中最基本的变量关系类型。系统动力学因果反馈仿真基于各变量之间的因果关系可以将系统中多个变量的多种复杂因果关系通过仿真的形式表现出来，对系统进行简化。矢量线是系统动力学建立因果链的主要工具，当因变量与自变量的变化同向时，所建立的因果链为正因果链，相反，当因变量与自变量的变化方向相反时则为负因果链。系统动力学基础因果链如图 4 - 4 所示。

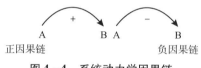

正因果链　　　　　　　　　　　　　负因果链

图 4 - 4　系统动力学因果链

通过图 4 - 4 可以看出系统动力学因果链可以简洁地反映两个变量之间的因果作用关系，因此可以通过建立多条因果链的方式表示出系统中某一变量变动所可能引起的相关变量的变动，最终可以通过建立复杂因果链将复杂系统问题简洁化。但是要注意的是因果链可以反映两个变量之间的因果作用方向，但是却不能反映两个变量间影响作用的大小。在复杂系统中变量作用时多条因果作用下可能会形成闭合的回路，成为因果回路。因果回路在系统动力学分析中具有重要的应用价值。下面分别以银行存贷款因果回路和保险系统的需求回路为例，加以具体说明。

在图 4 - 5 所示的存款准备金调控的因果回路中，共有 9 条因果链，其中 4 条正因果链，5 条负因果链。对该因果回路所反映的因果关系可以分析为：当金融系统资金流动性过高时，央行通过提高存款准备金率来调节社会货币供给，从而降低商业银行的流动资金总量，流动资金总量减少势必会引起市场利率的上升。利率的上升使企业资金成本增加，在生产和发展允许的范围内，企业会控制贷款数量，从而使社会信贷总量减少，流动性降低，金融稳定性提升。随着金融系统稳定性的提升，为社会经济发展提供更好的金融支持，促进经济增长，而伴随经济增长社会资金需求增加，此时政策当局会逐渐放松存款准备金要求。

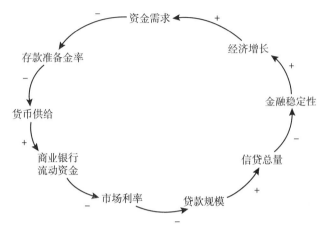

图 4-5　存款准备金率调控的因果回路

在图 4-6 所示的银行存贷款因果回路中，共有 7 条因果链，且全部为正因果链，也就是说，各原因变量的变化将会引起结果变量的同方向变化。对该因果回路所反映的因果关系可以分析为：在宽松的货币环境下，银行吸收存款增加可以提升银行可用头寸，从而使银行用于放贷的资金增加，银行贷款增加相应的社会经济体中的企业获得的贷款数量也随之增加，企业拥有更多资金后就会扩大投资生产，作为国民经济重要影响因素之一的社会投资增加势必会促进国民经济总量的增加，而一国 GDP 的增加会促进国民收入的增加，国民收入增加一部分资金会以储蓄的形式流入银行，银行存款增加。

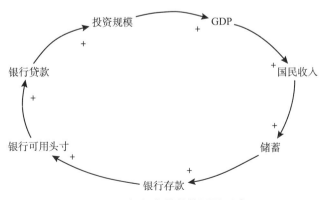

图 4-6　银行存贷款的因果回路

4.3.2　系统动力学反馈回路

反馈关系反映的是在系统变量之间关系的传递因果链中的输入变量通过各变量之间的作用关系又以输出变量的形式表现出来，从而形成一个闭合回路的过程。通过系统不同变量之间信息的传导和信息的流通所形成的这种闭合回路，在系统动力学中称之为"反馈环"。通过反馈环的定义可以看出，反馈环中至少存在两个变量。因整个回路闭合，某一时刻的因变量变为下一时刻的自变量，回路中不存在起点和终点，这是反馈回路的基本特征。

反馈回路是由多条因果链构成，因此也带有因果连中各变量之间的因果关系，故而有正负之分。如果反馈回路中一个变量随着因果链中多层作用关系的演化而呈增长或变大趋势，则称此反馈回路为正反馈回路，反之则为负反馈回路。两种反馈回路如图 4 - 7 所示。

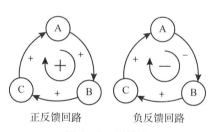

正反馈回路　　　　负反馈回路

图 4 - 7　反馈环

在图 4 - 7 的例子中，系统中只有三个变量，而现实的系统往往是复杂系统，存在众多变量，各个变量之间又因不同因果关系而形成多条因果链，从而形成许多反馈回路。在这种情况下，若用上面的方法判定回路的正负极性则太过复杂，因此通常采用下面的方法进行判定和甄选：

第一，若要判定某一回路的极性是正还是负，首先应该摈除所有影响该回路的其他因素；

第二，若回路中负因果链数为零或偶数，该回路反馈极性为正；若回路中负因果链数为奇数，该回路极性为负。

4.3.3　金融宏观审慎监管工具传导路径因果反馈回路图的绘制原则

因果关系普遍地存在于一切事理（事与事的关系）和物理（物与物的关系）之中，金融宏观审慎监管政策实施过程也是系统中金融变量之间因果关系的演化过程。对于复杂动态的金融宏观审慎监管系统而言，系统内变量之间所存在的因果关系并不总是单方向的，在这一反馈回路中的因可能成为另一回路中的果。许多情况下系统要素之间是相互影响的，此时何为因、何为果并不难判断，这取决于哪种因素是主动的，哪种因素是被动的。复杂系统自身都有正反馈和负反馈机制，正反馈机制能把小扰动迅速放大，是系统创新；负反馈消除扰动，是系统保持稳定的机制。在复杂系统中，这两种机制交替或同时作用，使系统取得动态平衡，对复杂系统都是不可缺少的。

因此，在建立金融宏观审慎监管工具传导路径的因果反馈关系图的过程中，应该首先明确建模的目标，然后根据所要解决的问题，分析模型的应用以及所得出的结论政策的可行性。模型是根据建模的目的对真实系统的描述，这就导致了所建的模型只能是对金融宏观审慎监管系统一些断面或侧面及其本质特征进行反映。在系统动力学建模时，我们必须基于系统的结构和功能特征进行提炼，找出影响系统行为的关键结构，而不是对现实系统进行原原本本、完全一一对应地简单复制。简化后的模型应是便于了解、掌握的模型，应能较清晰、容易地解释系统的主要结构和变量在模型中的关系。绘制金融宏观审慎监管工具传导的因果关系图应遵循以下三个原则：

第一，找出金融宏观审慎监管系统的主要变量。人们在研究系统时把系统中的变量作为窥测点和控制系统的关键点。所以，对金融宏观审慎监管系统建模的基础是根据建模目的对系统中的主要变量进行准确的定位，即探寻金融宏观审慎监管工具的传导路径。如果在建模过程中把那些次要因素，甚至是不相关因素考虑进来，则可能会对系统分析造成干扰，影响结果的准确性。

第二，从系统中任何一个要素出发，画因果链或回路。在第一步的基础上，从所有因素中任意选取一个当作起点，看它的变化对与之相连的其他部分的影响，由此一步步地扩展，直到将所有的要素都包含到因果反馈关系图中来。

第三，在绘制金融宏观审慎监管系统因果反馈关系图的过程中应注意以下两个问题：一是在确定金融宏观审慎监管系统中两个变量的因果关系时，应假设其他影响因素都不变；二是应特别注意金融宏观审慎监管系统中不同变量之间互为因果、多因一果或一因多果的情况。

另外，建立因果反馈关系图时，在细节上需要注意以下三个问题：

第一，需要注意的是在明确变量增减含义的基础上，把因果关系图中的变量设想为可以升降、增减与上下的量。因果关系图中的变量，尽量采用名词或名词短语，而不用动词，同时避免令人费解的语句。否则，确定因果链和回路的极性时会碰到一定的困难。

第二，需要注意的是尽可能确定变量的量纲，这样有助于突出因果关系图中文字叙述的含义。同时尽可能将变量本身定义为正值，这样有助于理解和分析问题。

第三，需要注意的是反馈结构应形成闭合回路。如果系统中没有回路，则说明系统的范围选择得不合适或系统要素提炼得不到位。此时应该重新认识被研究的系统。

93

4.4　金融宏观审慎监管传导路径仿真研究

在 2008 年全球金融危机后，用于管理和防范金融系统性风险的金融宏观审慎监管理念受到空前重视，宏观审慎工具得到广泛运用。宏观审慎政策的实施通过宏观审慎工具在经济系统中的作用来表征，因此，金融宏观审慎监管的传导路径可以通过各类宏观审慎工具的作用路径来体现。下面运用系统动力学因果反馈的方法，根据金融宏观审慎监管工具作用路径不同对金融宏观审慎监管传导路径进行分类分析，进而探求金融宏观审慎监管中的关键因素变量。

4.4.1　流动类金融宏观审慎监管工具传导路径

基于前期对流动类宏观审慎监管工具的分析，根据该类工具在金融系统中的调控作用，分析其传导的反馈回路。因存贷比的调控作用与存款准备金率的调整作用类似，故其类似的反馈回路不再重复列示。构建流动类金融宏观审慎监管工具传导路径的因果反馈回路图，如图 4 - 8 所示。

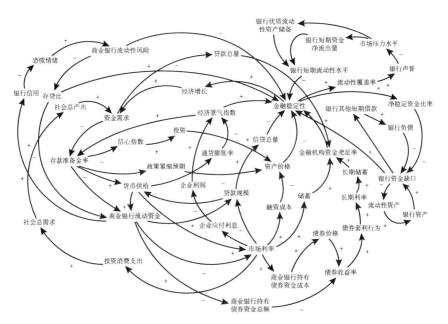

图 4 - 8　流动类金融宏观审慎监管工具传导路径的因果反馈回路图

对其主要反馈回路分析如下：

（1）存款准备金率（+）→货币供给（-）→商业银行流动资金（-）→市场利率（+）→储蓄（+）→金融机构资金充足率（+）→金融稳定性（+）→经济增长（+）→资金需求（+）→存款准备金率（-）。

该反馈回路极性为负。当金融系统资金流动性过高时，央行通过提高存款准备金率来调节货币供给，从而降低商业银行的流动资金总量，流动资金总量减少势必会引起市场利率的上升，吸引更多储户进行储蓄存款，银行等金融机构的资金充足率提升，金融系统稳定性提升。随着金融系统稳定性的提升，为社会经济发展提供更好的金融支持，促进经济增长，而伴随经济增长社会资金需求增加，此时政策当局会逐渐放松存款准备金要求。

（2）存款准备金率（＋）→货币供给（－）→商业银行流动资金（－）→市场利率（＋）→投资消费支出（－）→社会总需求（－）→社会总产出（－）→资金需求（－）→贷款总量（－）→金融机构资金充足率（＋）→金融稳定性（＋）→经济增长（＋）→资金需求（＋）→存款准备金率（－）。

该反馈回路极性为负。当金融系统资金流动性过高时，央行通过提高存款准备金率来调节社会货币供给，从而降低商业银行的流动资金总量，流动资金总量减少势必会引起市场利率的上升，而这也会增加投资和消费的相对成本，从而使社会投资和消费支出减少，这将会造成社会总需求的降低，进而使社会总产出减少，生产所需的资金需求也随之减少，银行等金融机构的贷款减少，资金充足率提升，银行等金融机构的稳定性提升。随着金融系统稳定性的提升，为社会经济发展提供更好的金融支持，促进经济增长，而伴随经济增长社会资金需求增加，此时政策当局会逐渐放松存款准备金要求。

（3）存款准备金率（＋）→商业银行流动资金（－）→商业银行持有债券资金总额（－）→债券收益率（＋）→债券套利行为（＋）→长期利率（＋）→长期储蓄（＋）→金融机构资金充足率（＋）→金融稳定性（＋）→经济增长（＋）→资金需求（＋）→存款准备金率（－）。

该反馈回路极性为负。当金融系统资金流动性过高时，央行会提高存款准备金率抑制银行的流动性过剩，从而减少银行流动资金。银行流动资金减少势必会影响到银行持有债券的资金数量，资金成本上升，债券收益率很大程度上会随之上升，从而会引发市场的债券套利行为，不同期限债券之间的套利行为会使利率从短期向长期传导，从而长期资金利率增加，长期储蓄增加，银行等金融机构的资金充足率也随储蓄的增加而增加，金融系统稳定性增强。随着金融系统稳定性的提升，为社会经济发展提供更好的金融支持，促进经济增长，而伴随经济增长社会资金需求增加，此时政策当局会逐渐放松存款准备金要求。

（4）存款准备金率（＋）→货币供给（－）→商业银行流动资金（－）→市场利率（＋）→商业银行持有债券资金成本（＋）→债券价格（＋）→债券收益率（＋）→长期利率（＋）→长期储蓄（＋）→金融机构资金充足率（＋）→金融稳定指标（＋）→经济增长（＋）→资金需求

（＋）→存款准备金率（－）。

该反馈回路极性为负。当金融系统资金流动性过高时，央行通过提高存款准备金率来调节社会货币供给，从而降低商业银行的流动资金总量，流动资金总量减少势必会引起市场利率的上升，相对来说商业银行持有债券的资金成本增加。资金成本的增加传递到债券市场上会促进债券价格的上升，债券收益率上升。市场中的中长期利率受债券收益率的上升而上升，长期资金利率增加，长期储蓄增加，银行等金融机构的资金充足率也随储蓄的增加而增加，金融系统稳定性增强。随着金融系统稳定性的提升，为社会经济发展提供更好的金融支持，促进经济增长，而伴随经济增长社会资金需求增加，此时政策当局会逐渐放松存款准备金要求。

（5）存款准备金率（＋）→货币供给（－）→商业银行流动资金（－）→市场利率（＋）→贷款规模（－）→信贷总量（－）→金融稳定性（＋）→经济增长（＋）→资金需求（＋）→存款准备金率（－）。

该反馈回路极性为负。当金融系统资金流动性过高时，央行通过提高存款准备金率来调节社会货币供给，从而降低商业银行的流动资金总量，流动资金总量减少势必会引起市场利率的上升。利率的上升使企业资金成本增加，在生产和发展允许的范围内，企业会控制贷款数量，从而使社会信贷总量减少、流动性降低、金融稳定性提升。随着金融系统稳定性的提升，为社会经济发展提供更好的金融支持，促进经济增长，而伴随经济增长社会资金需求增加，此时政策当局会逐渐放松存款准备金要求。

（6）存款准备金率（＋）→货币供给（－）→商业银行流动资金（－）→市场利率（＋）→融资成本（＋）→资产价格（－）→金融稳定性（＋）→经济增长（＋）→资金需求（＋）→存款准备金率（－）。

该反馈回路极性为负。当金融系统资金流动性过高时，央行通过提高存款准备金率来调节社会货币供给，从而降低商业银行的流动资金总量，流动资金总量减少势必会引起市场利率的上升。利率的上升使企业通过贷款进行间接融资的成本增加，企业利润下降，经连锁反应传导到资本市场中，会引起企业股票价格下降，经济系统中的流动性过高得到抑制，金融系统稳定性增加。随着金融系统稳定性的提升，为社会经济发展提供更好的金融支持，促进经济增长，而伴随经济增长社会资金需求增加，此时政策当局会逐渐放松存款准备金要求。

（7）存款准备金率（＋）→商业银行流动资金（－）→贷款规模（－）→货币供给（－）→通货膨胀率（－）→经济景气指数（＋）→金融稳定性（＋）→存款准备金率（－）。

该反馈回路极性为负，存款准备金率的提升使得商业银行流动资金减少，也就遏制了贷款的非正常扩张，且有效地抑制了信用风险的积累，使得金融较为稳定，是如果贷款规模持续减少，货币供给就会减少，造成通货膨胀率减少，当通货紧缩较为严重，引发风险，经济呈下行趋势，必须通过刺激政策刺激经济，存款准备金率下调。

（8）存款准备金率（＋）→商业银行流动资金（－）→贷款规模（－）→货币供给（－）→利率（＋）→企业应付利息（＋）→企业利润（－）→经济景气指数（－）→存款准备金率（－）。

该反馈回路极性为负，存款准备金率的提升使得商业银行流动资产减少，也就遏制了贷款的非正常扩张，且有效地抑制了信用风险的积累，使得金融较为稳定，是如果贷款规模持续减少，货币供给就会减少，利率会上升，企业应付利息增多，则企业的利润减少，若利息过高，则使得经济不景气，经济呈下行趋势，必须通过刺激政策刺激经济，存款准备金率下调。

（9）存款准备金率（＋）→政策紧缩预期（＋）→资产价格（－）→金融稳定性（＋）→存款准备金率（－）。

该反馈回路极性为负。当金融系统资金流动性过高时，市场中的参与者会产生政府进行调控的预期，流动性过剩必定会伴随紧缩的监管政策，紧缩监管政策的预期在金融市场中会带来资产价格的下降，金融系统稳定性提升。政策当局在金融稳定性提升的状况下为促进经济金融系统更好运转对资金的需求，势必会降低存款准备金率，为社会发展提供更多资金支持。

（10）存款准备金率（＋）→信心指数（－）→投资（－）→资产价格（－）→金融稳定性（＋）→存款准备金率（－）。

该反馈回路极性为负。当金融系统资金流动性过高时，市场参与者对金融经济发展的信心指数降低，从而使得各类投资减少，资产价格也随之下降，流动性过剩得到有效缓解，金融系统稳定性提升，为促进社会经济更好发展，政策当局会采取刺激投资的措施，降低存款准备金率，增加货币供给。

（11）流动性覆盖率（-）→银行声誉（-）→市场压力水平（+）→银行优质流动性资产储备（+）→银行短期流动性水平（+）→金融稳定性（+）→流动性覆盖率（+）。

该反馈回路极性为负，商业银行流动性覆盖率降低不能达到监管水平时，银行声誉受损，银行面对的市场压力增加，为恢复声誉缓解压力，银行可以通过增加优质流动性资产储备，调整其资产的期限结构来缓释风险，银行短期流动性水平提升，金融系统稳定性增加，流动性覆盖率上升。

（12）流动性覆盖率（-）→银行声誉（-）→市场压力水平（+）→银行短期资金净流出量（-）→银行短期流动性水平（+）→金融稳定性（+）→流动性覆盖率（+）。

该反馈回路极性为负，商业银行流动性覆盖率降低不能达到监管水平时，银行声誉受损，银行面对的市场压力增加，为恢复声誉缓解压力，银行还可以通过控制短期资金净流出量，调整其资产的期限结构来缓释风险，银行短期流动性水平提升，金融系统稳定性增加，银行短期资金净流出量减少，流动性覆盖率上升。

（13）净稳定资金比率（-）→银行资金缺口（+）→非核心存款（+）→银行负债（+）→银行资金缺口（-）→金融稳定性（+）→净稳定资金比率（+）。

该反馈回路极性为负。当银行净稳定资金比率未达到银行设定监管目标时，银行持有的稳定资金不足以保证其非流动性资产的需求，此时，银行可以采取增加非核心存款的方式筹集额外资金填补资金缺口，提升银行体系稳定性指标，净稳定资金比率上升。

（14）净稳定资金比率（-）→银行资金缺口（+）→银行其他短期借款（+）→银行负债（+）→银行资金缺口（-）→金融稳定性（+）→净稳定资金比率（+）。

该反馈回路极性为负。当银行净稳定资金比率未达到银行设定监管目标时，银行持有的稳定资金不足以保证其非流动性资产的需求，需要贷款筹集额外的资金，此时，银行还可以通过增加非核心存款之外的方式增加银行的短期借款，从而导致银行负债增加，资金缺口得到填补，银行稳定性指标提升，净稳定资金比率上升。

（15）净稳定资金比率（－）→银行资金缺口（＋）→流动性资产（－）→银行资产（－）→银行资金缺口（－）→金融稳定性（＋）→净稳定资金比率（＋）。

该反馈回路极性为负。当银行净稳定资金比率未达到银行设定监管目标时，银行持有的稳定资金不足以保证其非流动性资产的需求，短期内银行还可以通过出售流动资产的方式来填补资金缺口，提升银行体系稳定性指标，净稳定资金比率上升。

（16）存贷比（＋）→商业银行流动资金（－）→银行信用（－）→恐慌情绪（＋）→商业银行流动性风险（＋）→存贷比（－）→金融稳定性（＋）。

该反馈回路极性为负。当银行存贷比过高时，银行用于支付日常支取和结算的现金不足，银行会面临支付危机，一个银行的支付危机可能会使银行信用降低，居民产生恐慌情绪，这种情绪经过羊群效应传染到整个银行系统，从而导致整个银行系统面临支付危机，政策当局为防止银行支付危机发生会设定银行存贷比限制。

存贷比的调控作用与存款准备金率的调整作用类似，其类似的反馈回路不再重复列示。

4.4.2　信贷类金融宏观审慎监管工具传导路径

基于前期对信贷类宏观审慎监管工具的分析，根据该类工具在金融系统中的调控作用，分析其传导的反馈回路。构建信贷类金融宏观审慎监管工具传导路径的因果反馈回路图，如图4－9所示。

对其主要反馈回路分析如下：

（1）LTV上限（－）→按揭贷款（－）→信贷总量（－）→M2（－）→通货膨胀率（－）→金融稳定性（＋）→通货紧缩风险（＋）→经济景气指数（－）→LTV上限（＋）。

该反馈回路极性为负，LTV上限降低，也就是同样的资产抵押，可贷出的款减少，则会导致按揭贷款减少，则信贷总量减少，且有效地抑制了信用风险的积累，使得金融较为稳定，但是如果贷款规模持续减少，则社会投资等一系列的交易都会减少，则M2会减少，造成通货膨胀率降低，当通货紧缩较为严重，引发风险，经济呈下行趋势，必须通过刺激政策刺激经济，则会相应地提高 LTV 的上限。

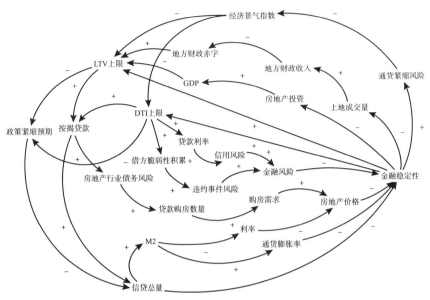

图 4 - 9　信贷类金融宏观审慎监管工具传导路径的因果反馈回路

（2）LTV 上限（-）→按揭贷款（-）→信贷总量（-）→M2（-）→利率（+）→房地产价格（-）→金融稳定性（+）→土地成交量（-）→地方政府财政收入（-）→地方财政赤字（+）→LTV 上限（+）。

该反馈回路极性为负，LTV 上限降低，也就是同样的资产抵押，可贷出的款减少，则会导致按揭贷款减少，则也就遏制了贷款的非正常扩张，且有效地抑制了信用风险的积累，使得金融较为稳定，是如果贷款规模持续减少，则 M2 会减少，则利率会上升，利率上升，购房数量减少，则房价减少，金融系统稳定性提升，同时房价的下跌还会带来房地产投资减少，土地成交量减少，地方政府财政收入也就减少，地方财政赤字增加，为了调节地方财政问题，则 LTV 上限提高。

（3）LTV 上限（-）→按揭贷款（-）→房地产行业债务风险（-）→贷款购房数量（-）→购房需求（-）→房地产价格（-）→金融稳定性（+）→房地产投资（-）→GDP（-）→LTV 上限（+）。

该反馈回路极性为负，LTV 上限降低，也就是同样的资产抵押，可贷出的款减少，则会导致按揭贷款减少，则也就遏制了贷款的非正常扩张，且有效地抑制了信用风险的积累，则房地产行业债务风险相对减少，而贷款购房数量减少，相应的对于购房的需求也就减少，房价有下跌趋势，金融系统稳定性提升，同时房价的下跌还会带来房地产行业的投资紧缩，使得 GDP 减少，为刺激经济发展，LTV 上限会提高。

（4）LTV 上限（−）→政策紧缩预期（＋）→信贷总量（−）→金融稳定性（＋）→LTV 上限（＋）。

该反馈回路极性为负。当市场中的参与者产生政府进行 LTV 上限调控的预期时，也就意味着可贷资金减少，在预期的作用下会使社会中的按揭贷款需求降低，信贷总量减少，金融稳定性增加，然后再通过前期类似途径在金融系统中传递，最终 LTV 上限提高。

（5）DTI 上限（−）→按揭贷款（−）→信贷总量（−）→M2（−）→通货膨胀率（−）→金融稳定性（＋）→通货紧缩风险（＋）→经济景气指数（−）→DTI 上限（＋）。

该反馈回路极性为负，DTI 上限降低，也就是每月同样的负债额所能贷到的新贷款的额度减小，则信贷总量减少，且有效地抑制了信用风险的积累，使得金融较为稳定。如果贷款规模持续减少，则社会投资等一系列的交易都会减少，则 M2 会减少，造成通货膨胀率减少，当通货紧缩较为严重，引发风险，经济呈下行趋势，必须通过刺激政策刺激经济，则会相应地提高 DTI 的上限。

（6）DTI 上限（−）→借方脆弱性积累（−）→违约事件风险（−）→金融风险（−）→金融稳定（＋）→DTI 上限（＋）。

该反馈回路极性为负，DTI 上限降低，也就是每月同样的负债额所能贷到的新贷款的额度减小，则信贷总量减少，借方的脆弱性积累较小，违约事件发生的概率减小，信用风险减小，则金融风险减小，金融稳定性提高。

（7）DTI 上限（−）→按揭贷款（−）→房地产行业债务风险（−）→贷款购房数量（−）→购房需求（−）→房地产价格（−）→金融稳定（＋）→DTI 上限（＋）。

该反馈回路极性为负，DTI 上限降低，也就是每月同样的负债额所能贷到的新贷款的额度减小，则按揭贷款减少，房地产行业的债务风险也就降低，贷款购房数量也就降低，购房需求随之降低，价格降低，房地产泡沫也就降低，金融稳定性增强。

（8）DTI 上限（-）→贷款利率（-）→信用风险（-）→金融风险（-）→金融稳定（+）→DTI 上限（+）。

该反馈回路极性为负，DTI 上限降低，也就是每月同样的负债额所能贷到的新贷款的额度减小，由于贷款额度减少，所以贷款利率也随之减少，则违约事件减小，面临的信用风险也就减少，金融稳定性增强。

（9）DTI 上限（-）→政策紧缩预期（+）→信贷总量（-）→金融稳定（+）→DTI 上限（+）。

该反馈回路极性为负。当市场中的参与者产生政府进行 DTI 上限调控的预期时，也就意味着贷款减少，在预期的作用下会使社会中的贷款需求降低，信贷总量减少，金融稳定性增加，然后再通过前期类似途径在金融系统中传递，最终 DTI 上限提高。

4.4.3 资本类金融宏观审慎监管工具传导路径

基于前期对资本类宏观审慎监管工具的分析，根据该类工具在金融系统中的调控作用，分析其传导的反馈回路。构建资本类金融宏观审慎监管工具传导路径的因果反馈回路图，如图 4-10 所示。

对其主要反馈回路分析如下：

（1）逆周期资本缓冲计提（+）→银行资本比率（+）→留存收益（+）→贷款规模（-）→利率（+）→融资成本（+）→信贷总量（-）→金融稳定性（+）→逆周期资本缓冲计提（-）。

该反馈回路极性为负。逆周期资本缓冲计提增加使得银行资本比率提升，从而银行的留存收益增加，银行资产负债表中的资本项增加，可贷资金减少，利率水平上升，社会融资成本增加，导致社会信贷总量的降低，逆周期调节作用实现，金融稳定性提升，动态金融宏观审慎监管调节下逆周期资本缓冲计提比例降低。

（2）逆周期资本缓冲计提（+）→银行资本比率（+）→留存收益（+）→贷款规模（-）→债券市场需求（+）→债券收益率（+）→债券套利行为（+）→长期利率（+）→融资成本（+）→信贷总量（-）→金融稳定性（+）→逆周期资本缓冲计提（-）。

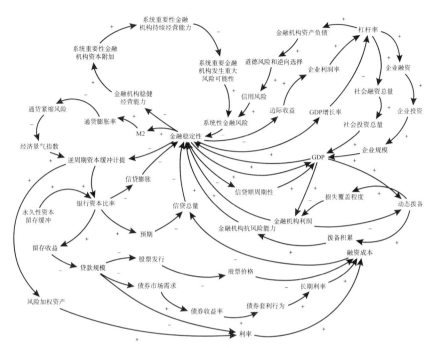

图 4 - 10　资本类金融宏观审慎监管工具传导路径的因果反馈回路

　　该反馈回路极性为负。逆周期资本缓冲计提增加使得银行资本比率提升，银行留存收益增加，银行资产负债表中的资本项增加，可贷资金减少，存在资金需求的企业选择债券市场进行融资，从而增加债券市场需求，债券收益率随之上升，这同样会引发市场的债券套利行为，不同期限债券之间的套利行为会使利率从短期向长期传导，从而长期资金利率增加，社会融资成本增加，导致社会需求信贷总量的降低，逆周期调节作用实现，金融稳定性提升，动态金融宏观审慎监管调节下逆周期资本缓冲计提比例降低。

　　（3）逆周期资本缓冲计提（＋）→银行资本比率（＋）→风险加权资产（＋）→利率（＋）→融资成本（＋）→信贷总量（－）→金融稳定性（＋）→逆周期资本缓冲计提（－）。

　　该反馈回路极性为负。逆周期资本缓冲计提增加使得银行资本比率提升，银行会调节其资产负债表中资本与风险加权资产的结构以防范风险发生，银行自用资金增加导致其用于放贷的资金减少，利率水平上升，社会融资成本增加，导致社会信贷总量的降低，逆周期调节作用实现，金融稳定性提升，动态金融宏观审慎监管调节下逆周期资本缓冲计提比例降低。

（4）逆周期资本缓冲计提（＋）→银行资本比率（＋）→留存收益（＋）→贷款规模（－）→股票发行（＋）→股票价格（－）→融资成本（＋）→信贷总量（－）→金融稳定性（＋）→逆周期资本缓冲计提（－）。

该反馈回路极性为负。逆周期资本缓冲计提增加使得银行资本比率提升，银行留存收益增加，银行资产负债表中的资本项增加，可贷资金减少，存在资金需求的企业也会选择股票市场进行直接融资，股票发行需求增加，从而导致上市公司股票价格发行价格的降低。在发行成本不变的情况下，企业的融资成本增加，而通过股票市场获得融资之后，企业的间接融资需求降低，社会信贷总量减少，再加上股票市场价格的下降，金融系统稳定性增加，动态金融宏观审慎监管调节下逆周期资本缓冲计提比例降低。

（5）逆周期资本缓冲计提（＋）→银行资本比率（＋）→信贷膨胀（－）→金融稳定性（＋）→M2（－）→通货膨胀率（－）→通货紧缩风险（＋）→经济景气指数（－）→逆周期资本缓冲（－）。

该反馈回路极性为负。逆周期资本缓冲计提的增加使得银行资本比率增加，则信贷膨胀的可能性降低，信用风险降低使得金融风险降低会使得金融稳定，但是过度的信贷制约会使得 M2 迅速减少，则通货膨胀率降低，通货紧缩的风险会提高，经济景气指数受到影响，则要使用刺激政策刺激经济繁荣，则要降低逆周期资本缓冲。

（6）逆周期资本缓冲计提（＋）→银行资本比率（＋）→预期（＋）→信贷总量（－）→金融稳定性（＋）→逆周期资本缓冲计提（－）。

该反馈回路极性为负。逆周期资本缓冲计提增加使得银行资本比率提升，这一操作传递到市场中会引发市场参与者对政策紧缩调控的预期，从而在其生产或投资行为中会有意识地降低资金需求，从而使社会信贷总量减少，金融稳定性提升，动态金融宏观审慎监管调节下逆周期资本缓冲计提比例降低。

（7）永久性资本留存缓冲（＋）→银行资本比率（＋）→留存收益（＋）→贷款规模（－）→利率（＋）→融资成本（＋）→信贷总量

（−）→金融稳定性（＋）。

该反馈回路极性为负。永久性资本留存缓冲计提增加使得银行资本比率提升，从而银行的留存收益增加，银行资产负债表中的资本项增加，可贷资金减少，利率水平上升，社会融资成本增加，导致社会信贷总量的降低，逆周期调节作用实现，金融稳定性提升。

（8）系统重要性金融机构资本附加（＋）→系统重要性金融机构持续经营能力（＋）→系统重要性金融机构发生重大风险的可能性（−）→系统性金融风险（−）→金融稳定性（＋）→金融机构稳健经营能力（＋）→系统重要性金融机构资本附加（−）。

该反馈回路极性为负。系统重要性金融机构资本附加的增加使得其持续经营能力提高，进一步降低了其发生重大风险的可能性，带动整个金融体系的系统性金融风险降低，金融系统的稳定性提高使金融机构稳健经营的能力增强，从而可以降低系统重要性金融机构资本附加。

（9）动态拨备（＋）→拨备积累（＋）→金融机构抗风险能力（＋）→金融稳定性（＋）→GDP（＋）→金融机构利润（＋）→动态拨备（−）。

该反馈回路极性为负。动态拨备的增加会使信贷周期上行期间拨备积累增加，金融机构应对风险能力随之提高，金融稳定促进了经济的发展，从而金融机构的利润提高，可以下调动态拨备。

（10）动态拨备（＋）→损失覆盖程度（＋）→金融机构利润（−）→金融稳定性（＋）→信贷顺周期性（−）→GDP（−）→动态拨备（−）。

该反馈回路极性为负。动态拨备的增加将提高信贷周期下行期间损失覆盖程度，从而对金融机构利润影响降低，信贷顺周期性减弱，经济增长减弱，从而可以下调动态拨备来促进经济发展。

（11）杠杆率（＋）→企业融资（＋）→企业投资（＋）→企业规模（＋）→GDP（＋）→金融稳定性（＋）→边际收益（−）→企业利润率（−）→杠杆率（−）。

该反馈回路极性为负。杠杆率的提高将促进企业融资，企业投资的不断增加使企业规模不断扩大从而促进经济增长，伴随经济发展金融系统稳定性也得到提高，但是经济不断增长，企业投资的增加使得企业规模不断扩大，边际收益递减，企业利润率下降，从而应收缩杠杆。

（12）杠杆率（＋）→社会融资（＋）→社会投资量（＋）→GDP（＋）→金融稳定性（＋）→GDP 增长率（＋）→杠杆率（－）。

该反馈回路极性为负。杠杆率的提高将增加社会融资，从而提高社会投资热情从而社会投资量相应增加，伴随经济发展金融系统稳定性也得到提高，但是经济不断增长使得经济过热，从而应收缩杠杆

（13）杠杆率（－）→金融机构资产负债（－）→道德风险和逆向选择（－）→信用风险（－）→系统性金融风险（－）→金融稳定性（＋）。

该反馈回路极性为负。杠杆率降低会使金融机构资产负债减少，从而金融机构的道德风险和逆向选择相应减少，信用风险降低带动系统性金融风险的下降，从而促进金融稳定。

4.4.4　税收类金融宏观审慎监管工具传导路径

基于前期对税收类宏观审慎监管工具的分析，根据该类工具在金融系统中的调控作用，分析其传导的反馈回路。构建税收类金融宏观审慎监管工具传导路径的因果反馈回路图，如图4-11所示。

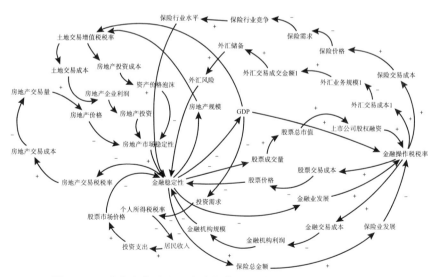

图4-11　税收类金融宏观审慎监管工具传导路径的因果反馈回路

106

对其主要反馈回路分析如下：

（1）房地产交易税税率（＋）→房地产交易成本（＋）→房地产交易量（－）→房地产价格（－）→房地产市场稳定性（＋）→金融稳定性（＋）→房地产交易税税率（－）。

该反馈回路极性为负。房地产交易税税率的提高使得房地产交易成本增加，房地产市场的过度投机行为减少，房地产交易量降低，房地产价格下降，促进房地产市场的稳定发展。作为虚拟经济的重要组成部分，房地产市场的稳定发展也使金融系统稳定性增强。但如果房地产交易税税率长期保持较高的水平则会抑制房地产市场的正常发展，因此，监管部门会在达到一定监管水平时减免房地产交易税。

（2）土地交易增值税税率（＋）→土地交易成本（＋）→房地产企业利润（－）→房地产投资（－）→房地产市场稳定性（＋）→金融稳定性（＋）→GDP（－）→土地交易增值税税率（－）。

该反馈回路极性为负。土地交易增值税税率的提高将使土地的交易成本增加，从而房地产企业的利润缩水，房地产投资下降，调节过热的房地产市场发展，促进金融系统稳定。但如果土地交易增值税税率长期保持较高的水平则会抑制房地产市场的正常发展，不利于经济持续发展，因此，监管部门会在达到一定监管水平时减免土地交易增值税税率。

（3）土地交易增值税税率（＋）→土地交易成本（＋）→房地产投资成本（＋）→资产价格泡沫（－）→房地产市场稳定性（＋）→金融稳定性（＋）→房地产规模（－）→土地交易增值税税率（－）。

该反馈回路极性为负。土地交易增值税税率的提高将使土地交易的成本增加，从而投资者投资房地产业的成本相应增加，资产价格泡沫减少，促进金融稳定。但房地产作为虚拟经济的组成部分也具有一定的投资价值，如果房地产投资一味受到抑制会使房地产行业规模缩小，也会影响整个社会经济系统的健康运行，因此，当达到一定监管水平时，相关部门需要适当减免土地交易增值税税率。

（4）个人所得税税率（＋）→居民收入（－）→投资支出（－）→股票市场价格（－）→金融稳定性（＋）→GDP（－）→投资需求（＋）→个人所得税税率（－）。

该反馈回路极性为负。个人所得税税率的提高将使居民个人收入减少，从而投资支出减少，股票市场投资减少在股票市场中表现为股票价

107

格的下降，促进金融系统稳定发展。但长期的居民收入减少会造成经济下行，为刺激居民投资需求增加，相关部门需下调个人所得税税率。

（5）金融操作税税率（＋）→借贷交易成本（＋）→借贷业务利润（－）→贷款总量（－）→金融稳定性（＋）→金融业发展（－）→金融操作税税率（－）。

该反馈回路极性为负。针对借贷交易的金融操作税税率的提高将使借贷交易成本增加，借贷业务利润相应减少，社会贷款总量减少，调节借贷市场顺周期性，从而有利于金融系统稳定性提升，但长期来看，借贷业务发展受到限制，社会融资总量减少对经济发展不利，故在实现监管目标之后政策当局还要响应调整金融操作税税率以促进借贷业务的发展。

（6）金融操作税税率（＋）→股票交易成本（＋）→股票价格（－）→金融稳定性（＋）→股票成交量（－）→股票总市值（－）→上市公司股权融资（－）→金融操作税税率（－）。

该反馈回路极性为负。金融操作税税率的提高将使股票交易成本增加，股票价格降低从而抑制股票市场的过热，起到稳定金融系统的作用。但是随着股票价格的下跌也会造成股票市场成交量减少，引起股票市价总值的下跌，上市公司股权融资的降低，经济下行，为刺激经济发展应下调金融操作税税率。

（7）金融操作税税率（＋）→外汇交易成本（＋）→外汇业务规模（－）→外汇交易成交金额（－）→外汇储备（－）→外汇风险（－）→金融稳定性（＋）→GDP（－）→金融操作税税率（－）。

该反馈回路极性为负。金融操作税税率的提高将使跨国金融机构外汇交易成本增加，造成外汇业务规模下降，成交额减少使得外汇储备减少，金融系统面对的外汇风险降低，金融稳定性增强。但长期的外汇限制也会抑制对外贸易的开展，不利于经济增长，此时应降低金融操作税税率。

（8）金融操作税税率（＋）→保险交易成本（＋）→保险价格（＋）→保险需求（－）→保险行业竞争（＋）→保险行业水平（＋）→金融稳定（＋）→保险总金额（－）→保险业发展（－）→金融操作税税率（－）。

该反馈回路极性为负，金融操作税税率的提高将使保险公司交易成本增加，保险公司在利润追求下提高保险价格，这势必会造成保险需求降低，保险行业竞争增强。保险公司为占据市场份额必须采取措施提升服务和业务水平，这在一定程度上促进金融系统稳定发展，但是长期来看，金融操作税税率的存在抑制保险行业规模的扩张，在实现金融宏观审慎监管目标之后，为了更好促进保险行业发展监管部门需降低金融操作税税率。

4.5　本　章　小　结

　　本章基于金融宏观审慎监管与系统性金融风险的关联性，在对系统性金融风险传染路径分析基础上，先从时间维度和横截面维度对现有的主要金融宏观审慎监管工具进行分类，分析不同金融宏观审慎监管工具的作用目标和如何发挥风险防控作用。之后则按照金融宏观审慎监管工具作用路径的不同，分别从流动类工具、信贷类工具、资本类工具和税收类工具四个方面分析金融宏观审慎监管工具作用路径，运用系统动力学仿真方法，建立不同金融宏观审慎监管工具实施的因果反馈回路，分析不同传导反馈回路的正负极性，探究不同类别金融宏观审慎监管工具的传导路径和作用机理。通过不同类别金融宏观审慎监管工具传导路径分析发现流动类审慎监管工具主要通过存款准备金调控、流动性覆盖率、净稳定资金比率等工具调节银行的流动资金、银行资金缺口等流动性状态变量实现对银行流动类系统性金融风险调控；信贷类审慎监管工具主要通过设定 LTV 上限、DTI 上限等调节房地产相关的信贷水平，降低房地产泡沫化程度，实现对银行信贷类系统性风险的调控；资本类审慎监管工具主要通过逆周期资本缓冲计提、动态拨备、杠杆率等控制银行资本比率、调节融资水平，实现对银行资本类系统性金融风险调控；税收类审慎监管工具则是在前三种类别的金融宏观审慎监管工具实施基础上，针对不同时期不同的监管侧重对象补充实施的调节房地产市场泡沫和金融市场过热行为的补充政策措施。本章的研究是金融宏观审慎监管有效性研究的基础，探明金融宏观审慎监管工具传导路径有助于分析不同类别工具有效性差异的原因，也为宏观审慎监管与其他宏观政策之间协调作用研究提供分析思路。

第5章 金融宏观审慎监管工具 有效性评价研究

金融宏观审慎监管工具的有效性是金融宏观审慎监管政策目标实现的基础，在第4章对不同类别金融宏观审慎监管工具传导路径分析基础上，本部分主要对不同类别金融宏观审慎监管工具有效性进行评价，探究不同类别金融宏观审慎监管工具在实施中作用效果的差异。本部分在构建金融系统稳定性评价指标体系对金融宏观审慎监管的有效性进行评价的基础上，考虑到金融宏观审慎监管工具实施的间断性，采用 MCMC 模拟方法将金融宏观审慎监管的二元信息变量变为连续变量，建立 Qual – VAR 模型分析宽松政策环境和紧缩政策环境下流动类工具、信贷类工具、资本类工具和税收类工具的有效性，揭示不同政策环境下不同类别金融宏观审慎监管工具作用的时间路径和影响程度，探究金融宏观审慎监管工具实施的动态政策效应和实施效果。

5.1　金融宏观审慎监管有效性评价

与微观审慎监管关注金融机构资产负债表不同，金融宏观审慎监管更关注金融系统整体的脆弱性，金融宏观审慎监管意在促进金融系统稳定，因此，本部分从金融系统结构的脆弱性出发，分别从金融系统基本平稳运行和金融系统的风险承受能力两个方面构建金融系统稳定性评价指标体系，反映我国金融宏观审慎监管有效性，为后面不同政策环境下不同类别金融宏观审慎监管工具有效性分析奠定基础。

5.1.1   金融系统稳定性的界定

金融宏观审慎监管最终目标是维护金融系统稳定，因此，金融宏观审慎监管有效性的评价指标构建需要从金融系统稳定性入手。金融系统是具有多因素多层次和内在波动性的高度复杂系统，这决定了金融系统稳定性诠释的复杂性。自金融稳定纳入货币政策最终目标之后，马勇（2013）国内外学者从不同的角度对金融稳定进行定义，但因金融稳定研究体系和框架的构建尚未完善，至今依然没有形成准确、严格的金融稳定的定义，已有研究主要从金融稳定角度、金融不稳定角度以及金融功能角度三个方面对金融稳定的内涵进行阐释。

从金融系统稳定性角度进行界定的研究认为金融稳定是一种金融体系内在的稳定，稳定的金融系统能够有效地分配系统资源以分散风险，并且能够吸收外部冲击防止金融系统发生大规模的波动，减少对经济发展的损伤（Wellink，2002；Padoa - Schioppa，2003）。ECB 组织（2008）研究认为稳定的金融系统中金融市场、金融机构和基础金融设施能够吸收冲击和应对失衡，具有提高储蓄—投资转化效率，降低损失的能力。

从金融系统不稳定角度进行界定的研究则认为金融系统的复杂性，较难从正面对金融稳定进行准确的定义，从其对立面——金融不稳定的角度出发去阐释更有意义，排除了金融不稳定的情况即为金融稳定，认为金融不稳定包括三个基本标准：一是重要的金融资产价格与其价值相背离；二是金融市场运行和信贷有效性发生扭曲；三是社会整体消费能力与社会总生产能力相偏离（Borio & Drehmann，2009）。段小茜（2010）提出金融稳定的核心就是对金融不稳定的根源和形成机理进行的解释。

而从金融功能角度进行界定的研究则从金融系统功能的角度对金融稳定进行诠释，认为金融稳定就是金融体系处于能够有效执行其关键功能（能够抵御外界冲击、币值稳定、金融机构预期正确等）的稳定状态（Foot，2003；张洪涛，2006）。

金融系统功能主要体现在金融机构功能和金融市场功能，金融对经济发展的作用通过金融体系的功能来体现，因此，本书倾向于从金融功能的角度将金融稳定定义为金融机构和金融市场的一种平稳状态，在这种状态下金融机构运行平稳，金融市场波动合理，金融系统具有完善的外部风险抵御能力，金融系统功能得到有效的发挥。

5.1.2　金融系统稳定性评价指标体系构建及测度研究

从国际已有金融宏观审慎监管评估体系来看，较为成熟的有 IMF 金融稳健性指标评估体系（FSI）、欧洲中央银行的宏观审慎指标体系（MPIs），其中，FSI 通过资本充足率、盈利能力、资产质量、流动性状况以及市场风险五个主要方面对金融稳定性进行综合评价。我国金融稳定性评价体系研究与发展，起步较晚，基础相对薄弱，且因我国会计制度、数据统计口径以及开放性程度等问题的存在使得已有的 FSI 和 MPIs 不能直接运用到对我国金融系统稳定性的测度中，因此，我国金融系统稳定指标体系的构建需要结合我国社会经济发展的国际环境和国内特点。

我国学者在金融宏观审慎监管评价方面尚未建立明确的监管有效性评价指标体系，现有的研究主要集中在金融稳定评价方面，张岷（2007）从资本市场稳定、货币稳定、银行体系稳定、金融体制稳定以及经济稳定五个方面运用主成分分析法构建金融稳定评价指标体系。惠康、任保平、钞小静（2010）从金融体系的抗冲击能力和基本要素平稳运行两个维度对我国金融系统稳定性进行评价。周海欧和肖茜（2015）从我国金融稳定的"表现"和"能力"两个方面对我国金融稳定进行测算。但科学的金融宏观审慎监管有效性指标体系还是要从金融稳定的目标出发，讲求全面性才能对金融宏观审慎监管效果做更好的解释。因此，本部分基于金融稳定的内涵，从金融系统功能的发挥和保障出发，从金融系统平稳运行和金融系统风险承受能力两个角度展开，更加全面地选取相应的指标建立金融系统稳定性评价指标体系对我国金融宏观审慎监管有效性进行评价。

在有效性评价方法上，学者们多采用主成分分析法，对金融稳定性进行评价，但主成分分析法提取的解释变量并不能够实现对我国金融系统稳定性的科学全面解释，因此，本部分基于金融系统的复杂非线性，将熵值法运用到对金融系统稳定性的测度中，依据指标赋予的信息熵值赋予指标权重，将所有指标的影响作用考虑在内，所得结果更加严格，能够更加真实地揭示我国金融宏观审慎监管有效性。

5.1.3　我国金融系统稳定性评价指标体系的构建

IMF 金融稳健性指标评估体系（FSI）是目前较为成熟的金融系统稳定性评价指标体系，如表 5-1 所示。

表 5-1　　　　　　　　金融系统稳定性评价指标体系

方面指标	分项指标	基础指标	单位	变量名称	指标属性	
					正向指标	负向指标
金融体系平稳运行指标	商业银行	金融机构存贷比	%	V_{11}		√
		商业银行不良贷款率	%	V_{12}		√
		实收资本占比	%	V_{13}	√	
	投资银行	证综指收益率	%	V_{14}		√
		深证成指收益率	%	V_{15}		√
	保险机构	保险业资产收入比	%	V_{16}	√	
金融系统风险承受能力指标	金融深化程度	M_2/GDP	%	V_{21}		√
	市场流动性	换手率	%	V_{22}		√
		全国银行间同业拆借 7 天利率	%	V_{23}		√
	房地产市场	国房景气指数	—	V_{24}	√	
	外汇市场	实际有效汇率	—	V_{25}		√
		外币贷款/总贷款	%	V_{26}		√

本部分从金融稳定目标出发，将 FSI 指标与我国金融系统和社会经济发展特点相结合，从金融系统的基本平稳运行和金融系统风险承受能力两个方面构建我国金融系统稳定性评价指标系统，涵盖 2 个一级指标，7 个二级指标，12 个三级指标：

（1）金融系统的基本平稳运行指标。按照金融机构发挥功能的不同，将金融系统中的金融机构分为：商业银行、投资银行、保险机构三个类别，以此为基础选取相关指标，各指标选取依据具体解释如下：

①商业银行类平稳运行指标。商业银行类平稳运行指标，主要有金融机构存贷比、商业银行不良贷款率、实收资本占比。

金融机构存贷比。主要反映我国银行体系资产质量和盈利水平。虽然国际金融稳定指标体系中并未考虑这一因素，但是根据我国金融体系结构现状，银行在我国金融体系中的资产规模占比最高，是我国金融系统运行中不可忽视的指标。存贷比由金融机构各项贷款与各项存款相比得出，该值越高说明银行中的信贷比例越高，金融不稳定性增强。

商业银行不良贷款率。该指标已经被纳入国际金融稳定指标体系中，用以反映金融机构所面临的违约风险，是银行资产质量和安全的重要表征。IMF，ECB 等都在对金融稳定评价中运用这一指标。

实收资本占比。即银行机构实收资本占总资产的比率，IMF 指标中包含总资本在总资产中占比，本书以实收资本在总资产中的占比衡量商业银行类金融机构的资本充足率水平，资本越充足越有利于金融稳定。

②投资银行类平稳运行指标。上证综指、深证成指。投资银行的运行状态与证券市场具有紧密的联系，而证券市场稳定的重要表征就是各类综合指数波动情况，对于我国证券市场来说，上证综指收益率、深证成指收益率能够反映我国证券市场上大部分证券波动状态，从而应该被纳入我国投资银行的运行指标中[①]。

③保险机构类平稳运行指标。保险业资产收入比。保险公司作为金融系统的不可或缺的组成部分，随着金融创新的不断发展，保险行业对金融系统稳定发展的影响作用不断增强。保险业资产收入比用来反映保险机构的运行状态，可以说明保险机构的增长状况。

（2）金融系统风险承受能力指标。金融系统的稳定性还表现在金融系统对内部和外部风险的抵抗能力，良好的金融结构系统能够有效地缓解外部风险。金融系统风险承受能力可以从金融深化程度、市场流动性、房地产市场、外汇市场这四个方面对金融系统内部和外部经济环境变量因素进行测度。各指标选取依据具体解释如下：

---

① 林志平．我国资本市场稳定性问题探讨 [J]．证券市场导报，2011（3）：25-28.

①金融深化程度指标。该指标不属于 IMF 金融稳定性指标体系，但韩平等（2005）将其作为宏观经济评价最具代表性的指标之一。该指标主要体现在经济全球化发展背景下金融系统在经济系统中的地位，其中，序列值越大，说明金融深化程度越高，金融系统中潜在的风险就越多，金融系统越不稳定。

②市场流动性指标。换手率。证券市场中，微观经济主体的交易行为影响证券市场的流动性，市场流动性风险与市场换手率呈现正相关关系，随着投资者平均换手率的增加，证券市场流动性风险增加[①]。

同业拆借利率。同业拆借利率也是 IMF 金融稳定性指标体系中的基础指标，用来反映货币市场的流动性，同业拆借利率越高说明货币市场的资金成本越高，越不利于金融稳定。本书选取最具代表性的全国银行间同业拆借 7 天利率[②]。

③房地产市场指标。国房景气指数。自 2008 年次贷危机爆发之后，房地产市场价格指数被纳入 IMF 金融稳定性指标体系中，对我国房地产市场来说，最具代表性的就是国房景气指数。国房景气指数越高，说明房地产市场越稳定。

④外汇市场指标。实际有效汇率。虽然实际有效汇率不在 IMF 金融稳定指标之列，但实际有效汇率是用来反映一国外汇风险的常见指标，实际有效汇率越高说明一国承受的外汇风险越大，从而不利于一国金融体系的稳定。

外币贷款/总贷款。此指标包含在 IMF 金融稳定性指标体系中，因为外币贷款在总贷款中的比例增加会提高系统的信用风险，当本国货币币值发生波动时这种信用风险会进一步加大，从而不利于金融稳定。

5.1.4　我国金融系统稳定性测度

（1）数据的选取与处理。鉴于部分数据的可获得性，为保持数据统一，本部分以 2000 年 1 月至 2017 年 12 月我国金融系统月度数据为

---

① 梁丽珍，孔东民. 中国股市的流动性指标定价研究 [J]. 管理科学，2008，21（3）：85 – 93.

② 刘金全，张小宇，刘慧悦. 货币政策与股票收益率的非线性影响机制研究 [J]. 金融研究，2013（1）：38 – 52.

研究样本对我国金融系统稳定性进行测度。数据来源：国家统计局网站、Wind 数据库。

由于金融系统稳定性各指标属性和量纲量级的差异性，在进行综合指标测度之前，先对已得数据进行标准化处理。

①对指标属性的处理。从表 5 - 1 可以看出在所构建的我国金融系统稳定性评价指标体系中，各个指标的影响方向有所不同，有正向指标和负向指标的存在，如果将不同作用方向的基础指标直接合成则会造成合成指标反映信息的混淆，因此，对负向指标通过取相反数的方式改变其作用性质进而保持金融系统稳定性各指标作用方向的一致性。

②对数据季节性、频度的调整。为了保持数据的统一性，运用二次函数法对 GDP、商业银行不良贷款率等部分季度指标数据进行季度调整转化为月度数据处理。为了消除季度性因素的影响，使用 Census X12 法对 M2/GDP、国房景气指数、外部贷款/总贷款占比等具有季节性的数据进行季节调整。

③对量纲量级的处理。所选取的各指标中，由于包含金融数据的增长率、比率、指数等不同量纲和量级的数据，如果直接进行合成会因量纲量级的差距造成所得合成指数的失真，因此，本书采用标准差化方法对基础指标进行标准化处理。

（2）熵值法评价模型构建。熵值是对系统的无序程度的度量，也可以通过对指标离散程度的判定推断系统的稳定性，其中，熵值越小说明指标的离散程度越小，系统的有序程度较高，系统稳定性强，而熵值越大则说明系统无序度高，脆弱性增强。运用熵值法构建我国金融稳定性评价模型，对我国金融稳定性进行评价。因所构建金融系统稳定性评价指标体系中共有 12 个三级指标，选取 2000 年 1 月至 2017 年 12 月的年月度数据，时间跨度共计 216 个月，故样本区间内我国金融系统稳定性计算过程如下：

第一，根据所构建的金融系统稳定性评价指标体系计算该指标体系中不同变量在各期所占的指标值的比重 Y_{ij}：

$$Y_{ij} = \frac{X_{ij}}{\sum\limits_{i=1}^{12} X_{ij}} (0 \leqslant Y_{ij} \leqslant 1) \tag{5.1}$$

其中，在计算过程中将表 5 - 1 中的指标变量按照时间和从上到下的顺序形成指标体系的变量矩阵 X_{ij}，$i = 1, 2, \cdots, 12$；$j = 1, 2, \cdots, 216$。

第二，计算金融系统稳定性评价指标体系中第 j 项指标的信息熵值：

$$e_j = -N \sum_{i=1}^{12} Y_{ij} \ln Y_{ij} \qquad (5.2)$$

其中，$N = 1/\ln 12$

第三，计算金融系统稳定性评价指标体系中第 j 项指标的信息效用值：

$$d_j = 1 - e_j \qquad (5.3)$$

第四，金融系统稳定性评价指标体系中第 j 项指标的权重为：

$$w_j = \frac{d_j}{\sum_{j=1}^{m} d_j} \qquad (5.4)$$

第五，计算金融系统稳定性评价指标体系中第 i 个指标得分：

$$S_{ij} = w_j \times X_{ij} \qquad (5.5)$$

$$S_i = \sum_{j=1}^{n} S_{ij} \qquad (5.6)$$

（3）我国金融系统稳定性评价的实证分析。

①我国金融系统稳定性评价指标体系各变量权重计算。根据熵值法计算原理，对我国 2000 年 1 月至 2017 年 12 月金融系统相关数据进行金融系统稳定性的评价与测度，所得各级指标的权重如表 5 - 2 所示。

表 5 - 2　　　　　　　　金融系统稳定性评价指标权重

一级指标及权重	二级指标及权重	三级指标及权重		一级指标及权重	二级指标及权重	三级指标及权重	
金融体系平稳运行指标（0.6627）	商业银行（0.3204）	V_{11}	0.1563	金融系统风险承受能力指标（0.3373）	金融深化程度（0.0620）	V_{21}	0.0810
		V_{12}	0.0661		市场流动性（0.1489）	V_{22}	0.0180
		V_{13}	0.1818			V_{23}	0.0250
	投资银行（0.1869）	V_{14}	0.0346		房地产市场（0.0337）	V_{24}	0.1302
		V_{15}	0.0581		外汇市场（0.0927）	V_{25}	0.1335
	保险机构（0.0591）	V_{16}	0.0670			V_{26}	0.0054

$$FS = 0.1563V_{11} + 0.0661V_{12} + 0.1818V_{13} + 0.0346V_{14} + 0.0581V_{15}$$
$$+ 0.067V_{16} + 0.081V_{21} + 0.018V_{22} + 0.025V_{23} + 0.1302V_{24}$$
$$+ 0.1335V_{25} + 0.0054V_{26}$$

从表 5-2 中可以看出两个一级指标中，金融系统平稳运行指标所占权重更大为 0.6627，是我国金融系统稳定性的基础保障，但金融系统风险承受能力依然是金融系统稳定中不可忽视的因素（权重为0.3373）。金融体系平稳运行指标中，因我国是以银行为主导的金融结构体系，与传统金融机构相比，金融市场发展较晚，规模尚小，因此，金融机构的平稳运行在我国金融体系平稳运行中发挥较大的影响作用权重占比达到 0.3204。金融系统风险承受能力指标中，金融市场流动性是金融系统风险承受能力最大的影响因素，市场流动性有助于市场风险的分散和化解。

②我国金融系统稳定性评价结果及分析。根据所构建指标体系对我国 2000 年 1 月至 2017 年 12 月金融宏观审慎监管有效性进行综合评价，结果如图 5-1 所示。

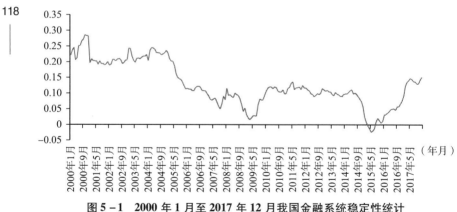

图 5-1　2000 年 1 月至 2017 年 12 月我国金融系统稳定性统计

从图 5-1 可以看出在研究样本期间内我国金融系统稳定性整体趋势是先降后升，主要变化分为五个阶段：2000 年 1 月至 2004 年 12 月；2005 年 1 月至 2009 年 7 月；2009 年 8 月至 2014 年 9 月；2014 年 10 月至 2015 年 12 月；2016 年 1 月至 2017 年 12 月。

第一阶段 2000 年 1 月至 2004 年 12 月，此阶段我国金融系统稳定性保持稳定，呈现整体向好趋势。这主要是因为 1997 年亚洲金融危机之后，我国经济保持了良好的发展势头，国内生产总值增长率连年上升，外资对我国经济增长预期提升，外汇储备逐步增加，股票市场也出现了恢复性上涨，为我国金融体系的良好运行提供了保障；另一方面，金融机构本身也逐步得到发展，各项监管不断加强，金融机构和金融市场的规范性不断增强，金融资产质量显著改善，金融系统内部潜在风险有效降低。

第二阶段 2005 年 1 月至 2009 年 7 月，此阶段金融系统稳定性降低，出现短期剧烈的下降。一方面，2005 年股权分置改革和人民币汇率制度改革给我国金融系统发展带来了较多的不确定性，市场中逐渐呈现经济过热、流动性过剩的局面，而金融结构的不合理又使得市场投资渠道不足，大量的资金涌入证券市场和房地产市场，从而导致我国资产价格和房地产价格呈现非理性的增长势态，特别是受出口大幅下降，经济增长放缓的影响，股票市场也出现了深度调整，金融系统内部风险积累。另一方面，2007 年末爆发的全球性金融危机，使得我国金融系统发展外部环境恶化，容易受到外部作用的影响，从而稳定性减弱。

第三阶段 2009 年 8 月至 2014 年 9 月，此阶段为全球金融危机后金融宏观审慎监管的调整期，我国金融稳定性处于稳定调整期。在这一阶段我国金融稳定性呈现平稳的波动，主要是虽然国际金融危机影响的逐渐减弱，但经济中为应对危机而采取的一系列措施的弊端也逐步显现，产能过剩、结构失衡等问题增加了经济系统的风险，货币当局为了解决金融稳定性恶化的局面，逐步采取措施，不断优化经济及金融结构，加强市场监督，到该阶段末，金融稳定性已经呈现逐步回升的势头。

第四阶段 2014 年 10 月至 2015 年 12 月，此阶段金融系统稳定性出现短期下降。这段时间内，面对实体经济发展中资金杠杆率过高的问题，2015 年中央经济工作会议提出"去杠杆"，使部分高杠杆企业不得不转型，实体经济中的不稳定因素增加。随着去杠杆从实体经济领域向金融领域的逐步推进，股市杠杆泡沫，上海证券交易指数从最高点5178 点，下跌到 2850 点，股票市场风险增强，从而使得金融系统脆弱性增强，从而导致这一阶段我国金融系统稳定性在短期内急剧下降。

第五阶段 2016 年 1 月至 2017 年 12 月，此阶段金融系统稳定性逐步增强。从外部环境来看，国际金融危机的影响逐步消退，外部经济环境不断优化；另一方面，我国政府也采取一系列的措施促进经济发展和金融系统优化，如逐步收紧的稳健性货币政策，优化金融体系的流动性；规范地方政府融资渠道，整顿融资环境；加强对房地产市场的监督和调控，加强资金流动性，调整金融结构。这些措施的实施都对我国金融稳定性的提升和金融宏观审慎监管有效性增强起到了重要的推动作用。

5.2　金融宏观审慎监管工具
有效性评价体系设计

在第 2 章对 VAR 类拓展模型特点分析基础上，结合宏观审慎监管工具特点，本部分选用定性向量自回归（Qual – VAR）模型既能够揭示不同金融宏观审慎监管工具对金融系统稳定的动态政策效应，又能够反映不同政策效应实施效果。通过 MCMC 模拟算法将金融宏观审慎监管的二元信息变量变为连续变量，之后运用 Qual – VAR 脉冲响应函数分析不同类别金融宏观审慎监管工具实施效果的时间路径，最后，对比分析不同类别金融宏观审慎监管工具的有效性。

5.2.1　Qual – VAR 模型的适用性

杜克（Dueker，2005）首次建立 Qual – VAR 模型用于对货币政策效果的研究中，打破了以往对间断性政策研究实证模型的局限性。之后，学者们开始运用 Qual – VAR 模型对贷款价值比（LTV）和债务收入比等金融宏观审慎监管工具在韩国、中国香港以及新加坡实施的效果进行对比分析，拓展 Qual – VAR 模型应用领域（Tillmann，2015；Lee et al.，2016）。杨昊龙等（2017）通过 Qual – VAR 模型得出四种不同类别的金融宏观审慎监管工具潜变量并对不同金融宏观审慎监管工具在金砖国家中实施效果进行比较分析。荆中博和方意（2018）则在此基础上选取金融宏观审慎监管工具中比较具有代表性的贷款价值比、法定准备金率分析工具有效性的同时对工具实施的靶向性进行判别对我国金融宏观审慎监管政策制定具有较强的现实指导意义。通过对已有研究分析发现 Qual – VAR 模型适用于对金融宏观审慎监管工具有效性的评价研究，具有以下优势：

第一，Qual - VAR 可以同时处理不同类别的金融宏观审慎监管工具，将政策公布期定为 1，其他时期为 0，通过政策环境模拟得到金融宏观审慎监管工具变量的潜变量，解决金融宏观审慎监管政策实施数据的间断性问题。

第二，Qual - VAR 模型中以实际金融监管系统中不同的金融宏观审慎监管工具为研究对象，与 DSGE 模型的假设相比更能够真实地反映金融宏观审慎监管政策实施过程和政策当局的监管导向。

第三，Qual - VAR 模型具有传统 VAR 模型的脉冲响应模拟优势，能够通过脉冲响应分析不同金融宏观审慎监管政策实施给金融系统稳定带来的冲击作用及其随时间演化规律。

第四，Qual - VAR 模型中金融宏观审慎监管政策工具被作为内生变量，解决模型的内生性问题，可以通过 VAR 的动态冲击反应分析政策实施效应。

因此，本部分在已有研究基础上，将 Qual - VAR 模型运用到对我国金融宏观审慎监管工具有效性评价中，从金融宏观审慎监管工具作用的时间路径和影响力度两个方面分析不同类别金融宏观审慎监管工具的有效性[1]。

121

5.2.2　金融宏观审慎监管工具有效性评价体系构建

（1）Qual - VAR 模型的构建。用二元选择变量 y_t 表示我国金融宏观审慎监管工具，$y_t \in \{0，1\}$，其中，$y_t = 1$ 表示实施宏观审慎政策，$y_t = 0$ 表示未实施宏观审慎政策。假设存在潜变量 y_t^*，当二元选择变量 $y_t = 1$ 时，潜变量 $y_t^* > 0$；当二元选择变量 $y_t = 0$ 时，潜变量 $y_t^* \leqslant 0$。同时假设潜变量具有内生性，潜变量由二元选择变量和其他宏观经济变量共同决定。

为估计不可观测的连续潜变量 y_t^*，运用动态 Probit 模型建立结构模型：

$$y_t^* = \alpha y_{t-1}^* + \beta X_{t-1} + \eta_t \tag{5.7}$$

---

[1]　叶欢. 宏观审慎政策工具的有效性——基于中国、中国香港和韩国数据的研究［J］. 管理评论，2018.30（2）：42 -51.

其中，X_{t-1} 为解释变量，α 和 β 为模型的待估参数，η_t 为随机扰动项且服从正态分布，$t = 1, 2, \cdots, T$。

金融宏观审慎监管政策以金融系统稳定为目标，同时也受物价水平、经济发展水平以及货币政策等外部变量的影响，因此建立包含 K 个内生变量的 P 阶滞后 Qual – VAR 模型：

$$\Phi(L)Y_t = \mu + \varepsilon_t \tag{5.8}$$

其中，$Y_t = \begin{pmatrix} X_t \\ y_t^* \end{pmatrix}$，$X_t$ 包括金融稳定、物价水平、经济增长、货币政策等变量，y_t^* 为宏观审慎政策的连续潜变量，$\Phi(L)$ 为 $L = 0, 1, \cdots, p$ 的一系列 $K \times K$ 阶矩阵，且当 $L = 0$ 时，$\Phi(0)$ 为单位矩阵。μ 为方程组的截距项，ε_t 为均值为零服从正态分布的随机扰动项，残差的协方差矩阵用 $\sum$ 表示。

（2）动态 Probit 模型的参数估计。动态 Probit 模型的参数估计有最大似然估计和马尔科夫链—蒙特卡洛（Markov Chain Monte Carlo，MCMC）两种方法，本部分选择较为简捷的 MCMC 算法。MCMC 算法可以解决因非线性随机波动导致的似然函数难以获得问题（Nakajima，2011）。利用所构建的金融宏观审慎政策 VAR 模型中多变量相互作用和宏观审慎监管政策的二元变量估计不同政策环境下宏观审慎监管政策的潜变量。应用 MCMC 算法需要满足一下三个假定条件：VAR 系数 Φ 服从正态分布；协方差矩阵 $\sum$ 服从逆 Wishart 分布；当 $y_t = 1$ 时，连续潜变量 y * 为正值，且服从截尾正态分布。

运用 Gibbs 抽样法随机抽取样本迭代 10000 次，为保持模拟结果的独立性舍弃前 2000 次，得到金融宏观审慎监管潜变量。

5.3 金融宏观审慎监管工具有效性评价实证研究

5.3.1 数据来源与变量说明

（1）金融宏观审慎监管工具数据统计。按照监管工具作用路径的不同将我国实施的金融宏观审慎监管政策工具分为流动类、信贷类、资本类、税收类四个类别，如表 5 – 3 所示，并对 2000 ~ 2017 年我国四类金融宏观审慎监管工具及其使用情况统计如表 5 – 4 所示。

表 5 – 3　　　　　　　　　金融宏观审慎监管工具类别

金融宏观审慎监管工具类别	金融宏观审慎监管工具名称
流动类工具	差别准备金动态调整机制；
	流动性附加缓冲
信贷类工具	贷款价值比（LTV）上限；
	债务收入比（DTI）上限
资本类工具	逆周期资本缓冲；
	永久性资本留存缓冲；
	系统重要性金融机构资本附加；
	动态拨备要求；
	杠杆率要求
税收类工具	房地产交易税；
	土地交易增值税；
	个人所得税；
	金融操作税（IOF）

资料来源：根据 IMF（2013）和杨昊龙（2017）相关内容整理所得。

表 5 – 4　　　　　　不同类别金融宏观审慎监管工具使用情况

方式	流动类工具	信贷类工具	资本类工具	税收类工具	合计
宽松	3	3	1	5	12
紧缩	33	5	3	7	48
合计	36	8	4	12	60

资料来源：根据中国人民银行网站和中国银监会网站相关内容整理所得。

通过表 5 – 3 和表 5 – 4 中的统计信息可以看出 2000 ~ 2017 年间我国流动类宏观审慎监管工具实施次数最多，共计 36 次；税收类宏观审慎工具实施次数次之，资本类宏观审慎监管工具实施次数最少仅 4 次。

下面运用 Qual – VAR 模型对我国不同类别宏观审慎监管工具的有效性进行分析。

（2）数据选取与处理。

金融宏观审慎监管政策目标变量：金融宏观审慎监管以金融稳定为目标，因此，选用前面构建的金融系统稳定性指标为金融宏观审慎监管政策目标变量。

金融宏观审慎监管工具变量：选取我国金融宏观审慎监管政策实施中的流动类、信贷类、资本类、税收类监管工具作为金融宏观审慎监管工具变量。

控制变量：金融宏观审慎监管政策的实施与一国所处的宏观经济状态相关，因此选取通货膨胀指标、经济增长指标以及货币政策指标作为控制变量。因本书分析过程采用月度数据，基于数据的完整性和可得性，通货膨胀指标选取 CPI 同比增长率，经济增长指标选取工业增加值同比增长率，货币政策指标选取广义货币供给 M2 增长率。

为消除季节因素影响，使用 Census X12 法对相关变量进行季节调整。为保持数据量纲和量级的统一性对各变量数据进行标准化处理。数据来源于 Wind 数据库、中国人民银行网站及前期整理计算。

各变量如表 5 – 5 所示。

表 5 – 5　　　金融宏观审慎监管工具有效性评价的相关变量说明

变量种类	变量名称	变量符号	变量定义
金融宏观审慎监管政策目标	金融稳定	FS	金融系统稳定性指标
金融宏观审慎监管工具变量	流动类工具	PP_1	流动类工具潜变量
	信贷类工具	PP_2	信贷类工具潜变量
	资本类工具	PP_3	资本类工具潜变量
	税收类工具	PP_4	税收类工具潜变量
控制变量	物价水平	CPI	通货膨胀率
	经济增长	AVI	工业增加值增长率
	货币政策	M2	广义货币供给增长率

（3）平稳性检验。因 Qual - VAR 模型所得潜变量均为平稳时间序列，为防止后续检验及模型分析中出现伪回归现象，在求解金融宏观审慎监管工具潜变量之前先对其他变量平稳性进行检验。各变量的 ADF 检验结果如表 5 - 6 所示。

表 5 - 6　　金融宏观审慎监管工具有效性评价的相关变量平稳性检验

指标	检验形式	T 统计量	临界值	P 值	平稳性
FS	（C，0，1）	- 1.888449	- 2.573951 *	0.3374	不平稳
FS（- 1）	（C，0，1）	- 13.37384	- 3.460884 ***	0.0000	平稳
CPI	（C，0，1）	- 2.779609	- 2.574346 *	0.0630	平稳
CPI（- 1）	（C，0，1）	- 6.297522	- 3.462574 ***	0.0000	平稳
AVI	（C，0，1）	- 0.931428	- 2.574385 *	0.7767	不平稳
AVI（- 1）	（C，0，1）	- 6.371804	- 3.462574 ***	0.0000	平稳
M2	（C，0，1）	- 2.239385	- 2.574019 *	0.1931	不平稳
M2（- 1）	（C，0，1）	- 6.293172	- 3.461178 ***	0.0000	平稳

注：*** 、** 、* 分别表示在1%、5%、10%的显著水平下显著。

通过平稳性检验可以看出 FS、AVI、M2 均为非平稳数据，而各变量一阶差分处理后均为平稳时间序列，因差分处理不改变数据相关性，故在之后实证分析中各变量均采用一阶差分处理后的变量数据进行研究。

5.3.2　金融宏观审慎监管潜变量

根据 Qual - VAR 模型，运用 Winrats 软件构建模型得出我国 2000 年 1 月至 2017 年 12 月期间实施各类金融宏观审慎监管工具的潜变量。

（1）流动类工具潜变量，如图 5 - 2 所示。

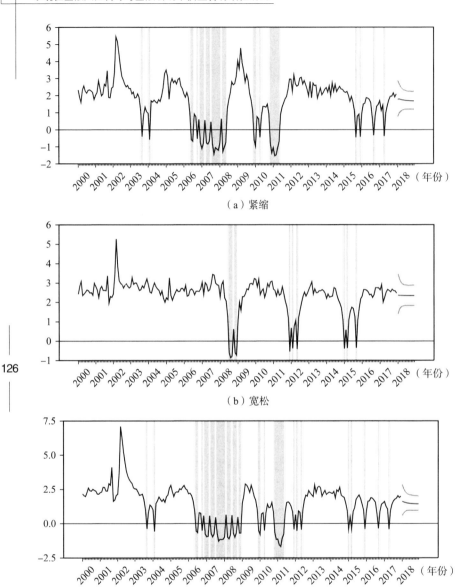

（a）紧缩

（b）宽松

（c）整体

图 5 - 2　流动类工具潜变量

（2）信贷类工具潜变量，如图 5 - 3 所示。

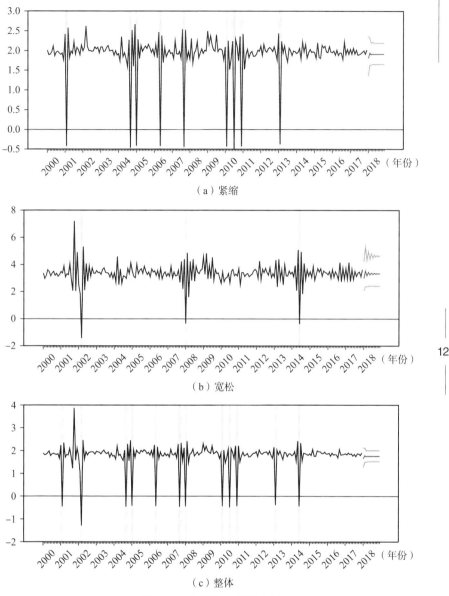

（a）紧缩

（b）宽松

（c）整体

图 5-3 信贷类工具潜变量

（3）资本类工具潜变量，如图 5-4 所示。

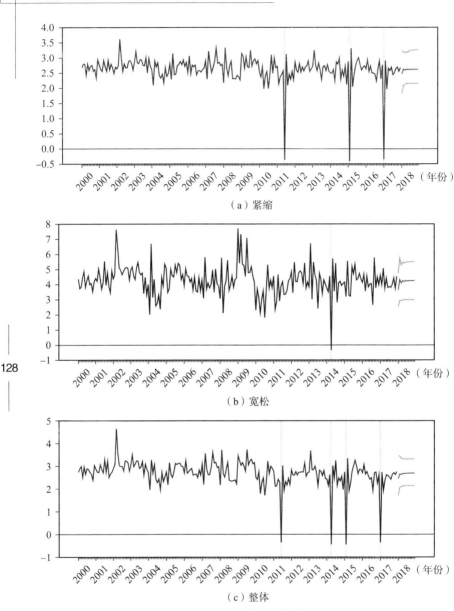

图 5 - 4　资本类工具潜变量

（4）税收类工具潜变量，如图 5 - 5 所示。

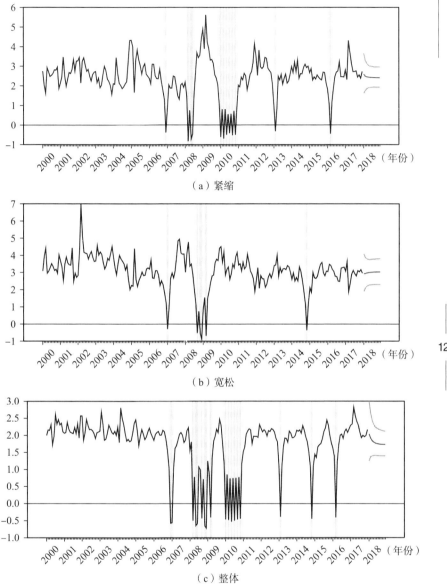

（a）紧缩

（b）宽松

（c）整体

图 5－5　税收类工具潜变量

由图 5－2、图 5－3、图 5－4、图 5－5 所得的金融宏观审慎监管工具潜变量具有如下特征：第一，金融宏观审慎监管政策潜变量具有连续性，改变了原有政策工具间断性造成的实证分析数据不足。第二，金融宏观审慎监管政策工具潜变量与政策工具实施趋势相一致，由潜变量波动图可以看出在政策实施时，金融宏观审慎监管政策潜变量均出现较大的波动性。第三，金融宏观审慎监管潜变量具有政策波动性，由四组图中的潜变量波动状态可以看出当监管部门加强金融宏观审慎监管时潜变量的波动频率也会加强，这也从侧面反映了模拟所得出的金融宏观审慎监管政策工具潜变量的有效性。

5.3.3 金融宏观审慎监管工具脉冲响应分析

通过模拟运算得到金融宏观审慎监管工具潜变量之后分别建立包含金融稳定和金融宏观审慎监管工具潜变量的 VAR 模型，通过实施一个标准差的外部冲击，得出四种金融宏观审慎监管工具在不同状态下对金融稳定的脉冲响应。通过滞后期数的多次试验结果比较发现所得到的脉冲响应大多在 24 期后趋于稳定，因此，选取不同金融宏观审慎监管工具 24 期脉冲效果进行比较分析金融宏观审慎监管工具的作用方向及随时间演化趋势。

（1）流动类金融宏观审慎监管工具脉冲响应。图 5 - 6 为实施紧缩和宽松的流动类金融宏观审慎监管工具对金融稳定的冲击响应。从图 5 - 6（a）可以看出实施紧缩的流动类金融宏观审慎监管工具时短期内会引起金融系统的不稳定但是中长期会使金融系统稳定性增加。具体来看，第 6 期之前紧缩的流动类宏观审慎政策的实施会降低金融系统的稳定性，第 8 期之后这种负向影响作用转为正向促进作用。究其原因在于紧缩的流动类宏观审慎政策的实施在降低市场流动性的同时也降低了资金使用效率，基于资本市场和货币市场的信息敏感性会降低两个市场运作效率。但是从长期来看，紧缩的流动性金融宏观审慎监管会优化资金运作路径，挤压市场中的资金泡沫，促进金融系统完善发展。图 5 - 6（b）则说明当市场流动性不足时，实施宽松的流动类金融宏观审慎政策在短期内会促进市场流动性提升，优化资金运作效率，但是从长期来看宽松的流动类宏观审慎政策会造成市场流动性过度，使金融系统不稳定因素增加。

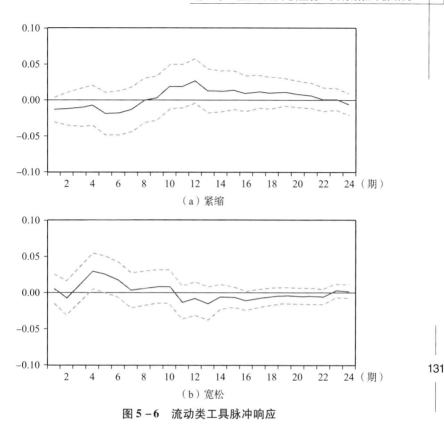

（a）紧缩

（b）宽松

图 5 - 6　流动类工具脉冲响应

　　（2）信贷类金融宏观审慎监管工具脉冲响应。图 5 - 7 为实施紧缩和宽松的信贷类金融宏观审慎监管工具对金融稳定的冲击响应。从图 5 - 7（a）可以看出实施紧缩的信贷类金融宏观审慎监管工具时短期内会引起金融系统的不稳定但随着时间的推移作用逐渐减弱。具体来看，这种负向的影响作用可以持续到第 12 期，之后紧缩的信贷政策对金融稳定的负向作用逐渐消失。这是因为紧缩的信贷政策在短期内会减少金融系统资金流通总量，提高市场融资成本进而降低金融系统效率，但是在金融系统资金流动性过剩或资金泡沫化的情况下，紧缩的信贷政策则正好可以起到回笼资金的作用，有助于金融宏观审慎监管目标的实现。图 5 - 7（b）则说明宽松的信贷类金融宏观审慎监管工具的作用不稳定，也正是由于这种政策工具的作用效果不显著，我国在进行宏观金融调控时也较少使用该类政策工具。

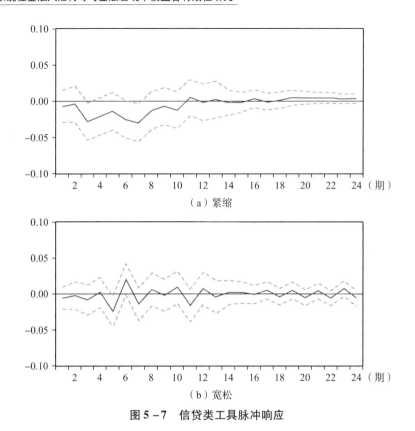

（a）紧缩

（b）宽松

图 5 - 7　信贷类工具脉冲响应

（3）资本类金融宏观审慎监管工具脉冲响应。图 5 - 8 为实施紧缩和宽松的资本类金融宏观审慎监管工具对金融稳定的冲击响应。从图 5 - 8（a）可以看出实施紧缩的资本类金融宏观审慎监管工具时短期内会促进金融系统的稳定增加但随着时间的推移作用逐渐减弱。从脉冲响应结果来看，紧缩的资本类宏观审慎政策效用时间为 8 期，在第 8 期之前对金融系统稳定具有正向促进作用。而图 5 - 8（b）则反映实施宽松的资本类金融宏观审慎监管政策对金融系统稳定的影响不显著，容易受到政策环境的影响而呈现不稳定状态。从我国资本类金融宏观审慎监管政策潜变量的模拟来看，我国资本类金融宏观审慎工具开始使用的时间较晚，但随着我国资本市场的不断发展该类金融宏观审慎监管政策才开始引起监管部门的重视，并逐步尝试应用于金融宏观审慎监管调控中。

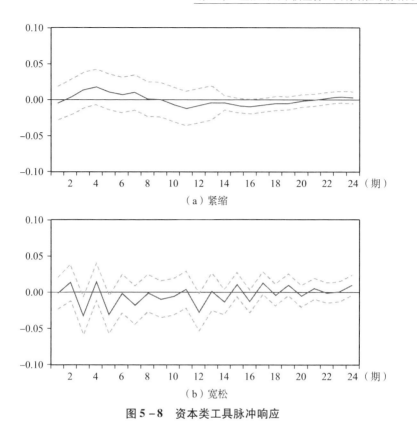

（a）紧缩

（b）宽松

图5-8 资本类工具脉冲响应

（4）税收类金融宏观审慎监管工具脉冲响应。图5-9为实施紧缩和宽松的税收类金融宏观审慎监管工具对金融稳定的冲击响应。从图5-9（a）可以看出实施紧缩的税收类金融宏观审慎监管工具时短期内会促进金融系统的稳定增加但后期政策效果不稳定。具体来看，第3期之前紧缩的税收类金融监管政策效果较为显著，有效促进金融系统稳定，但是第4期至第12期税收类政策的弊端开始显现，对金融系统稳定产生不利影响。之后随着金融系统自我调节适应政策影响逐渐消失。图5-9（b）则说明宽松的税收类宏观审慎工具开始实施之初会带来金融系统的不稳定，但是这种不良反应很快消失，转而对金融系统产生较好的促进作用并可以维持到第5期左右。之后宽松税收政策对金融系统稳定产生负向影响作用，但这种作用随着时间的推移也逐渐减弱。税收类政策短期效果的显著与我国政府主导型金融结构有关，在政府主导型金融结构体系下，政府政策对金融系统的影响较为显著，这也是我国税收类金融宏观审慎监管政策实施次数偏多的原因。

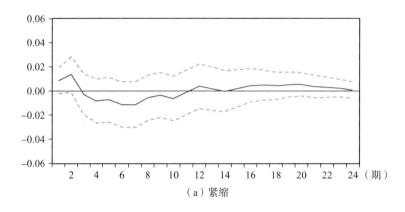

（a）紧缩

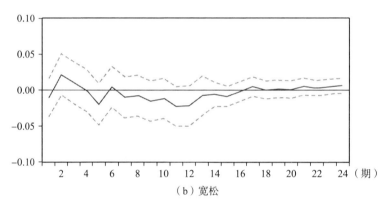

（b）宽松

图 5 - 9　税收类工具脉冲响应

5.3.4　金融宏观审慎监管工具的有效性分析

脉冲响应分析了不同政策环境下各类金融宏观审慎监管工具对金融系统稳定的影响冲击作用，不同政策工具的贡献效果则可以通过方差分解分析实现。表 5 - 7 列示不同政策环境下流动类、信贷类、资本类以及税收类金融宏观审慎监管工具对金融系统稳定的影响程度。通过表 5 - 7 方差分解结果可以看出到 24 期各类政策工具的结果都较为稳定，能够反映不同政策工具对金融系统稳定的影响程度。

表 5 - 7　　金融宏观审慎监管工具有效性方差分解结果分析

期数	流动类工具（紧缩）	流动类工具（宽松）	信贷类工具（紧缩）	信贷类工具（宽松）	资本类工具（紧缩）	资本类工具（宽松）	税收类工具（紧缩）	税收类工具（宽松）
1	0.000000	0.000000	0.000000	0.000000	0.000000	0.000000	0.000000	0.000000
2	0.015028	1.875728	0.144069	0.000423	0.120887	0.143801	0.771169	2.652079
3	2.288099	2.442537	0.143364	0.023876	0.420831	0.149673	2.249850	3.404470
4	2.364635	2.542166	0.192831	0.227219	0.752323	0.449919	3.543513	3.619600
5	2.614243	3.014256	0.191986	0.549602	0.803491	0.454897	3.633907	3.936810
6	2.569395	3.368711	0.998826	0.589112	1.341610	0.923672	4.036015	3.855654
7	2.587497	3.657239	2.015300	0.781297	1.355092	0.924115	4.285064	3.856575
8	2.611951	3.700887	2.015446	1.283852	1.363265	1.034670	4.278779	3.894689
9	2.585948	8.324224	2.078775	1.318551	3.023780	1.031168	6.099802	5.399596
10	3.133970	11.86376	2.086334	1.344413	3.022224	1.258474	6.839770	9.471136
11	4.888872	11.85930	2.213089	2.509877	3.024391	1.257685	6.870706	9.920697
12	4.971188	11.81905	2.685581	2.508508	3.991330	1.302491	7.172935	10.21663
13	4.812722	11.44447	3.282276	2.934060	3.944642	1.272420	6.981060	10.32399
14	4.879383	11.50947	3.495172	3.307809	3.993502	1.318232	7.129580	10.41529
15	4.945002	11.52902	3.618557	3.354406	4.043805	1.346385	7.159906	10.43954
16	5.081420	11.60910	3.621823	3.345022	4.083053	1.403089	7.521026	10.44968
17	5.077740	11.63623	3.742875	3.424605	4.115496	1.400803	7.654917	10.44456
18	5.078406	12.21760	3.730281	3.422424	4.127307	1.504202	7.660301	10.45360
19	5.144229	12.23032	3.783091	3.466405	4.133577	1.504216	7.725901	10.45235
20	5.145523	12.24012	3.783919	3.728328	4.139491	1.543697	7.766530	10.48162
21	5.200940	12.28924	3.777813	3.816393	4.231317	1.550228	8.056991	10.64861
22	5.294628	12.59057	3.778341	3.839724	4.237258	1.565573	8.273252	10.86633
23	5.344762	12.62959	3.781925	3.938161	4.251592	1.565566	8.305332	10.91308
24	5.348278	12.70658	3.785767	3.948046	4.334918	1.577605	8.399172	10.97853

　　为对比不同政策环境下我国各类金融宏观审慎监管政策工具的有效性将其分类整理如图 5 - 10 和图 5 - 11 所示。

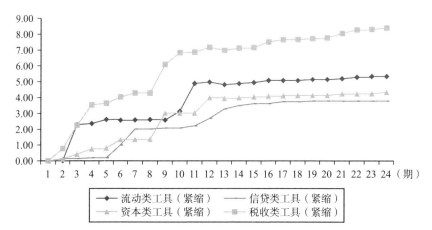

图 5 – 10   紧缩金融宏观审慎监管政策下各类监管工具有效性分析

图 5 – 10 表明，在紧缩金融宏观审慎监管政策环境下，流动类、信贷类以及资本类金融监管工具对金融稳定的影响力度在 5% 以下，说明这三类政策工具对金融稳定的调控力度较小，而税收类工具对金融稳定的影响力度在 8% 左右，说明相比其他类金融监管工具来说，实施紧缩性的金融宏观审慎监管时税收类政策工具对我国金融稳定的调控力度较为明显。这主要是由于我国政府主导型金融结构体系下，相比发达国家和地区，市场化发展水平较低，通过政府主导政策的调控更容易实现金融宏观审慎监管目标。

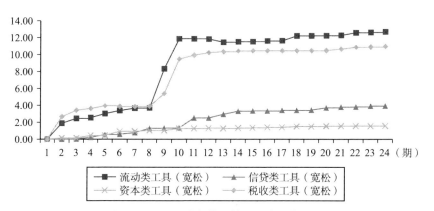

图 5 – 11   宽松金融宏观审慎监管政策下各类监管工具有效性分析

图 5 - 11 表明，在宽松的金融宏观审慎监管政策环境下，信贷类和资本类金融宏观审慎监管工具对金融稳定的影响力度较小不足 5%，流动类和税收类金融宏观审慎监管工具的调控力度较为显著在 10% 以上。这说明当实施宽松的金融宏观审慎监管调控时政府可以选择流动类政策工具通过加强资金流动性提高市场效率，同时还可以通过制定宽松的税收激励政策实现金融宏观审慎监管目标。

从对金融宏观审慎监管工具有效性的整体研究来看，结合第 4 章对金融宏观审慎监管工具传导路径分析可知在我国政府主导型金融结构下，税收类监管工具政策传导路径短，作用较为直接，作用效果显著，更适用于短期快速的风险调控。相比之下，通过流动类、信贷类、资本类工具在金融系统中的传导路径可以看出这三类工具具有更多的市场化特点，主要通过金融机构的调控作用于经济金融系统，故而政策传导路径较长，在实施的过程中可能会受到金融系统中其他因素或者其他宏观政策实施的影响而使得政策实施的效果被弱化，故而效果显著性不如税收类工具，但从金融系统的长期整体稳定性发展来看基于市场化的流动类、信贷类、资本类工具更有利于金融系统机制的自我优化和完善。

137

5.4　本章小结

本章通过构建金融系统稳定性评价指标体系对我国金融宏观审慎监管状态进行评价，在此基础上构建 Qual - VAR 模型对不同政策环境下不同类别金融宏观审慎监管工具的有效性进行比较研究，并基于方差分解结果对不同类别金融宏观审慎监管工具的有效性进行补充分析，探究金融宏观审慎监管工具实施的动态政策效应和实施效果。得出如下结论：

（1）构建我国金融系统稳定性评价指标体系对我国金融宏观审慎监管状态进行评价。在金融系统基本平稳运行方面，基于我国当前的金融结构和不同类别金融机构在金融系统中的占比选取代表商业银行、投资银行、保险机构平稳发展的相关指标；在金融系统风险承受能力方面从金融深化程度、市场流动性、房地产市场、外汇市场这四个方面对金融系统内部和外部经济环境变量因素进行测度。基于熵值法构建金融系统稳定性评价指标体系对我国金融系统状态以及宏观审慎监管有效性进行评价。通过对 2000 年 1 月至 2017 年 12 月期间我国金融系统稳定进行评价研究结果显示我国金融稳定性整体趋势是先降后升，分为五个主要的变动阶段，这五个阶段与我国金融系统的实际发展状况保持一致，说明金融系统稳定性评价指标体系能够反映我国金融宏观审慎监管效果。

（2）运用脉冲响应分析金融宏观审慎监管工具作用效果。紧缩的流动类金融宏观审慎监管工具短期内会引起金融系统的不稳定但是中长期会使金融系统稳定性增加；宽松的流动类金融宏观审慎政策在短期内会促进市场流动性提升，优化资金运作效率。宽松或紧缩的信贷类金融宏观审慎监管政策的作用效果不稳定，在我国的调控效果不明显，故较少使用该类政策工具。紧缩的资本类金融宏观审慎监管工具短期的调控作用显著，而宽松的资本类金融宏观审慎监管工具则受所处政策环境影响政策效果不稳定，但随着我国市场开放性的提升，资本类监管工具的实施在逐步加强。紧缩的税收类金融宏观审慎监管工具短期内会促进金融系统的稳定增加但后期政策效果不稳定，宽松的税收类宏观审慎工具作用效果发挥则需要时间较长。

（3）对不同类别金融宏观审慎监管工具的有效性进行比较。在我国政府主导型金融结构体系下，紧缩金融宏观审慎监管政策下税收类政策工具的调控力度最大，宽松的金融宏观审慎监管政策下流动类和税收类政策工具的实施效果更加显著。结合第 4 章不同类别金融宏观审慎监管工具传导路径分析可知税收类监管工具更适用于短期快速的风险调控。相比之下，流动类、信贷类、资本类工具则更适用于长期金融系统优化调控。

第6章 我国金融宏观审慎监管政策协调有效性研究

随着社会经济系统复杂性增强，经济系统要素之间关联性增加，货币政策、微观审慎政策等经济政策的调控会通过金融系统内部传导影响金融宏观审慎监管政策的实施效果。而财政政策、产业政策等政策则会通过外部环境的变动对金融宏观审慎监管政策产生影响，因此，金融宏观审慎监管政策的有效性提升必须要考虑与其他经济政策的协调运作。本章基于金融宏观审慎监管政策目标（金融稳定）分析我国金融宏观审慎监管政策与货币政策、微观审慎政策等其他经济政策之间的协调性，对我国金融宏观审慎监管制度改革路径选择具有借鉴意义。

6.1 金融宏观审慎监管政策协调理论基础

6.1.1 宏观调控政策协调理论

自 20 世纪 50 年代以来，特别是随着对外开放条件下的经济均衡研究的深入，学者们开始研究宏观调控政策之间的协调，其中，丁伯根法则和蒙代尔提出的有效市场分类原则为开放条件下宏观经济政策的协调研究奠定理论基础。

6.1.1.1 丁伯根法则

（1）丁伯根法则内容。诺贝尔经济学家丁伯根（Tinbergen，1956）在研究经济政策目标与经济政策工具之间关系时提出丁伯根法则，用于分析宏观政策协调性。其模型表述为存在两个政策目标 T_1 和 T_2，其对应的政策工具分别表示为 I_1 和 I_2，为同时实现两个政策目标构建目标工具函数为：

$$T_1 = \alpha_1 I_1 + \alpha_2 I_2 \tag{6.1}$$

$$T_2 = \beta_1 I_1 + \beta_2 I_2 \tag{6.2}$$

只要两种政策工具之间线性无关，即 $\alpha_1/\beta_1 \neq \alpha_2/\beta_2$，则可以求解两种政策的最优目标，及其政策工具的最优水平。当 $\alpha_1/\beta_1 = \alpha_2/\beta_2$ 时，说明两种政策工具之间存在相互作用关系，也就意味着不同工具对两种政策具有相同的影响，决策者可以通过一种工具的调控实现两种政策目标，但这在现实中较难实现。

丁伯根法则下政策目标实现具有以下特点：一是政府拥有对各类政策工具的绝对控制权，且可以通过多种政策的调控实现政策目标；二是对于不同政策工具的调控目标没有明确说明。但随着市场化进程的深入，这两种情况与现实政策调控不符。

（2）基于丁伯根法则的政策协调性分析。传统经济学理论分析认为货币政策目标：物价稳定、充分就业、经济增长、国际收支平衡、金融稳定之间存在矛盾，不能同时实现。根据丁伯根法则，政策目标与政策工具的数量应该是相对应的，政策工具之间保持相对的独立性，因此，要实现多个政策目标需要多种相互独立的政策工具分别实施。

单一的货币政策实施难以实现五个目标，例如当货币政策以金融稳定为目标时，政策当局会通过提高利率等方式缓解信贷压力，降低市场风险，但是由于市场预期的存在，市场会提前对政策当局的调控进行预期的自我调节，造成政策无效。如果采用宏观审慎政策工具对金融系统稳定性进行调控，货币政策主要盯住物价稳定目标，则可以通过不同政策工具的配合同时实现两个政策目标。因此，在现实的经济政策实施过程中要实现社会经济系统的稳定发展，也需要多种政策的配合。可以通过金融宏观审慎监管政策工具实现金融稳定目标、汇率政策工具实现国际收支平衡目标、货币政策调控物价水平、财政政策实现充分就业、产业政策促进经济增长，通过多种政策的协调配合，促进经济的可持续稳定发展。

6.1.1.2　有效市场分类原则

有效市场分类原则是美国经济学家蒙代尔（Mundell，1961）在

"丁伯根法则"的基础上对政策协调问题的进一步研究。他认为丁伯根法则中假设政府可以对不同政策工具进行集中控制，并可以通过不同政策工具的调控配合实现多种政策目标。现实中往往是不同政策工具分别掌握在不同的决策者手中，且这些决策者在制定政策过程中是相互独立的，这种状态下丁伯根最优政策目标就很难实现。有效市场分类原则的核心观点为对于某一政策目标而言存在相对最优的政策工具，在多政策目标情况下可以通过相对优势政策工具之间的协调搭配达到最佳调控效果。

例如，金融宏观审慎监管政策在防范金融系统风险方面具有比较优势，其主要对应的目标应该是金融稳定，货币政策则对通货膨胀的影响效果显著，其主要对应政策目标应该为物价稳定，财政政策可以通过对产业的支持调整经济结构优化，其主要对应政策目标在当前应偏重于经济稳定增长。根据"有效市场分类原则"开放经济条件下政策调控的目标就是通过不同政策工具的组合，发挥政策协调作用，实现经济内外均衡发展。

6.1.2　金融宏观审慎监管政策与其他经济政策协调关系框架

141

金融宏观审慎监管政策与货币政策、微观审慎监管政策、财政政策等既相对独立又相互补充，既各有侧重又有共同的政策目标。金融宏观审慎监管政策与其他经济政策的协调是金融宏观审慎监管政策有效实施的外部政策基础，因此，有必要对金融宏观审慎监管政策与其他政策之间的协调性进行研究。图 6 - 1 对金融宏观审慎监管政策与其他经济政策之间关系进行分析，是本章研究开展的框架基础。其中，货币政策侧重于调节经济周期，以物价稳定为主要目标，宏观审慎政策侧重于调节金融周期，以金融稳定为目标；微观审慎监管侧重对金融系统的非系统性风险进行监管，而金融宏观审慎监管则从系统性风险防范的角度实施金融系统监管；资本流动管理政策通过一国资本流动管理稳定经济发展，金融宏观审慎监管则通过逆周期资本调控减少金融系统风险积累；财政政策通过调控税收实现国家资源的配置和国民收入的调控，宏观审慎政策更偏重金融资源的配置调节；产业政策运用产业措施调节经济发展结构，而宏观审慎政策则通过动态拨备调节金融系统资金状况。

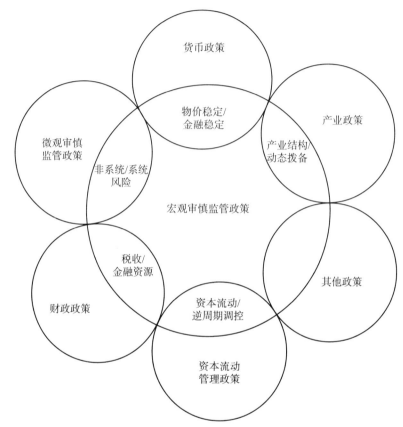

图 6-1　金融宏观审慎监管政策与其他经济政策协调框架

6.2　金融宏观审慎监管政策与货币政策的协调有效性研究

由于货币政策和金融宏观审慎监管政策目标不同，在政策实施过程中，可能因目标不同存在一定程度上的冲突，也可能因政策目标的关联性而相互补充，协调促进，本节在对金融宏观审慎监管政策与货币政策相互作用机理分析基础上，通过非线性门限模型验证两种政策目标的协调性及协调区间，为两种政策的调控提供依据。

6.2.1　金融宏观审慎监管政策与货币政策协调作用机理

（1）金融宏观审慎监管政策对货币政策影响的作用机理。由于金融宏观审慎监管政策的目标为维护金融系统稳定，所以其将政策调控的重心放在系统性风险防范上，对经济增长、价格稳定、社会效率等方面关注有限。但是金融宏观审慎监管政策在发挥效用的过程中，可能会对经济产出、价格稳定存在负面作用，其影响方式和程度因具体政策工具而有所差异。此外，金融宏观审慎监管作为一个仍处于发展中的政策体系，尚需要不断探索，难免出现政策不到位或政策用力过猛的情形，可能对金融系统甚至整体经济系统造成损害。另外，恰当的金融宏观审慎监管又可以减少货币政策对金融稳定的副作用，并通过缓解单独使用货币政策造成的政策困境，为货币政策创造更多的操作空间。

一是针对紧缩货币政策导致的不良贷款率上升问题，可以事先使用DTI。加强 DTI 能够减少因利率升高而对借款人偿债能力的冲击，从而避免紧缩货币政策在一些国家曾引发的较大负面影响，这有助于保护银行的资产质量，减少不良贷款率大幅上升对金融市场的冲击。

二是一些金融宏观审慎监管工具可用来控制金融机构的冒险行为，如提高银行的逆周期资本缓冲或杠杆率要求，有助于限制银行在宽松货币政策下的冒险行为和杠杆过高的情况，并且银行将拥有更多的缓冲以吸收坏账风险。

三是当宽松货币政策引起资产价格泡沫时，LTV 等工具可用于控制价格泡沫，即 LTV 可以通过控制信贷增长和改变市场预期，减缓房价上涨的速度。此外，金融宏观审慎监管工具还可以为非预期冲击提供缓冲，从而减少货币政策实施中可能带来的低利率风险。例如，在实施紧缩的货币政策时，通过金融宏观审慎监管工具释放资本缓冲的方式可以减少因非预期冲击对信贷投放和实体经济的负面影响，逆周期资本缓冲工具可用于支持货币政策的顺利过渡。

（2）货币政策对金融宏观审慎监管政策影响的作用机理。一国金融稳定的程度会因其所处的经济环境以及各类政策工具的使用而不同。因此，应当考虑到货币政策对金融稳定产生的副作用，货币政策可以通过影响国内资产价格和汇率水平、借贷成本，影响到企业和个人的资产和负债构成、杠杆率等。具体而言，货币政策通过以下路径影响金融稳定进而影响金融宏观审慎监管政策。

①货币政策影响资产价格和汇率水平。货币政策通过影响资产价格和汇率，影响抵押品的价值，进而影响借贷的难易程度。一方面低利率将刺激资产价格上涨，即抵押品价值上升，资产价格泡沫逐步膨胀，而市场乐观情绪和资产价格的阶梯式上升促使金融市场繁荣；相反地，紧缩的货币政策将导致抵押品价值下降，企业和金融机构由于资不抵债而需要抛售手中的资产，从而产生资产价格下降的连锁效应。另一方面，在一个开放的经济体中，本国利率水平上升将吸引更多的资本流入，同时，由于外部利率低，金融机构外汇借款也可能过度增长。

②货币政策影响金融机构的冒险行为。该类影响又包括冒险和风险转移两类路径。一是冒险路径：在货币政策调控的低利率环境下，使得银行借贷利润空间被压缩，银行等金融机构为了追求利润会采取提高杠杆率的方式，并适当放宽贷款审查要求，从而导致银行等金融机构在利润追求下进行高风险的投资行为。在经济扩张期，过度宽松的货币政策持续的时间越长，鼓励金融机构冒险的负面影响将愈加严重。二是风险转移路径。利率升高会减少金融中介的利差，从而导致发放贷款的金融机构愿意冒险以逐利。该路径在金融危机前的一段时间里表现突出，金融机构的杠杆率很高，政策利率上升导致存款利率上升，但贷款利率上升幅度却有限，使得机构为维持利差水平而寻求高风险客户或投资机会。冒险路径和风险转移路径对金融机构的影响看起来是相反的，但是这两类影响并不矛盾，并将在经济周期的不同阶段发生作用。

③货币政策影响贷款审批和不良贷款率。在宽松货币政策的背景下，由于资产价格上升，借款者净资产增加，借款者的资质水平更易满足银行的要求，从而使得银行放松借贷合同中的限制性条款，整体信贷环境也趋于宽松。但一旦银根收紧，资产价值下跌，借款人的偿还能力会迅速下降，可能导致更高的违约率和金融不稳定。

（3）金融宏观审慎监管政策与货币政策的协调机制分析。货币政策和金融宏观审慎监管政策既相互独立又密切关联，因此，两种政策的有效实施重在两者的协调配合。金融宏观审慎监管对金融机构以及金融系统结构的调控需要以货币政策的总量调控为基础，货币政策为金融宏观审慎监管政策提供稳定基础。而货币政策调控过程中带来的金融系的不稳定性也需要金融宏观审慎监管调控的补充，因此，需要协调两种政策的实施。下面从政策协调的角度，选取最为常用的两种金融宏观审慎监管工具，即逆周期资本缓冲和 LTV，通过分析其传导路径，进一步说明金融宏观审慎监管和货币政策的协调机制。

①逆周期资本缓冲。逆周期资本缓冲的主要目的是增强银行的抗风险能力。在经济繁荣期，信贷规模不断扩大，但银行信贷组合的总体质量可能下降，使银行面对不良贷款率上升的风险，从而可能造成银行信贷危机，因此，需要通过金融宏观审慎监管政策实施逆周期资本缓冲，减缓经济衰退期可能面临的信贷资产质量下降而造成的资产损失。

在逆周期资本缓冲政策实际实施过程中，在经济繁荣期逆周期资本缓冲政策的实施会造成银行信贷总量的减少，使金融服务实体经济的功能不能较好发挥，这时就需要货币政策的协调配合，促进双向效用的发挥。当宏观审慎监管部门提高逆周期资本缓冲时，部门规模较小的银行现存的留存收益可能无法达到监管的资本缓冲计提要求，就会促使这些银行开始通过发行股票等方式从资本市场融资来满足资本监管要求。作为信息开放的资本市场，股票融资对于银行类上市公司来说可以看作是负面的信号，从而产生不利的影响。而另一方面银行作为特殊的金融机构其发行股票的行为可能会受到限制，这种情况下，银行势必会缩减信贷投放，给经济发展造成不利影响，这时就需要货币政策的配合来缓解逆周期资本缓冲的负面效应。例如，在 2008 年次贷危机之后，银行业受到重创，纷纷加强信贷管理，提高资本缓冲计提比例，从而导致实体经济发展中的信贷需求无法得到满足。这时各国多采用降息的货币政策作为补充缓解信贷压力来促进经济复苏和金融系统发展。

②LTV 比率。LTV 和 DTI 能有效抑制房地产市场周期对经济和金融体系可能带来的危害。理论上，即使是静态的、微调的 LTV 比率也能对房地产价格变化产生很大影响。如果 LTV 随着房地产市场周期的变化而不断调整，那么 LTV 比率的影响将会有所强化，而且当 LTV 和 DTI 配套使用时，LTV 的影响也将进一步增强。

LTV 还可以减缓金融加速器机制的作用。在金融加速器的作用下，信贷和房价会出现双向的正向推动效应。如果房价下跌，紧缩的 LTV 和 DTI 不仅可以减少住房按揭贷款违约并减少金融机构承担的损失，还可以降低由资产泡沫破裂造成的金融系统的经济损失。如果经济处于轻度的不景气状态，可以通过 LTV 和 DTI 调节社会资金状况，而没有必要实施明显的宽松货币政策，避免长期宽松货币政策导致的再次刺激经济泡沫的困难局面。

与逆周期资本缓冲工具类似的，LTV 和 DTI 对货币政策传导路径的影响进一步突显了金融宏观审慎监管政策和货币政策之间的互补性。2008 年金融危机爆发后，在众多发达国家中，很大一部分借款人背负的按揭贷款的实际 LTV 很高，这就导致低利率政策无法在房地产泡沫破裂之后有效传导至按揭市场，原因是房价下跌后，贷款的本金已超过房产市值，高 LTV 值债务人无法利用宽松货币政策下的较低按揭贷款利率进行再融资。严格的 LTV 限制则可以缓解房地产泡沫破裂的影响，并帮助增强房价下跌情况下货币政策对市场的传导作用。

综上，包括逆周期资本缓冲和 LTV 在内的一些政策工具可以提升实体经济对抗风险冲击的能力，缓和信贷紧缩和房地产价格泡沫破裂对产出的影响。这些工具可以减少货币政策出台的频率，也可以避免货币政策陷入长期不断降息的困境，还能促进经济萧条状况下货币传导路径的畅通无阻。此外，金融宏观审慎监管政策在发挥效用的过程中，可能对经济产出、价格稳定产生负面作用，其影响方式和程度因具体政策工具而有所差异。对于金融宏观审慎监管政策在实施中可能产生的问题也需要货币政策的协调配合才能发挥更好的效果。

6.2.2　金融宏观审慎监管与货币政策多目标门限回归模型的构建

世界各国都强调了货币政策与宏观审慎政策保持协调的重要性，但是对货币政策与宏观审慎政策之间是否能够实现有效的协调一直存在争论。本部分从货币政策目标与金融宏观审慎监管政策目标之间的协调性出发，在第 3 章构建金融宏观审慎监管有效性指标基础上，采用非线性门限回归模型探究宏观审慎政策目标与货币政策目标之间协调性的存在[①]。

---

① 刘超，马玉洁，王超. 金融稳定与货币政策多目标协调性研究——基于 2005—2015 年月度数据 [J]. 系统科学与数学，2017，37（3）：792 – 809.

6.2.2.1　金融宏观审慎监管与货币政策多目标系统指标选择

通过前面分析可知金融宏观审慎政策与货币政策实施过程中存在相互作用关系，金融宏观审慎监管政策和传统货币政策作为两种宏观调控政策的存在其政策目标之间也存在一定关系，现对以金融稳定为最终目标的金融宏观审慎监管政策与传统货币政策最终目标（经济增长、物价稳定、充分就业、国际收支平衡）之间的关系分析如下：

（1）金融稳定与经济增长。金融稳定与经济增长关系研究一直都是经济学研究的核心问题之一。内生增长理论认为金融深化将有效地促进社会资金的利用，从而推动经济增长，且如果经济增长速度过快，金融系统发展将受到经济发展加速作用而产生金融系统的不稳定，金融自由化催化的经济增长具有潜在的风险，又因投资、人口、技术作为影响现代社会经济增长的重要因素，因此将这三个因素纳入金融稳定与经济增长关系分析中（Bencivenga & Smit，1995；Schneider & Tornell，2004）。

（2）金融稳定与物价稳定。金融稳定对世界经济发展和物价稳定等具有重要的积极推动作用[①]，但如果价格稳定是因为经济过热带动的，会造成社会对经济前景和资产价格的盲目乐观，从而导致社会信贷的异常扩张，最终积聚会引发系统性金融风险（Borio & Lowe，2002）。又因货币供应量、固定资产投资总额以及上一期的物价指数对当期物价的影响较为显著，因此将这三个因素纳入金融稳定与物价稳定关系分析中。

（3）金融稳定与充分就业。金融稳定对充分就业的影响作用在金融危机爆发时最为显著。郑联盛（2014）对两者之间关系分析认为，一方面，金融危机中大多数企业运营状况受到影响，从而使得企业岗位流失，大量工人失去原来的工作岗位，重新就业人员增多，工作不稳定状况普遍；另一方面，就业需求减少使得新增劳动力的就业渠道变窄，新增就业群体就业难，增加社会就业压力。反之，稳定的金融环境为劳动力就业提供了良好的基础环境，有利于社会充分就业目标的实现。但充分就业背景下，随着居民收入水平的提高，对金融产品的多样性需求增加，促进金融创新发展的同时也会增加金融系统风险，影响金融系统

147

---

① Cecchetti S G，Li L. Do capital adequacy requirements matter for monetary policy？［J］. Economic Inquiry，2008，46（4）：643–659.

稳定性。又因就业率与国民受教育程度和工资水平相关，因此将国家教育经费支出和劳动力价格因素纳入金融稳定与充分就业关系分析中。

（4）金融稳定与国际收支。金融稳定与国际收支的关系主要体现在汇率稳定和金融稳定的交互作用关系中。汇率稳定与金融稳定之间也存在着一定的矛盾性，稳定的货币政策并不是金融稳定的充分条件，定位于价格稳定的货币政策难以解决宏观稳定问题（Mishkin，2009）。因此，货币政策当局要关注汇率市场波动引起的金融不稳定而引发的金融危机，实际汇率的贬值会产生资本经常账户的赤字以及资产价格泡沫，资产泡沫的累积是金融不稳定的重要来源，当达到一定程度会引发金融危机（Schularick & Taylor，2012）。又因国际收支受国内利率水平、国外利率水平以及汇率因素的影响，因此将这三个因素纳入金融稳定与国际收支关系分析中。

基于对金融宏观审慎监管目标与传统货币政策四个目标之间关系的分析，以金融宏观审慎监管有效性指数（FS）作为衡量金融稳定的指标，将其作为门限变量建立金融宏观审慎监管和货币政策多目标协调有效性研究的门限模型，变量选取如表 6 – 1 所示。

表 6 – 1　　货币政策与金融宏观审慎监管政策多目标门限回归模型变量

变量关系	变量分类	名称	符号	变量说明
金融稳定与经济增长	因变量 1	经济增长率	GDP	GDP 环比增长率
	自变量 a1	投资占比	λ_{it}^1	全社会固定投资额增长率
	自变量 a2	人口增长	λ_{it}^2	人口自然增长率
	自变量 a3	技术发展	λ_{it}^3	专利技术授权增长率
金融稳定与通货膨胀	因变量 2	通货膨胀率	π	消费者价格指数变化量
	自变量 b1	货币发行量	ω_{it}^1	货币供应量 M^2
	自变量 b2	固定资产投资	ω_{it}^2	全社会固定资产投资总额
	自变量 b3	前期物价指数	ω_{it}^3	提前一期的通货膨胀率
金融稳定与充分就业	因变量 3	失业率	u	城镇失业率
	自变量 c1	教育经费支出	ρ_{it}^1	国家财政性教育经费支出
	自变量 c2	劳动力价格	ρ_{it}^2	城镇单位就业人员平均工资

变量关系	变量分类	名称	符号	变量说明
金融稳定与国际收支	因变量4	国际收支差额	BOP	经常账户差额＋资本和金融账户差额
	自变量d1	国内利率	υ_{it}^1	全国银行间七天同业拆借利率
	自变量d2	汇率	υ_{it}^2	人民币兑美元汇率
	自变量d3	国外利率	υ_{it}^3	美国国内通胀率 – Libor
金融稳定	门限变量	金融稳定指数	FS	金融宏观审慎监管有效性指数

6.2.2.2　金融宏观审慎监管与货币政策多目标门限回归模型的设计

随着社会经济系统复杂性的增强，线性模型研究框架已经难以对经济变量之间的关系做出科学的解释，本书基于非线性思维在门限回归的基础上，运用汉森（Hansen，2012）加入自变量滞后以外的解释变量的多元门限回归模型对传统货币政策四个最终目标与金融宏观审慎监管目标之间的门限效应进行分析，以金融稳定与经济增长目标为例，以金融稳定指数作为门限变量，建立两机制门限回归模型：

$$\text{GDP}_t = \theta_1' x_t + e_{1t}, \quad \text{FSI}_t \leq \gamma$$
$$\text{GDP}_t = \theta_2' x_t + e_{2t}, \quad \text{FSI}_t > \gamma \qquad (6.3)$$

其中，金融稳定 FSI 为门限变量，经济增长 GDP_t 为被解释变量，x_t 为解释变量，e_{it} 为残差项，γ 为门限值。

将式（6.3）进行简化处理，引入示性函数，令虚拟变量 $I_t(\gamma) = \{\text{FSI}_t \leq \gamma\}$，示性函数 $I \in \{0, 1\}$，当金融稳定指数 $\text{FSI}_t \leq \gamma$ 时，$I = 1$，否则 $I = 0$，因此，式（6.3）可以表示为：

$$\text{GDP}_t = \theta_1 x_t I(\text{FSI}_t \leq \gamma) + \theta_2 x_t I(\text{FSI}_t > \gamma) + e_t \qquad (6.4)$$

其中，残差 $e_t = (e_{1t}, e_{2t})'$，系数 θ_1，θ_2 和门限值 γ 均为待估参数。

对式（6.2）进行最小二乘估计，获取其残差平方和为：

$$S_1(\gamma) = \hat{e}_t'(\gamma) \hat{e}_t(\gamma) \qquad (6.5)$$

则金融稳定指数门限值的估计值应为：

$$\gamma = \text{argmin} S_1(\gamma) \qquad (6.6)$$

即对应的残差平方和 $S_1(\gamma)$ 最小的 γ 就是估计的金融稳定的门限值，

相应的残差方差为：

$$\hat{\sigma}^2 = T^{-1}\hat{e}_t'(\hat{\gamma})\hat{e}_t(\hat{\gamma}) = T^{-1}S_1(\hat{\gamma}) \tag{6.7}$$

然后通过极大似然法检验金融稳定指数的门限值来求得统计量的渐近分布，门限值检验的虚拟假设为：$H_0: \gamma = \hat{\gamma}$，$H_1: \gamma \neq \hat{\gamma}$，对应的似然比统计量为：

$$LR_1 = \frac{S_1(\gamma) - S_1(\hat{\gamma})}{\hat{\sigma}^2} \tag{6.8}$$

LR_1 同样为非标准正态分布，在显著性水平为 α 时，当 $LR_1(\gamma) \leq -2\ln(1 - \sqrt{1-\alpha})$，不能拒绝 $\gamma = \hat{\gamma}$ 的虚拟假设。

但上述只是假设模型中仅有唯一门限的情况，通过前期分析可知金融稳定与经济增长之间可能存在两个或两个以上门限值的情况，因此，需要进一步探寻金融稳定与经济增长之间是否有第二个门限值的存在。当有两个门限值时，模型可以表示为：

$$GDP_t = \theta_1 x_t I(FSI_t \leq \gamma_1) + \theta_2 x_t I(\gamma_1 < FSI_t \leq \gamma_2) + \theta_3 x_t I(FSI_t > \gamma_2) + e_t \tag{6.9}$$

其中，$\gamma_1 < \gamma_2$。

对于金融稳定与经济增长之间的第二个门限值的估计和检验方法与第一个门限值相同，同样使得第二个门限值的残差平方和最小的 γ_2 作为第二门限值。在得到第二门限值之后，继续进行门限效应的检验，此时，虚拟假设与备选假设分别为：

H_0：金融稳定与经济增长之间只有唯一门限存在；

H_1：金融稳定与经济增长之间存在两个门限。

对应的 LM 检验统计了 F 为：

$$F_2 = \frac{S_1(\hat{\gamma}_1) - S_2(\hat{\gamma}_2)}{\hat{\sigma}_2^2} \tag{6.10}$$

其中，$\hat{\sigma}_2^2 = T^{-1}S_2(\hat{\gamma}_2)$

因为在探寻金融稳定与经济增长之间的第二个门限值时是假定第一个门限值已经确定的情况下展开的，为保证结果的科学性和准备性，需要在寻找到第二个门限值之后对第一个门限值进行回验。先确定 $\hat{\gamma}_2$ 为一个门限值，然后再求出使残差平方和最小的另一个门限 γ_1^*，令对应的残差平方和为：

$$S_1^*(\gamma_1) = \begin{cases} S_1(\gamma_1, \hat{\gamma}_2^*), & \gamma_1 < \hat{\gamma}_2^* \\ S_1(\gamma_1, \hat{\gamma}_2^*), & \gamma_1 > \hat{\gamma}_2^* \end{cases} \tag{6.11}$$

那么，重新估计得到的门限值为：

$$\gamma_1^* = \mathrm{argmin} S_1^*(\gamma_1) \tag{6.12}$$

通过上述步骤得到的门限估计值具有异质性，与此同时，仍然需要检验所得到的门限估计值与真实值之间的一致性，对应的似然比统计量分别为：

$$LR_1^*(\gamma) = \frac{S_1^*(\hat{\gamma}) - S_1(\hat{\gamma}_1^*)}{\hat{\sigma}_2^2} \tag{6.13}$$

$$LR_2^*(\gamma) = \frac{S_2^*(\hat{\gamma}) - S_2(\hat{\gamma}_2^*)}{\hat{\sigma}^2} \tag{6.14}$$

如果所得到的结果拒绝虚拟假设，则表明所得到的门限值为真实值。此时需要继续重复以上步骤，搜寻第三个、第四个甚至更多的门限值，直到不拒绝虚拟假设为止，才可以确定金融稳定与经济增长之间的门限个数。同理可构建金融宏观审慎监管目标与货币政策其他目标之间的门限模型，求解门限值。

基于对金融宏观审慎监管目标与货币政策目标之间关系的分析认为金融稳定与货币政策目标变量之间存在着互相促进、相互矛盾的作用关系，初步假定金融稳定与货币政策目标变量之间存在两个门限值，建立金融宏观审慎监管目标与货币政策多目标门限模型，模型机制的划分是通过判定金融稳定指数 FS 是否大于某个门限值来确定的，具体如下所示：

$$\begin{aligned} GDP_t = &\alpha_0 + \alpha_1 FS_t I(FS_t^1 \leqslant \gamma_1^1) + \alpha_2 FS_t I(\gamma_1^1 < FS_t^1 \leqslant \gamma_2^1) \\ &+ \alpha_3 FS_t I(\gamma_2^1 < FS_t^1) + \varepsilon_t^1 \end{aligned} \tag{6.15}$$

$$\begin{aligned} \pi_t = &\beta_0 + \beta_1 FS_t I(FS_t^2 \leqslant \gamma_1^2) + \beta_2 FS_t I(\gamma_1^2 < FS_t^1 \leqslant \gamma_2^2) \\ &+ \beta_3 FS_t I(\gamma_2^2 < FS_t^2) + \varepsilon_t^2 \end{aligned} \tag{6.16}$$

$$\begin{aligned} u_t = &\theta_0 + \theta_1 FS_t I(FS_t^3 \leqslant \gamma_1^3) + \theta_2 FS_t I(\gamma_1^3 < FS_t^3 \leqslant \gamma_2^3) \\ &+ \theta_3 FS_t I(\gamma_2^3 < FS_t^3) + \varepsilon_t^3 \end{aligned} \tag{6.17}$$

$$\begin{aligned} BOP_t = &k_0 + k_1 FS_t I(FS_t^4 \leqslant \gamma_1^4) + k_2 FS_t I(\gamma_1^4 < FS_t^4 \leqslant \gamma_2^4) \\ &+ k_3 FS_t I(\gamma_2^4 < FS_t^4) + \varepsilon_t^4 \end{aligned} \tag{6.18}$$

151

6.2.3 金融宏观审慎监管与货币政策多目标可协调性实证研究

6.2.3.1 数据选取与处理

根据前期对金融宏观审慎监管与货币政策多目标门限模型的分析，本书选取我国 2000 年 1 月至 2017 年 12 月的年月度数据为研究样本对金融宏观审慎监管与货币政策之间的协调有效性进行研究。其中，对于季度数据运用 Census X12 法将季度数据转化为月度数据，对于存在部分缺失的数据运用插值法补充，对于消费者价格指数、利率等受季节影响较为明显的变量，运用二次函数法对其进行季节调整，消除季节影响。数据来源于 Wind 数据、国家统计局网站、国家外汇管理局网站。

6.2.3.2 单位根检验

对金融宏观审慎监管目标和货币政策多目标门限效应检验之前，需要先对模型中所涉及变量进行平稳性检验。本书选取 ADF 检验对所涉及变量的平稳性进行检验，结果表明各变量原始时间序列的平稳性不统一，部分变量需要经过一阶差分后才能变为平稳序列，其结果如表 6 - 2 所示。

表 6 - 2　　　　　　　　　各变量 ADF 检验结果

变量	校验形式	P 值	变量	校验形式	P 值	变量	校验形式	P 值
GDP	(c, t, 2)	0.2339	ω_{it}^1	(c, 0, 1)	0.1931	ρ_{it}^2	(c, t, 1)	0.1131
ΔGDP***	(0, 0, 1)	0.0000	$\Delta\omega_{it}^1$***	(0, 0, 1)	0.0000	$\Delta\rho_{it}^2$***	(0, 0, 1)	0.0000
λ_{it}^1*	(c, 0, 2)	0.0726	ω_{it}^2*	(c, 0, 2)	0.0695	BOP***	(c, t, 1)	0.0000
$\Delta\lambda_{it}^1$***	(0, 0, 1)	0.0000	$\Delta\omega_{it}^2$***	(0, 0, 1)	0.0000	ΔBOP***	(0, 0, 1)	0.0000
λ_{it}^2***	(c, 0, 1)	0.0081	ω_{it}^3	(c, t, 2)	0.4573	υ_{it}^1***	(c, t, 1)	0.0001
$\Delta\lambda_{it}^2$***	(0, 0, 1)	0.0000	$\Delta\omega_{it}^3$***	(0, 0, 1)	0.0000	$\Delta\upsilon_{it}^1$***	(0, 0, 1)	0.0000
λ_{it}^3***	(c, t, 1)	0.0016	u***	(c, 0, 1)	0.0016	υ_{it}^2**	(0, 0, 2)	0.0322
$\Delta\lambda_{it}^3$***	(0, 0, 1)	0.0000	Δu***	(0, 0, 1)	0.0000	$\Delta\upsilon_{it}^2$***	(0, 0, 1)	0.0000

续表

变量	校验形式	P 值	变量	校验形式	P 值	变量	校验形式	P 值
π^{*}	(c, 0, 1)	0.0630	ρ_{it}^{1} ***	(c, t, 1)	0.0000	υ_{it}^{3} ***	(c, 0, 1)	0.0008
$\Delta\pi$ ***	(0, 0, 1)	0.0000	$\Delta\rho_{it}^{1}$ ***	(0, 0, 1)	0.0000	$\Delta\upsilon_{it}^{3}$ ***	(0, 0, 1)	0.0000

注：检验方程中滞后阶数 n 根据施瓦兹准则（SIC）自动选择。*** 、** 、* 分别表示在 1% 、5% 、10% 的显著水平下显著。

6.2.3.3　门限值估计及门限效应检验

以式（6.15）、式（6.16）、式（6.17）、式（6.18）为基础，采用格子搜索法寻找门限值对金融宏观审慎监管目标和货币政策多目标门限回归模型进行门限值估计。本书采用排列回归的方法，首先将样本按照门限变量 FS_t 进行升序排列，然后选取不同的金融稳定指数值作为门限值逐一对模型进行估计并获取残差，残差平方和最小时所对应的金融稳定即为门限估计值，得到门限估计值之后，利用 Bootstrap 方法模拟 LM 检验 F 统计量的渐进分布及其临界值，检验是否存在门限效应。根据汉森（Hansen）对门限模型研究可将搜索范围前后各缩小约 10% 。下面求解金融稳定与货币政策其他目标的门限值。

金融稳定与经济增长门限值的确定。通过实证分析搜索到金融稳定与经济增长第一个可能的门限值为 $\gamma_1^1 = -1.20‰$，这时对应的残差平方和最小，$S_1 = 11.807$，LM 统计量为 29.38，p 值为 0.000，因此，拒绝无门限效应的假设，进行似然比检验，得到 LR = 0.000，表明 $\gamma_1^1 = -1.20‰$ 为真实门限值。

根据理论分析可知金融稳定与经济增长之间可能存在两个门限，因此，在上一步的基础上，继续探索是否存在第二个门限。首先固定第一个门限值为 $-1.20‰$，然后进行第二次搜索，得到可能的门限值 $\gamma_2^1 = 5.20‰$，此时对应的残差平方和最小，$S_1 = 2.1423$，进行门限效应检验时 LM 统计量为 7.67，p 值为 0.001，表明第二个门限值确实为 5.20‰。为提高研究结果的科学性和准确性，需要对第一个门限进行重新检验。固定第二个门限值 $\gamma_2^1 = 5.20‰$，搜寻新的门限值，检验结果发现新门限为 $-1.20‰$ 与第一阶段搜寻结果相同，进行似然比检验得到 LR = 0.000，门限估计值与真实门限值一致，因此，金融稳定与经济增长存在两个门限。

继续搜寻第三个可能的门限值为 $\gamma_3^1 = 3.16‰$，此时对应的 LM 统计量为 3.26，p 值为 0.1864，在 5% 的显著性水平下不拒绝虚拟假设 H_0，因此，判定金融稳定与经济增长之间存在两个门限。

类似的求解金融稳定与货币政策目标之间的门限值估计并进行门限效应检验。所得到各门限估计值如表 6 - 3 所示。金融宏观审慎监管与货币政策各变量门限效应检验结果，如表 6 - 4 所示。

表 6 - 3　　金融宏观审慎监管与货币政策多目标门限值估计结果　　单位：‰

门限名称	γ_1^1	γ_2^1	γ_1^2	γ_2^2	γ_1^3	γ_2^3	γ_1^4	γ_2^4
门限值	- 1.20	5.20	- 1.06	187.9	- 1.20	3.50	- 1.03	58.40

表 6 - 4　　金融宏观审慎监管与货币政策各变量门限效应检验结果

模型假设		经济增长门限效应检验			物价稳定门限效应检验		
原假设	备择假设	F 值	P 值	5%	F 值	P 值	5%
线性模型	单门限	61.26	0.0000	26.51	223.74	0.0000	114.22
单门限	双门限	27.63	0.0010	22.59	93.20	0.0012	85.81
双门限	三门限	2.29	0.5792	23.56	10.89	0.2232	26.29
模型假设		充分就业门限效应检验			国际收支平衡门限效应检验		
原假设	备择假设	F 值	P 值	5%	F 值	P 值	5%
线性模型	单门限	99.36	0.000	64.22	137.30	0.0000	121.45
单门限	双门限	63.72	0.0016	55.96	96.86	0.0022	63.23
双门限	三门限	5.99	0.4317	16.35	27.41	0.1274	31.64

运用 OLS 法对货币政策多目标门限回归模型系数进行估计，所得结果如表 6 - 5 所示。

表 6 - 5　　金融宏观审慎监管与货币政策门限模型系数估计结果

系数	估计值	OLS 标准差	系数	估计值	OLS 标准差
α_0	0.663	0.053	α_2	0.426	0.001
α_1	- 0.212	0.026	α_3	2.124	0.016

系数	估计值	OLS 标准差	系数	估计值	OLS 标准差
θ_0	0.037	0.001	β_2	1.724	0.001
θ_1	-0.698	0.013	β_3	-0.633	0.010
θ_2	0.621	0.000	k_0	0.691	0.037
θ_3	0.315	0.001	k_1	-2.173	0.022
β_0	0.258	0.001	k_2	0.2216	0.000
β_1	-0.372	0.005	k_3	1.237	0.018

6.2.3.4　实证结果分析

通过金融宏观审慎监管目标与货币政策多目标之间的门限回归模型检验结果可以看出，金融稳定与经济增长、物价稳定、充分就业以及国际收支平衡各指标之间均存在明显的非线性关系，其门限值在 5% 的显著性水平下各有两个，对金融宏观审慎监管有效性目标与传统货币政策多目标门限模型回归结果分析如下：

第一，金融稳定与经济增长。当金融稳定指数小于 $-1.20‰$ 时，经济增长对金融稳定的反映系数约为 -0.276，经济增长动力不足，社会经济各个部门发展还相对落后，而作为社会经济系统发展到一定阶段产物的金融系统在此阶段还没有受到足够的重视，发展较慢，稳定性不足；当金融稳定性提升到 $-1.20‰ \sim 5.20‰$ 时，社会经济实现了较好的发展，期间金融系统的发展也相对完善，各类融资渠道不断拓展，金融市场运行较为平稳，经济增长对金融稳定的反映系数转为 0.591，意味着经济增长为金融系统的稳定性发展提供了良好的环境支持，有效促进了金融系统稳定性的增强；当金融稳定指数高于 $5.20‰$，意味着金融系统的稳定性进一步提升，金融机构向多元化发展，信贷融资渠道拓展，金融市场已经成熟成为直接融资的良好平台，经济增长对金融稳定的反映系数增长为 2.224，但这一阶段金融系统的发展使其在社会经济系统中的规模占比过大，金融系统的不稳定性事件会波及整个经济系统，严重影响到社会的稳定发展，因此，我国金融稳定指数的最优目标区间为 $[-1.20‰, 5.20‰]$。

第二，金融稳定与物价稳定。当金融稳定指数小于 $7.23‰$ 时，通货膨胀对金融稳定的反映系数约为 -0.592，金融的不稳定性引发了商品市场的波动，出现通货膨胀现象；当金融稳定指数处于 -1.06‰ ~ 187.9‰时，金融市场处于较为稳定的状态，股票、债权等金融市场产品价格在合理的范围内波动，另一方面，利率逐步向市场化价格波动，银行等金融机构的信贷产品定价机制趋于成熟，社会经济生产所需的资金价格趋于平稳和合理的区间，有效地促进了社会物价的平稳运行；当金融稳定指数上升到187.9‰以上，金融市场较为繁荣，引导社会资金向金融市场流动，产生金融泡沫，当金融泡沫的增长速度超过物价的增长速度，容易造成金融泡沫的破裂，从而引发金融危机，造成经济衰退，从而引起物价稳定性不足，对金融稳定的反映系数逆转为 -0.738。因此，我国金融稳定指数的最优目标区间为 [-1.06‰，187.9‰]。

第三，金融稳定与充分就业。当金融稳定指数小于1.60‰时，就业率对金融稳定指数的反映系数约为 -0.796，金融系统的不稳定影响到社会经济的稳定发展，而社会系统的不稳定，会带来社会岗位需求的不稳定，从而使得社会就业需求不足；当金融稳定指数在1.60‰ ~ 3.50‰时，就业率对金融稳定指数的反映系数约为0.693，一方面金融系统发展规模扩大，金融系统的发展本身带动了金融系统的就业需求，提升社会就业率；另一方面，金融系统的稳定为其他行业的发展提供良好的外部资金环境，有效地促进了其他行业的发展，从而产生更多的岗位需求，促进社会就业率的提升；当金融稳定指数上升到3.50‰以后，就业率对金融稳定指数的反映系数约为0.358，金融系统稳定性的增长对就业的促进作用逐步平缓，因此，我国金融稳定指数的最优目标区间为 [1.60‰，3.50‰]。

第四，金融稳定与国际收支平衡。当金融稳定指数小于 -1.03‰时，国际收支对金融稳定指数的反映系数为 -2.85，金融稳定性不足时，短期大量国际资本的流入会导致国内资产价格泡沫不断膨胀，商业银行资产负债表不断恶化，银行不良贷款不断累积，金融机构职能弱化，金融风险增强；当金融稳定指数处于 -1.03‰ ~ 58.4‰时，国际收支对金融稳定指数的反映系数为0.247，金融系统的稳定发展意味着汇率市场也处于较为合理的波动水平，为国际贸易开展提供了稳定的环境，而且汇率市场的稳健促进了国际收支资本账户的合理发展，使金融稳定与国际收支处于相互促进的状态；当金融稳定指数大于58.4‰时，国际收支对金融稳定指数的反映系数为 1.286，金融系统稳定性较强，拥有成熟的传导机制和监管机制，能够适应开放度较高的市场化，但是我国当前的汇率市场开放性不足，不能满足金融稳定指数大于 58.4‰ 之后的金融系统的需求，因此，我国金融稳定指数的最优目标区间为 [−1.03‰，58.4‰]。

通过以上对金融宏观审慎监管目标与货币政策目标之间门限效应的分析，对不同情况下金融稳定指数的最优目标区间取交集得到我国金融稳定指数的最优目标区间为 [1.60‰，3.50‰]，也就意味着我国金融宏观审慎监管目标与货币政策各目标之间并不存在绝对的矛盾，在一定区间内可以实现多目标的协调兼顾。

6.3　金融宏观审慎监管政策与微观审慎监管政策的协调有效性研究

微观审慎监管和金融宏观审慎监管是两个相对应的概念，是金融监管的两大支柱。微观审慎监管着眼于防范单个金融机构的个体性风险，以保护消费者（存款者和投资者）为目的；金融宏观审慎监管关注整个金融体系，着眼于防范系统性风险，旨在维护金融稳定。只有两者相互补充，协调促进，才能构成完善有效的审慎监管。本节在对宏观审慎和微观审慎监管协调机制分析的基础上，从微观审慎监管、金融宏观审慎监管以及宏微观审慎协调监管三种不同监管模式出发，分别建立面板向量自回归（PVAR）模型先通过动态 GMM 回归探究金融宏观审慎监管指标和微观审慎监管指标与商业银行稳定性之间的短期作用关系，之后运用脉冲响应函数分析相关变量相互之间影响的长期动态演化路径。通过不同模式下的方差分解结果对比不同监管指标作用效果和不同监管模式的监管效果，为我国金融监管政策的制定和金融监管改革提供依据。

6.3.1　基于宏微观审慎监管差异的政策协调性分析

金融宏观审慎监管与微观审慎监管是金融监管的不同层面，研究宏微观审慎监管的协调性，首先需要厘清两种政策之间的关联性，通过对已有研究的梳理发现，宏微观审慎监管在防范风险目标、风险控制手段和运行机制等方面存在一定的共性和关联，基于政策差异性的政策协调机制如图 6 - 2 所示。

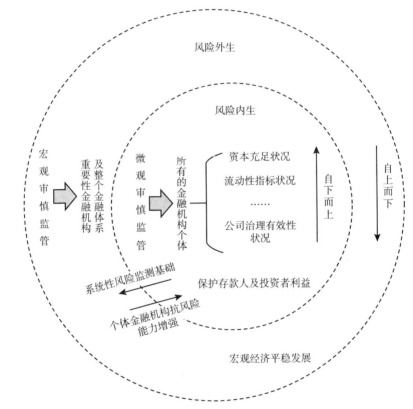

图 6 - 2　基于两种政策差异的宏微观审慎监管政策协调机制

一是防范风险目标的求同存异。两种金融监管政策根本目标相同但作用层面不同，两者共同作用于金融风险防控①。微观审慎监管的目标在于所有的金融机构个体的稳健经营，重在保护存款人及投资者的利益，而金融宏观审慎监管则重在对整个金融体系的系统性风险防范及系

①　Brunnermeier M. The fundamental principles of financial regulation ［J］. Geneva Reports on the World Economy, 2009, 93 （23）: 153 - 158.

统重要性金融机构稳定性，意在促进宏观经济平稳发展，但两者的根本目标都在金融风险防控[①]。单个金融机构的稳定性不能保证整个金融体系的稳定性，金融体系宏观方面的稳定也不能全覆盖所有金融机构个体的稳定性，因此需要金融宏观审慎监管和微观审慎监管的协调作用。

二是风险控制手段的相互融合。从风险监管工具的融合性来说，微观审慎监管工具可以作为金融宏观审慎监管的微观基础，金融宏观审慎监管工具需要微观审慎监管工具的辅助和配合，甚至部分金融宏观审慎监管工具本身就来源于微观审慎监管工具，如对系统重要性金融机构的监管，使用逆周期的资本调节和拨备调节，对流动性和金融机构杠杆率指标的限制等[②]。从风险防控信息收集的融合性而言，微观审慎监管中所收集到的单个金融机构的资本充足状况、流动性指标状况、公司治理有效性状况等相关数据是金融宏观审慎监管中系统性风险监测和评估的数据基础[③]。微观金融个体数据的失真会影响金融宏观审慎监管对系统性风险的评估结果的准确性，会导致金融宏观审慎监管无效。

三是监管运行机制的相互补充。微观审慎监管是自下而上的监管机制[④]，而金融宏观审慎监管则是自上而下的监管机制[⑤]，两种机制的协调运作可以进行相互补充。宏微观的协调运作使得金融监管能够从多个层面获取金融危机的触发点，并关注金融系统整体的稳健运行，同时又加强了金融机构个体的风险防范。

6.3.2 银行业信贷周期视角下宏微观审慎监管政策的协调性分析

信贷周期对商业银行的稳定性具有直接影响作用，信贷周期不同阶

---

① 王爱俭，王璟怡. 宏观审慎政策效应及其与货币政策关系研究 [J]. 经济研究，2014 (4)：17 - 31.

② Houben A. Aligning macro-and microprudential supervision [M]. Financial Supervision in the 21st Century. Springer Berlin Heidelberg，2013：201 - 220.

③ 巴曙松，王璟怡，杜婧. 从微观审慎到宏观审慎：危机下的银行监管启示 [J]. 国际金融研究，2010 (5)：83 - 89.

④ Claeys S，Schoors K. Bank supervision Russian style：Evidence of conflicts between micro- and macro-prudential concerns [J]. Journal of Comparative Economics，2007，35 (3)：630 - 657.

⑤ Schoenmaker D，Wierts P. Macroprudential supervision：From theory to policy [J]. National Institute Economic Review，2016，235 (1)：50 - 62.

段银行业面临的风险会发生变化，不同阶段金融宏观审慎监管和微观审慎监管发挥作用的机制也存在不同，要提升金融监管效率，需根据信贷周期不同阶段的特点动态调整宏微观审慎监管政策。已有研究从金融监管整体角度讨论金融监管对信贷周期作用下银行稳定性的影响，但没有考虑不同金融监管政策实施路径和效果的差异，本部分基于前面的宏微观审慎监管差异性分析，从银行业信贷周期的视角分析在信贷上升周期和下降周期两种政策不同的关注点以及相同的目标，进一步分析如何通过两种政策的协调配合实现逆周期缓冲调节的金融监管目标。金融宏观审慎监管和微观审慎监管在不同阶段的协调作用机制如图 6-3 所示。

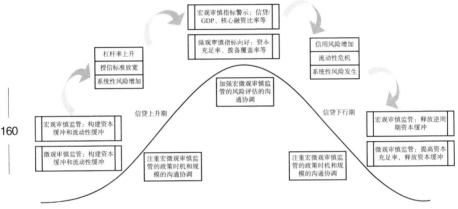

160

图 6-3　银行信贷周期视角下宏微观审慎监管政策协调机制

　　信贷周期上升期间：金融机构的杠杆率随业务的开展而不断提升，贷款业务中的授信标准也相比放宽，在这一阶段系统性风险开始累积，从宏微观审慎监管的风险防范角度需要构建资本缓冲和流动性缓冲，但在构建的时机和规模方面两种政策存在差异。

　　在信贷周期上升初期，宏微观审慎监管政策之间的差别还不显著，但当信贷上升周期接近顶峰阶段，两种政策在资本缓冲和流动性缓冲构建的差别开始显现。在此阶段，微观审慎关注金融机构个体风险，资本充足率、拨备覆盖率等微观监管指标还处于较好的水平，但是宏观审慎所关注的系统性风险指标（如信贷/GDP、核心融资比率）却开始出现风险警示。这时就需要进行宏微观审慎监管的协调沟通，因为微观审慎监管并不能够识别系统性风险，盲目乐观下的微观监管指标会造成系统性金融风险不断累积，如果没有金融宏观审慎监管的协调将会引发大范围的金融风险。

信贷周期下行期间：在上一阶段通过宏微观审慎监管的协调加强对金融系统的监管力度，当信贷周期方向发生转变进入下行期之后，相关的监管政策则需要从逆周期的角度考虑适当调整资本缓冲的监管力度。宏微观审慎监管调整的目标相同但作用的方式和方法存在差异，两者共同作用才能实现对整个金融系统的有效风险调节。

微观审慎监管从调节单个金融机构资本充足率入手，防范信用损失的发生。微观审慎监管可以通过限制股东分红的方式节约资本，从而增大资本充足率的分子，或者其他去杠杆化的方法，包括降低贷款增速、出售风险资产等。还可以通过释放资本缓冲，适当放宽对金融机构的监管要求，防止单个机构的破产风险发生。金融宏观审慎监管从调节社会信贷总量入手，防范信贷萎缩对实体经济发展的不利影响。金融宏观审慎监管通过释放之前积累的逆周期资本缓冲，减缓金融系统和实体经济之间的正反馈机制而累积的系统性风险，防止流动性萎缩而导致的金融市场失灵。

综上所述，金融宏观审慎监管与微观审慎监管作为现代金融监管体系必不可少的两个相辅相成的重要组成部分，存在差异但并不是两个相互矛盾的主体。两者的协调运作可以更好地发挥双方的金融监管作用。特别是随着金融创新的发展和金融市场的复杂性演化，两种监管更需要建立良好的协调运作机制，建立新的风险管理理念，提升金融系统风险监管水平。

6.3.3　商业银行监管视角下金融宏微观审慎监管协调模型的构建

通过前面的分析可知金融宏观审慎监管和微观审慎监管作为金融监管演化过程中形成的两种不同类别的金融监管模式，在银行监管中发挥不同的作用功效。基于宏微观审慎监管和微观审慎监管的差异性，本部分选取 2008～2017 年我国 14 家上市商业银行半年度数据为样本，从不同的监管模式中选取代表性指标，通过分别建立微观审慎监管、金融宏观审慎监管和宏微观审慎协调监管三种不同模式下的银行监管面板向量自回归（PVAR）模型，先通过 GMM 估计分析不同监管指标与银行稳定性之间的短期作用关系，之后建立脉冲响应函数从长期视角分析不同监管指标实施的动态演化路径，最后运用方差分解对比分析不同监管模式在我国银行业的实施效果。

6.3.3.1　变量选取

我国银行主导型金融结构体系使得银行业金融监管在我国金融监管体系中占有重要地位，本部分从银行业监管的角度对我国金融监管效果进行对比研究。在变量选取过程中，主要从监管目标（银行业稳定性）、监管模式（金融宏观审慎监管和微观审慎监管）两个方面考虑。变量分类情况如表 6－6 所示。

表 6－6　　　　　　　　　　　变量分类情况

变量分类（Ⅰ级）	变量分类（Ⅱ级）	变量名称	符号	变量解释
银行稳定性	—	Z 值	Z	（银行资产收益率＋资本资产比率）/资产收益率的标准差
宏观审慎监管	时间维度	广义信贷/GDP 偏离度	GCG	广义信贷与 GDP 比值偏离均值的幅度
	横截面维度	银行业集中度（赫芬达尔指数）	HHI	银行资产占银行业总资产的比值的平方和
微观审慎监管	流动性风险	流动性比率	LIR	流动资产与流动负债的比值
	信贷违约风险	不良贷款率	NPLR	不良贷款占总贷款余额的比重
	资本充足率	核心资本充足率	CCA	核心资本与加权风险资产总额的比率

银行业稳定性：借鉴已有的银行偿付能力指标（z 值）来反映银行稳定状况（Laeven & Levine，2009），其中 z 值等于资产收益率（ROA）与资本资产比率（CAR）二者之和除以资产收益率的标准差（$\sigma_i(\mathrm{ROA}_{it})$）。

$$Z_{it} = \frac{\mathrm{ROA}_{it} + \mathrm{CAR}_{it}}{\sigma_i(\mathrm{ROA}_{it})} \tag{6.19}$$

金融宏观审慎监管：从当前我国的金融宏观审慎监管体系来看，主要分为时间维度和横截面维度的监管。时间维度反映金融体系的顺周期，信贷、流动性和资产价格的周期变化以及繁荣时期总风险的积聚等常表现出顺周期性，巴塞尔委员会将广义信贷/GDP 作为逆周期资本监管的重要指标，但因我国尚未建立广义信贷统计监测指标，特别是对理财数据的收集和整理较难实现，因此，根据我国国情将银行贷款、委托贷款、信托贷款、企业债券、资产证券化余额之和作为广义信贷，用调整后的广义信贷/GDP 偏离度代表时间维度的金融宏观审慎监管指标。横截面维度反映与溢出效应和传染效应相关的负外部性对系统性风险的推动作用，主要关注系统重要性金融机构所引起的风险溢出，故选取代表行业集中度的"赫芬达尔指数（HHI）"作为横截面维度的金融宏观审慎监管指标。

此处借鉴第 5 章宏观审慎与微观审慎监管协调中的"修正后社会融资余额"指标代替广义信贷指标。

微观审慎监管：我国的当前微观审慎监管体系主要从流动性风险、信贷违约风险以及资本充足率三个方面展开[①]。通过对相关文献的梳理发现，已有研究中通常用银行流动性比率和存贷比指标来反映流动性风险监管要求；用不良贷款率和贷款拨备覆盖率这两个指标来反映信贷违约风险监管要求；用《巴塞尔协议 Ⅲ》最新规定的杠杆率和核心资本充足率指标来反映资本充足率监管要求[②]。因此，本书研究中选取流动性比率、不良贷款率和核心资本充足率作为微观审慎监管指标。

6.3.3.2　金融宏微观审慎监管协调的 PVAR 模型设定

本书借鉴洛夫（Love，2007）的模型设计构建宏微观审慎监管的面板向量自回归（panel vector autoregression，PVAR）模型研究我国宏微观审慎监管对商业银行稳定性的作用效果。PVAR 模型将传统的 VAR 模型与面板数据模型相结合，在考虑经济变量的滞后项的基础上将所有变量做内生化处理，能够更加真实地反映各经济变量之间的动态关系。

---

① 黄宪，马理，代军勋. 资本充足率监管下银行信贷风险偏好与选择分析 [J]. 金融研究，2005（7）：95 – 103.

② 谢平，邹传伟. 金融危机后有关金融监管改革的理论综述 [J]. 金融研究，2010（2）：1 – 17.

构建 PVAR 模型如下：

$$Y_{i,t} = \beta_0 + \beta_1 Y_{i,t-1} + \beta_2 Y_{i,t-2} + \cdots + \beta_p Y_{i,t-p} + \gamma_t + f_t + \mu_{it} \qquad (6.20)$$

本书分别研究微观审慎政策、宏观审慎政策以及宏微观审慎政策共同作用下我国商业银行的稳定性，因此，基于式（6.20）分别建立三个模型，其中，微观审慎政策对商业银行稳定性影响模型中 $Y_{i,t}$ 为包含 {LIR，NPLR，CCA，Z} 的四元向量组；宏观审慎政策对商业银行稳定性影响模型中 $Y_{i,t}$ 为包含 {GCG，HHI，Z} 的三元向量组；宏微观审慎政策协调对商业银行稳定性影响模型中 $Y_{i,t}$ 为包含 {GCG，HHI，LIR，NPLR，CCA，Z} 的六元向量组。另外，式（6.20）中 β 为各变量之间的滞后项系数，p 为滞后阶数，γ_t 为时间效应，用来解释系统变量的趋势特征，f_t 代表各个银行个体固定效应，μ_{it} 为服从正态分布的随机扰动项。

因本书重在研究宏微观审慎监管政策对商业银行稳定性的影响，鉴于篇幅限制，在实证分析结果中只列示因变量为银行稳定性 Z 值时的 GMM 回归结果和方差分解结果。

6.3.4　商业银行监管视角下金融宏微观审慎监管协调评价研究

6.3.4.1　数据来源及预处理

基于已有上市银行数据获取年份的不同，为对银行业的平衡面板数据进行实证分析，本书选取 2008～2017 年我国 14 家上市商业银行的半年度数据为研究样本。14 家银行分别为：工商银行、中国银行、建设银行、平安银行、民生银行、交通银行、招商银行、兴业银行、南京银行、中信银行、华夏银行、北京银行、浦发银行、宁波银行。截至 2017 年 12 月所选取的 14 家上市银行总资产在我国银行业总资产中占比达 46.62%，且均为具有代表性的国有商业银行、股份制银行和城市商业银行。数据来源于 Choice 数据库中各银行财务报告及宏观数据库和行业数据库。

PVAR 与 VAR 模型类似，要求所有变量均具有平稳性。为了避免不平稳变量导致伪回归问题，本书对各变量进行平稳性检验，采用不同单位根情形下的单位根检验方法 PP 检验对面板数据的平稳性进行检验，所得结果如表 6 - 7 所示。结果表明各个变量均不存在单位根，为平稳变量。

表 6 - 7　　　　　　　　　　　各变量单位根检验

变量	PP 检验		平稳性	变量	PP 检验		平稳性
	T 统计量	P 值			T 统计量	P 值	
Z	196.481	0.0000	平稳	LIR	52.3944	0.0035	平稳
GCG	119.069	0.0000	平稳	NPLR	98.8418	0.0000	平稳
HHI	157.261	0.0000	平稳	CCA	74.5509	0.0000	平稳

微观审慎监管重在对单个金融机构资本和流动性的监管，金融宏观审慎监管则重在对系统性金融风险的防范，两种监管模式的监管目标不同，因此，在政策调控过程中，两种政策对商业银行稳定性的影响也存在时间和程度上的差别。本部分从不同金融监管政策对商业银行稳定性影响作用入手，分别研究微观审慎政策、宏观审慎政策以及宏微观审慎政策协调作用对商业银行稳定性的影响效果，分析不同金融监管政策工具对商业银行稳定性影响的作用方向、程度以及动态作用过程。

首先，通过 AIC、BIC、HQIC 准则确定各个 PVAR 模型的最优滞后阶数，其次，对模型的参数进行 GMM 估计研究宏微观政策变量对商业银行稳定性的影响程度；再次，通过脉冲响应函数分析不同政策组合以及不同变量对商业银行稳定性的长期影响和动态演化过程，最后，通过方差分解评价不同变量对商业银行稳定性波动的贡献度。

6.3.4.2　微观审慎政策实施对商业银行稳定性的影响研究

（1）微观审慎政策下模型滞后阶数的确定。对于 PVAR 模型来说滞后阶数越高模型的解释能力越强，但是过高的滞后阶数会影响模型的自由度。本书根据 AIC、BIC、HQIC 准则来确定模型的最优滞后阶数。

通过表 6 - 8 可知 AIC 和 HQIC 在滞后三阶达到最小，因此，在微观审慎政策对商业银行稳定性影响的 PVAR 模型最优滞后阶数选择三阶，并按照滞后阶数的选择建立 PVAR 模型。

表 6 - 8 PVAR 模型建立最优滞后阶数的确定

滞后阶数	AIC	BIC	HQIC
1	- 3. 14369	- 2. 13528	- 2. 73793
2	- 4. 67887	- 3. 39501 *	- 4. 16145
3	- 4. 89051 *	- 3. 30653	- 4. 25114 *
4	- 4. 78464	- 2. 87201	- 4. 01143

注：＊代表不同准则中最优滞后阶数项。

（2）微观审慎政策对商业银行稳定性影响。PVAR 模型的 GMM 估计 PVAR 模型中各变量个体异质性所造成的固定效应会影响面板广义矩估计（GMM）的有效性，因此，先借鉴阿雷兰和博韦尔（Arellan & Bover，1995）提出的"向前均值差分"消除固定效应的影响之后再进行 GMM 估计。表 6 - 9 为微观审慎监管对商业银行稳定性影响的回归结果。

表 6 - 9 微观审慎监管下银行稳定性 Z 值的 GMM 估计结果

变量	Coef.	Std. Err.	T
LIR_{t-1}	- 0. 2637094 *	0. 1471876	- 2. 09
$NPLR_{t-1}$	0. 1504467	0. 2639743	0. 57
CCA_{t-1}	- 1. 201338 **	0. 5104428	- 2. 35
Z_{t-1}	- 0. 8253352 ***	0. 2754461	- 3. 00
LIR_{t-2}	- 0. 2325933 *	0. 1587799	- 1. 96
$NPLR_{t-2}$	- 0. 3175081	0. 4080704	- 0. 78
CCA_{t-2}	- 0. 1546305	0. 2591042	- 0. 60
Z_{t-2}	0. 0851432	0. 1160657	0. 73
LIR_{t-3}	- 0. 2679923 **	0. 1209046	- 2. 22
$NPLR_{t-3}$	- 0. 1160854	0. 2105975	- 0. 55
CCA_{t-3}	0. 4166723 **	0. 2053411	2. 03
Z_{t-3}	0. 0128389	0. 0633023	0. 20

注：＊＊＊、＊＊、＊分别表示在 1%、5%、10% 的显著水平下显著。

从表 6-9 可以看出在微观审慎监管框架下商业银行稳定性对自身的影响在滞后 1 期显著，在滞后 2 期和 3 期不显著，这说明商业银行稳定性水平在短期内容易受到自身滞后期的影响，但长期来看这种影响作用减弱。从其他微观审慎监管变量的影响来看，流动性风险衡量指标流动性比率（LIR）在滞后 1 期、2 期、3 期内均通过不同程度上的显著性，说明 LIR 对银行稳定性 Z 值的影响有明显的滞后性。作为信贷违约风险指标的不良贷款率（NPLR）在滞后 3 期以内对银行稳定性的影响不显著。核心资本充足率（CCA）在滞后 1 期和滞后 3 期通过了 5% 的显著性检验，但是滞后 2 期显著性不强，说明 CCA 对银行稳定性 Z 值的影响存在波动性。通过 GMM 估计的结果可以看出在短期内微观审慎监管各变量对银行稳定性 Z 值的影响，但难以分析各变量的长期影响作用和动态演化过程，因此，下面采用 PVAR 脉冲响应函数做进一步分析。

（3）微观审慎监管对商业银行稳定性的脉冲响应。为了分析微观审慎监管各指标变量对商业银行稳健性的动态作用过程，采用 PVAR 模型的脉冲响应函数分析各个监管变量对银行稳健性的影响。因蒙特卡洛模拟次数越高模型稳定性越好，在此利用蒙特卡洛 1000 次模拟给出脉冲响应函数 95% 的置信区间。各变量脉冲影响关系如图 6-4 所示。

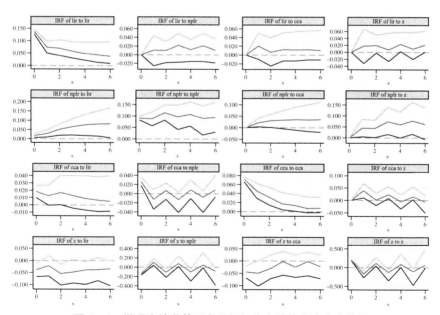

图 6-4 微观审慎监管下商业银行稳定性的脉冲响应结果

从图 6-4 可以看出在微观审慎监管框架下，商业银行稳定性 Z 值对其自身的脉冲响应在受到一单位标准差的冲击之后，第 1 期产生明显的负向冲击作用，但是 2 期之后脉冲响应在 0 值附近波动，且 95% 置信区间上下限将 0 值包含在内，说明 2 期之后商业银行稳定性对其自身的冲击作用减弱并不显著。

从其他微观审慎监管变量的影响来看，流动性比率（LIR）一单位标准差的冲击对商业银行稳定性 Z 值的影响均为正，说明流动比率的提升对银行稳定发展具有促进作用，能够降低流动性风险发生概率。但是在整个脉冲期间 95% 置信区间上下限将 0 值包含在内，说明流动性比率对 Z 值的冲击作用存在但不显著。这意味着长期在单纯的微观审慎框架下流动性比率的调控效果并不明显。不良贷款率（NPLR）一单位标准差的冲击对商业银行稳定性 Z 值的影响均为正，随着滞后期的增长冲击作用更加显著，且在整个脉冲期间 95% 置信区间上下限均在 0 值以上，说明长期来看不良贷款率对 Z 值的冲击作用存在且显著。所以不良贷款率作为微观审慎监管的调控指标效果较为显著。核心资本充足率（CCA）一单位标准差的冲击对商业银行稳定性 Z 值的影响在前 2 期为正值，之后在 0 值附近波动，1 期之前正向冲击效果较为显著，且 95% 置信区间上下限均在 0 值以上，说明短期内核心资本充足率的调控效果显著，但 2 期之后 95% 置信区间上下限将 0 值包含在内，意味着长期来说核心资本充足率的微观审慎调控效果不明显。

因此，在我国商业银行管理模式下，从长期来看微观审慎监管中不良贷款率指标的调控效果显著于流动性比率和核心资本充足率，但整体来说调控效果有待进一步提升。

（4）微观审慎政策下商业银行稳定性影响的方差分解。下面使用 PVAR 的方差分解来进一步比较不同指标对商业银行稳定性变化的贡献大小，从而确定不同监管指标在微观审慎监管中的重要性。微观审慎监管下商业银行稳定性 Z 值的方差分解如表 6-10 所示。

表 6-10　微观审慎监管下银行稳定性 Z 值的方差分解结果

滞后期	LIR	NPLR	CCA	Z
1	0.003	0.009	0.000	0.989
2	0.003	0.010	0.015	0.972

滞后期	LIR	NPLR	CCA	Z
3	0.003	0.016	0.016	0.965
4	0.005	0.024	0.016	0.955
5	0.014	0.034	0.016	0.937
6	0.035	0.045	0.018	0.901
7	0.076	0.058	0.024	0.842
8	0.138	0.072	0.034	0.757
9	0.217	0.084	0.048	0.652
10	0.304	0.093	0.064	0.539

通过表 6 - 10 中的结果可以看出，在微观审慎监管的三个主要指标中，不良贷款率（NPLR）对商业银行稳定性的影响最大，且这种影响作用会随时间而增强。其次为流动性比率（LIR）说明商业银行在经营过程中要注重流动性风险对其稳定性的影响。三个指标中影响最小的为核心资本充足率（CCA），这是因为我国商业银行体系中国有银行占比较高，而我国又是银行主导型金融结构，为保证我国金融系统的稳定性，特别是在 2008 年全球金融危机之后国家对商业银行核心资本充足率进行严格的监管，因此，在研究样本区间内我国商业银行核心资本充足率多处于安全水平内，故其对银行稳定性的影响作用在结果中并未得到较好的体现。从整体来看，微观审慎监管对商业银行稳定性的总贡献度并不高，这说明单纯的微观审慎监管并不能够较好地发挥金融监管的职能，需要与其他监管政策进行协调加强政策有效性。

6.3.4.3　宏观审慎政策实施对商业银行稳定性的影响研究

（1）宏观审慎政策对商业银行稳定性的影响。PVAR 模型的 GMM 估计同理根据 AIC、BIC、HQIC 准则来确定在宏观审慎政策对商业银行稳定性影响的 PVAR 模型最优滞后阶数选择四阶，并按照滞后阶数的选择建立 PVAR 模型。

利用向前均值差分法消除固定效应的影响之后再进行 GMM 估计。表 6 - 11 为金融宏观审慎监管对商业银行稳定性影响的回归结果。

表 6 – 11　　金融宏观审慎监管下银行稳定性 Z 值的 GMM 估计结果

变量	Coef.	Std. Err.	T
GCG_{t-1}	-1.124603 ***	0.2959161	-3.80
HHI_{t-1}	6.878114 **	2.846669	2.42
Z_{t-1}	0.1560909 **	0.0667174	2.34
GCG_{t-2}	0.7160897 ***	0.2030616	3.53
HHI_{t-2}	5.28568 *	2.751205	1.92
Z_{t-2}	0.6675127 ***	0.0536609	12.44
GCG_{t-3}	-0.0759909	0.2377801	-0.32
HHI_{t-3}	-2.121791	1.591024	-1.33
Z_{t-3}	0.0160137	0.0184007	0.87
GCG_{t-4}	-0.1907167	0.1912848	-1.00
HHI_{t-4}	-3.815924 **	1.609848	-2.37
Z_{t-4}	0.016367	0.0285046	0.57

注：***、**、*分别表示在 1%、5%、10% 的显著水平下显著。

从表 6 – 11 可以看出在金融宏观审慎监管框架下商业银行稳定性对自身的影响在滞后 1 期和 2 期分别在 1% 和 5% 水平下显著，在滞后 3 期和 4 期不显著，这说明在金融宏观审慎监管框架下商业银行稳定性水平在短期内容易受到自身滞后期的影响，但随着时间的推移这种影响作用逐渐减弱。从其他金融宏观审慎监管变量的影响来看，广义信贷/GDP 偏离度（GCG）作为时间维度的宏观审慎调控指标主要通过调控逆周期资本缓冲对商业银行稳定性 Z 值产生影响，在滞后 1 期和 2 期在 1% 水平下显著，在滞后 3 期和 4 期不显著，这说明 GCG 的调控在短期的逆周期缓冲作用效果明显，随着作用周期的延续其作用效果减弱。银行业集中度（HHI）作为横截面维度的宏观审慎调控指标对商业银行稳定性的影响作用在滞后 1 期、2 期、4 期较为显著，在滞后 3 期不显著。通过 GMM 估计的结果可以看出在短期内金融宏观审慎监管各变量对银行稳定性 Z 值的影响，在此基础上将继续分析各变量的长期影响作用和动态演化过程。

（2）金融宏观审慎监管对商业银行稳定性的脉冲响应。为了分析

金融宏观审慎监管各指标变量对商业银行稳健性的动态作用过程，采用
PVAR 模型的脉冲响应函数分析各个监管变量对银行稳健性的影响。同
样，利用蒙特卡洛 1000 次模拟给出脉冲响应函数 95% 的置信区间。各
变量脉冲影响关系如图 6-5 所示。

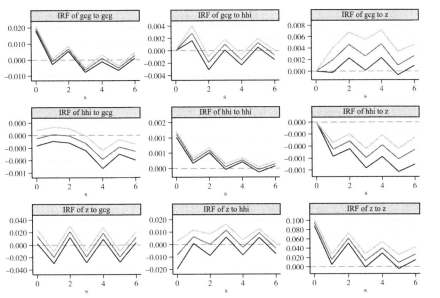

图 6-5　金融宏观审慎监管下商业银行稳定性的脉冲响应结果

　　从图 6-5 中商业银行 Z 值对其自身的脉冲响应来看，均在 0 值以
上呈波动状态，且 95% 置信区间上下限也基本都在 0 值以上，说明商
业银行稳定性对其自身的冲击作用显著。而脉冲函数的波动性则说明在
金融宏观审慎监管框架下，商业银行作为宏观经济中的组成部分其稳定
性除了受到外部宏观变量的影响之外还受自身内部变量的影响。这也从
侧面反映出宏观审慎和微观审慎共同作用的必要性。
　　从其他金融宏观审慎监管变量的影响来看，广义信贷/GDP 偏离度
（GCG）一单位标准差的冲击对商业银行稳定性 Z 值的影响均为正，且
在整个脉冲期间 95% 置信区间上下限基本都在 0 值以上，说明广义信
贷/GDP 偏离度对 Z 值的冲击作用长期存在且显著，意味着逆周期资本
缓冲工具具有长期有效性，可在整个经济周期内发挥较好的调节作用。
银行业集中度（HHI）一单位标准差的冲击对商业银行稳定性 Z 值的影

响均为负，且在整个脉冲期间 95% 置信区间上下限均在 0 值以下，说明银行业集中度对 Z 值的冲击作用长期存在且显著。特别是在我国银行主导型的金融机构模式下，可以通过对系统重要性金融机构的调控实现较好的风险调控目标，提升整体的稳定性。

因此，在我国金融宏观审慎监管体系中，广义信贷/GDP 偏离度和银行业集中度的金融宏观审慎监管效果都比较显著，指标有效性强，且从长期来看，商业银行稳定性还与银行自身运营有显著影响。

（3）宏观审慎政策下商业银行稳定性影响的方差分解。通过以上分析可知所选取的时间维度和横截面维度的金融宏观审慎监管指标对商业银行稳定性的影响都较为显著，为了更好指导金融监管工具选择，需要确定不同指标的贡献度。下面使用 PVAR 的方差分解来进一步比较不同指标对商业银行稳定性变化的贡献大小，从而确定不同监管指标在金融宏观审慎监管中的重要性。金融宏观审慎监管下商业银行稳定性 Z 值的方差分解如表 6 - 12 所示。

表 6 - 12　　金融宏观审慎监管下银行稳定性 Z 值的方差分解结果

滞后期	GCG	HHI	Z
1	0.129	0.105	0.766
2	0.113	0.110	0.778
3	0.109	0.112	0.779
4	0.108	0.113	0.779
5	0.108	0.114	0.778
6	0.108	0.114	0.778
7	0.108	0.114	0.778
8	0.108	0.114	0.778
9	0.108	0.114	0.778
10	0.108	0.114	0.778

通过表 6 - 12 可以看出，在我国现行的商业银行管理模式下，金融宏观审慎监管指标中广义信贷/GDP 偏离度（GCG）和银行业集中度（HHI）对商业银行稳定性的贡献度相差不大，这说明时间维度和横截

面维度的政策工具都在不同的方面发挥较好的作用，在制定金融宏观审慎监管政策时需要兼顾两个维度。另外，相比表 6 – 10 中微观审慎监管对银行稳定性的贡献，金融宏观审慎监管的贡献更大，这说明在我国当前的金融环境下，金融宏观审慎监管对银行系统性金融风险的调控效果要比微观审慎监管对银行非系统性风险的调控更加显著。这也从侧面反映在研究样本期间，我国长期以来的银行业内部微观调控的实施使银行业形成较为稳定的非系统风险防范意识。

6.3.4.4　宏微观审慎政策协调作用对商业银行稳定性的影响研究

分别对微观和金融宏观审慎监管政策下商业银行稳定性的影响作用以及不同指标的作用方向、效果研究之后，研究宏微观审慎协调监管下商业银行稳定性的变动，探究金融宏观审慎监管共同作用下不同监管工具的作用效果。

（1）宏微观审慎政策协调对商业银行稳定性影响。PVAR 模型的 GMM 估计根据 AIC、BIC、HQIC 准则确定宏微观审慎政策协调作用下商业银行稳定性影响的 PVAR 模型最优滞后阶数选择四阶，并按照滞后阶数的选择建立 PVAR 模型。

在进行 GMM 估计之前，先运用 Choleski 分解来确定各变量在模型中的顺序。根据"相对最内生"的原则将外生性强的变量排在前面，而相对内生的排在后面。本研究中将宏观审慎指标"广义信贷/GDP"和"银行业集中度"排在前面，将微观审慎指标"流动性比率""不良贷款率"和"核心资本充足率"排在后面，银行稳定性指标 Z 值放在最后。同样采用"向前均值差分"消除固定效应之后进行 GMM 估计，所得结果如表 6 – 13 所示。

表 6 – 13　　宏微观审慎协调监管下银行稳定性 Z 值的 GMM 估计结果

变量	Coef.	Std. Err.	T
GCG_{t-1}	– 1. 277364 ***	0. 4060968	– 3. 15
HHI_{t-1}	11. 91715 ***	4. 044207	2. 95
LIR_{t-1}	0. 0763622	0. 0878418	0. 87
$NPLR_{t-1}$	0. 1551032	0. 1296577	1. 20

变量	Coef.	Std. Err.	T
CCA_{t-1}	0.2117163	0.1374171	1.54
Z_{t-1}	0.2542529 ***	0.099049	2.57
GCG_{t-2}	0.83403 ***	0.2483145	3.36
HHI_{t-2}	10.19749 ***	3.752236	2.72
LIR_{t-2}	0.0513517	0.0534363	0.96
$NPLR_{t-2}$	-0.0212278	0.1557349	-0.14
CCA_{t-2}	0.1557944	0.1442062	1.08
Z_{t-2}	0.7084127 ***	0.0724338	9.78
GCG_{t-3}	-0.0373554	0.2695547	-0.14
HHI_{t-3}	-4.35746 **	2.122389	-2.05
LIR_{t-3}	-0.07084	0.0532607	-1.33
$NPLR_{t-3}$	0.0569548	0.157141	0.36
CCA_{t-3}	0.10938	0.1374235	0.80
Z_{t-3}	0.0231677	0.0181031	1.28
GCG_{t-4}	-0.5688897 **	0.2679264	-2.12
HHI_{t-4}	-6.47408 ***	2.130951	-3.04
LIR_{t-4}	0.1391557 ***	0.0484316	2.87
$NPLR_{t-4}$	-0.091636	0.0876527	-1.05
CCA_{t-4}	-0.2594938 **	0.1069513	-2.43
Z_{t-4}	0.0176836	0.0269086	0.66

注：***、**、*分别表示在1%、5%、10%的显著水平下显著。

从表6-13可以看出在宏微观协调监管框架下商业银行稳定性对自身的影响在滞后1期和2期在1%水平下显著，在滞后3期和4期不显著，这说明在宏微观协调监管框架下商业银行稳定性水平在短期内容易受到自身滞后期的影响。

从微观审慎监管变量的显著性来看，流动性比率（LIR）在滞后1期、2期、3期内均不显著，但在滞后4期通过1%的显著性检验，说明LIR对银行稳定性Z值的影响在短期内不显著，可能存在长期的影响。不良贷款率（NPLR）在滞后期内均不存在显著性，说明短期内不良贷款率对银行 Z 值的影响不太明确。核心资本充足率（CCA）在滞后 1 期、2 期、3 期内均不显著，但在滞后 4 期通过 5% 的显著性检验，说明 LIR 对银行稳定性 Z 值的影响在短期内不显著，但可能存在长期的影响。

从金融宏观审慎监管变量的显著性来看，广义信贷/GDP 偏离度（GCG）在滞后期 1、2、4 期通过不同程度的显著性检验，但在滞后 3 期不显著，说明在短期内 GCG 对银行 Z 值的影响存在，但具有波动性。银行业集中度（HHI）在滞后 1~4 期内均通过显著性检验，说明 HHI 对银行 Z 值的影响具有明显的滞后性。

（2）宏微观协调监管对商业银行稳定性的脉冲响应。同理，为了分析宏微观协调监管下各指标变量对商业银行稳健性的动态作用过程，采用 PVAR 模型的脉冲响应函数分析各个监管变量对银行稳健性的影响。利用蒙特卡洛 1000 次模拟给出脉冲响应函数 95% 的置信区间。鉴于变量数量较多，图 6-6 中只列出各个变量对商业银行稳定性 Z 值的脉冲响应。

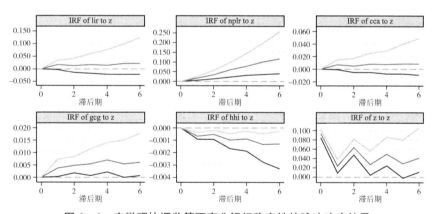

图 6-6　宏微观协调监管下商业银行稳定性的脉冲响应结果

从图 6-6 中商业银行 Z 值对其自身的脉冲响应来看，宏微观协调监管下银行稳定性 Z 值对自身的冲击反映均在 0 值以上并呈波动状态，且 95% 置信区间上下限也基本都在 0 值以上，从整体趋势来看，在 0 期达到最高点，之后呈现递减的趋势，这说明银行稳定性对自身的影响在短期内较为显著，长期效果较弱，这与表 6 - 13 中的 GMM 结果相一致。

从微观审慎监管变量的脉冲响应来看，流动性比率（LIR）一单位标准差的冲击对商业银行稳定性 Z 值的影响均为正，但是在整个脉冲期间 95% 置信区间上下限将 0 值包含在内，说明宏微观协调监管下流动性比率对 Z 值的冲击作用存在但从长期来看仍然不显著。不良贷款率（NPLR）一单位标准差的冲击对商业银行稳定性 Z 值的影响均为正，在整个脉冲期间 95% 置信区间上下限均在 0 值以上，且从长期来看这种影响作用呈逐渐增长趋势，所以不良贷款率是金融监管中始终需要调控的变量。核心资本充足率（CCA）一单位标准差的冲击对商业银行稳定性 Z 值的影响均为正，但是在整个脉冲期间 95% 置信区间上下限将 0 值包含在内，说明宏微观协调监管下核心资本充足率对 Z 值的冲击作用存在但从长期来看仍然不显著。

从金融宏观审慎监管变量的脉冲响应来看，广义信贷/GDP 偏离度（GCG）一单位标准差的冲击对商业银行稳定性 Z 值的影响均为正，且在整个脉冲期间 95% 置信区间上下限基本都在 0 值以上，说明广义信贷/GDP 偏离度对 Z 值的冲击作用长期存在且显著。银行业集中度（HHI）一单位标准差的冲击对商业银行稳定性 Z 值的影响均为负，且在整个脉冲期间 95% 置信区间上下限均在 0 值以下，说明银行业集中度对 Z 值的冲击作用长期存在且显著。

通过宏微观协调监管下各变量对商业银行稳定性的脉冲响应分析可以得出，在两种金融监管政策共同作用时，金融宏观审慎监管政策变量 GCG 和 HHI 对商业银行稳定性的冲击作用更加明显，且作用更加长远。在微观审慎监管政策各变量中 NPLR 的冲击作用较为显著，其对商业银行稳定性的影响随时间推移而呈动态演化，相比之下，LIR 和 CCA 的冲击作用并不显著。从不同指标对银行稳定性的冲击影响来看，宏微观审慎监管协调状态下与单一政策模式相比，各个变量的脉冲响应函数在趋势上大体保持一致但比单一政策模式下对银行稳定的冲击作用相对平缓，说明宏微观审慎监管协调运作能够减缓单一政策实施对银行稳定性甚至整个经济体的冲击，因此，从长期金融监管效果来说，需要宏微观政策的协调形成较为稳定的金融监管机制，达到长期稳定监管的目的。

（3）宏微观审慎政策协调下商业银行稳定性的方差分解。为了更好比较不同监管政策工具对商业银行稳定性影响的贡献度，下面使用

PVAR 的方差分解进行分析。宏微观协调监管下商业银行稳定性 Z 值的方差分解如表 6 – 14 所示。

表 6 – 14　　宏微观协调监管下银行稳定性 Z 值的方差分解结果

滞后期	GCG	HHI	LIR	NPLR	CCA	Z
1	0.104	0.093	0.012	0.131	0.011	0.649
2	0.105	0.107	0.014	0.183	0.013	0.578
3	0.105	0.109	0.015	0.181	0.015	0.575
4	0.106	0.110	0.016	0.180	0.016	0.573
5	0.107	0.111	0.016	0.180	0.016	0.570
6	0.109	0.113	0.016	0.178	0.018	0.566
7	0.113	0.116	0.016	0.173	0.018	0.564
8	0.116	0.123	0.016	0.168	0.018	0.559
9	0.132	0.142	0.016	0.145	0.018	0.547
10	0.150	0.151	0.016	0.126	0.018	0.539

通过表 6 – 14 可以看出，在宏微观审慎政策协调作用下，各政策变量对商业银行稳定性 Z 值的贡献度存在差异。商业银行稳定性 Z 值对其自身的贡献度最大，这也说明银行后期的稳定发展具有累积效应，受到前期稳定状态的影响较大。从政策属性上来看，金融宏观审慎监管政策的贡献度要大于微观审慎监管政策。

在微观审慎监管政策方面，不良贷款率（NPLR）贡献最大，呈现先增后减的变动趋势，这说明我国政府主导型银行监管和运营模式下，政府可以通过政策规定将流动性比率（LIR）和核心资本充足率（CCA）长期调控在较为合理的范围内，因此两个变量对银行稳定性变动的贡献度并没有显现，但是，不良贷款率（NPLR）更容易受到实体经济运行状态的影响，对我国商业银行稳定性影响较为显著。

在金融宏观审慎监管政策方面，广义信贷/GDP 偏离度（GCG）、银行业集中度（HHI）的贡献度都较高，说明宏观监管政策两个维度的调控对我国商业银行稳定性的贡献度都较大。在宏观工具的实施和制定过程中两个维度都要充分的考虑。

与单一金融监管政策相比较而言，宏微观协调监管下商业银行稳定性受自身影响的作用减弱，受金融监管政策变量整体的影响增强，因此，在金融监管调控过程中，为增强政策实施效果，弱化商业银行自身累计效应的影响，需要加强宏观审慎政策和微观审慎政策的协调性，提升发挥金融监管系统对以商业银行为代表的金融机构的风险防范功能。

6.4　金融宏观审慎监管政策与其他政策的协调性研究

通过本章第一节的分析可知，金融宏观审慎监管政策作为宏观经济政策组成部分不仅与货币政策、微观审慎监管政策存在相互作用关系，还与财政政策、资本流动管理政策、产业政策等其他经济政策之间存在复杂作用关系，鉴于本书研究篇幅的局限性，在此仅对其他政策与金融宏观审慎监管政策协调性做简要分析。

6.4.1　金融宏观审慎监管政策与资本流动管理政策的协调

资本流动管理与金融宏观审慎监管都是应对系统性金融风险的经济政策，通过两种政策配合可实现对流入资本的监管，以达到宏观经济和金融体系稳定的目标。资本流动管理和金融宏观审慎监管政策实施的侧重点不同。当宏观经济中不确定性增强，金融宏观审慎监管政策调控滞后性明显或者调控空间有限时，多采用资本流动管理进行政策补充，两种政策协调配合应对由资本流动带来的金融系统性风险。两种政策的协调性主要体现在对流入资本的监管方面。

当流入资本经过受监管的金融机构时，主要通过金融宏观审慎监管政策的实施约束和规范金融机构行为，增强金融体系的抗风险能力。在金融宏观审慎监管体系中，对于资本流动性风险主要可以通过两种方式对其进行调控监管：一种主要针对银行类金融机构，通过外汇调控手段缓解资本流动压力，如限制银行投资外汇资产比例、对本外币实施不同的拨备要求、限制银行外汇未平仓合约等方式。第二种主要针对金融机构在业务开展过程中可能引发的资本流动风险进行监管，如为抑制信贷过快增长而设定 LIT 上限、逆周期资本监管等。

当流入资本不经过受监管的金融机构时，在金融宏观审慎监管无效或存在较长时滞性时，则通过资本流动管理对流入资本进行管制。一方面可以通过数量控制的方式对资本流动规模进行限制，另一方面还可以通过增加特定资本流动成本（如强制准备金、外汇交易税）的方式调控资本流动。

6.4.2　金融宏观审慎监管政策与财政政策的协调

由于政府财政赤字过高而引发的欧洲主权债务危机使金融系统性风险上升说明财政政策与宏观审慎政策之间存在互动关联。政府财政政策的稳健为金融系统稳定提供必要的政策环境，金融危机发生时政府资金的支持有助于市场流动性加强，因此，有必要协调金融宏观审慎监管政策和财政政策。两者之间的协调性主要通过金融宏观审慎监管对财政收入政策和支出政策的影响体现。

在财政收入政策方面，金融宏观审慎监管主要通过资本充足率调控政府债务水平进而影响财政政策效用。当政府实施扩张性财政政策时，如果银行资本充足率不高，监管部门就会加强对银行的资本监管，这时银行多选择风险性较低且数额较大的政府信贷业务。政府可以通过调控政府债务水平调节财政收入，财政政策效应能够较好地发挥。如果银行处于较为充足的资本水平上，在收益最大化的驱动下银行会偏向选择利润较高的私人信贷，而减少政府及其他公共部门的信贷，这时政府的财政政策效应就因债务缩减而会被减弱。

在财政支出政策方面，金融宏观审慎监管则主要通过资本充足率对私人信贷的影响而对财政政策效应产生影响。当政府为刺激经济发展而实施扩张性财政政策时，如果银行资本较为充足，私人部门比较容易获得信贷支持，而私人部门支出受财政信贷的影响较小，在政府支出和私人部门支出共同作用下，财政政策效应能够得到较好的发挥。当银行资本充足率较低时，受金融监管的影响，银行会减少对私人部门的信贷，私人部门资金短缺，需求降低从而会抑制财政支出政策的效应。

另外，在财政政策制定和实施过程中要加强对政府债务的监管和调控，防止政府债务过重而引发系统性金融风险。

6.4.3　金融宏观审慎监管政策与产业政策的协调

在我国产业政策与金融宏观审慎监管政策的关系主要基于我国特殊的政治和经济结构，国家产业政策对信贷市场和资本市场都会产生重要影响。某些产业政策的出台使金融宏观审慎监管政策难度加大，特别是在国家产业政策出台之后，各地响应政府号召积极发展相关产业。而产业政策的落实需要大量的资金支持，银行作为国家产业政策的传导中介会加大对相关产业的信贷投放，并给予一定的信贷优惠，从而影响到银行的信贷结构。一旦在政策红利趋势下某一产业发展过快势必会增强市场竞争，降低相关产业产品价格，引发产能过剩，行业收益率下降，资金流动性不足，从而使不良贷款率增加，银行信贷风险增加。这样既不利于国家产业政策的推进又增加了金融系统风险。为促进国家产业政策更加可持续发展，需要协调宏观审慎政策和产业政策。

金融宏观审慎监管部门应该加强产业政策对银行信贷结构影响的跟踪监管，设置对产业政策支持行业不良贷款率的红线，动态监控信用风险缓释状态变化。加强对风险集中度较高产业的金融宏观审慎监管，通过压力测试及时发现风险隐患，降低系统性风险发生概率。对于金融机构自身也需要通过加强内部风险监管，增强系统性风险防范意识，减少追求短期利益的非理性行为，提高金融系统抗风险能力，为国家产业政策实施提供金融支持。

6.5　本　章　小　结

金融宏观审慎监管政策与货币政策、微观审慎监管政策等经济政策之间存在复杂作用关系，随着社会经济系统各要素之间关联性的增强，金融宏观审慎监管政策的实施必须考虑其他政策的作用，因此，本章对金融宏观审慎监管政策与其他经济政策之间的协调性进行研究，揭示金融宏观审慎监管政策与其他政策的协调作用机理，为我国金融宏观审慎监管政策改革奠定基础。通过本章研究主要得出以下结论：

（1）货币政策影响金融中介事前的信贷和资产价格繁荣，以及金融中介的过度风险承担，金融宏观审慎监管的出现提供了新的政策杠杆以抑制危险的繁荣并缓解失衡，但两种政策在某种程度上又存在相互矛盾。本章在对金融宏观审慎监管与货币政策相互影响作用机制研究的基础上，以金融宏观审慎监管有效性指标为门限变量，构建基于金融稳定的货币政策多目标门限回归模型，并分别对金融宏观审慎监管目标与货币政策目标之间的门限效应进行检验。结果表明：金融宏观审慎监管目标与货币政策目标之间的矛盾并不是绝对的，在一定区间内是可以实现多目标的协调的，当金融稳定指数在［1.60‰，3.50‰］区间时，可以实现经济增长的同时，社会物价水平在合理范围内波动、社会就业率在当前社会发展的可控范围内、国际收支的波动也不会引发较大的风险。

（2）在金融监管效果分析方面，微观审慎监管指标与银行业稳定性之间的脉冲结果显示，NPLR 对银行稳定性产生的冲击作用比较显著且具有持续性，而 LIR 和 CCA 对银行稳定性的冲击作用存在但长期来看影响作用并不显著，说明信贷违约风险对当前我国商业银行稳定性的影响较为明显。金融宏观审慎监管指标与银行业稳定性之间的脉冲结果显示，GCG 和 HHI 对银行稳定性的冲击作用比较显著且从长期来看具有持续性，说明在金融宏观审慎监管中时间维度和横截面维度的监管指标对商业银行稳定性的影响都较为明显，在制定金融宏观审慎监管政策时需要兼顾两个维度。

（3）宏微观审慎监管协调监管有效性分析中，与单一金融监管政策相比较而言，宏微观协调监管下商业银行稳定性受自身影响的作用减弱，受金融监管政策变量整体的影响增强。各个变量的脉冲响应函数在趋势上大体保持一致，但比单一政策模式下对银行稳定的冲击作用相对平缓，说明宏微观审慎监管协调运作能够减缓单一政策实施对银行稳定性甚至整个经济体的冲击，因此，从长期来看，需要宏微观政策的协调达到对银行业长期稳定监管的目的。

（4）金融宏观审慎监管政策还与资本流动管理政策、财政政策、产业政策等政策之间存在相互影响，不同政策的实施需要其他政策的配合调整才能发挥各类政策的最大效用，促进社会经济健康稳定持续发展。

第7章 我国金融宏观审慎监管有效性预测研究

2008 年金融危机给全球经济造成的重创以及系统性金融风险在全球的迅速蔓延，引发人们对宏观金融环境与金融监管有效性的深度思考。金融系统环境复杂性提升对金融监管提出了更高的要求，金融监管实施效果也因所处的金融系统状态不同而存在差异性。因此，本章从金融系统状态与金融宏观审慎监管有效性之间的关系出发，基于金融系统的动态演化特征，运用混合创新时变系数随机方差向量自回归模型（MI – TVP – SV – VAR）重构金融状况指数对我国金融状况进行测度，并通过金融状况指数与金融宏观审慎监管有效性之间的非对称相关性（MF – ADCCA 算法）、跨期相关性（交叉谱）探究金融状况指数对金融宏观审慎监管政策效果的预测作用和能力，为我国金融宏观审慎监管政策调控和预期提供新路径。

7.1 金融状况指数对金融宏观审慎监管有效性预测的研究基础

金融状况指数（financial condition index，FCI）是包含股票价格、短期利率、房地产价格和实际有效汇率四个变量的加权组合指数，是基于货币状况指数（MCI）形成的（Goodhart & Hofmann，2001）。FCI 不仅能够反映货币当局的政策实施状况，而且对通货膨胀等宏观经济指标也具有较好的预测功能。继提出之后，学术界对 FCI 展开了积极的研究，在金融状况指数变量选取方面，基于研究角度不同，学者们不再将 FCI 的变量选取局限于原本的四个变量，而是根据研究需求将实际短期利率、实际长期利率、高收益债券利差、实际汇率、股票市值、M2 增长率、房屋价格增长率等指标纳入其中用以反应不同侧面的金融状况指数（Guichard & Turner，2008；Matheson，2012；Wang et al.，2012）。国内研究中，郭晔和杨娇（2012）构建了包含实际房价缺口、实际利率缺口、实际汇率缺口和实际股价缺口在内的我国金融状况指数 FCI，发现金融状况指数对于通货膨胀 CPI 具有先导作用。周德才等（2018）选取新增贷款类、货币供应类、房价类三类指标构造了中国实时金融状况指数。在金融状况指数权重的制定规则方面，徐国祥和郑雯（2013）运用 SVAR 模型构建固定权重的金融状况指数，并利用谱分析方法分析金融状况指数与通货膨胀具有强相关性。但固定权重模型难以揭示经济发展过程中各经济变量之间的动态作用关系，学者开始探索动态 FCI 模型的构建，将时变参数向量自回归（TVP – SV – VAR）模型、MI – TVP – SV – VAR 模型、时变参数 FAVAR 模型、混频动态因子FCI 模型等运用到对金融状况指数的研究中（Primiceri，2005；Nakajima，2011；Koop et al.，2009；Koop & Korobilis，2014；Zsuzsanna & Hosszú，2017；尚玉皇和郑挺国，2018）。本书金融状况指数构建基于金融宏观状况对金融宏观审慎监管的影响，从不同的金融子系统中选取与金融宏观审慎监管有效性相关的指标构建我国金融状况指数。

在模型选择上，国内外学者在构建金融状况指数时主要选择是VAR 模型和简单时变参数的状态空间模型，但多或多或少地出现一些问题：在以往的研究中构建 FCI 模型时的权重和系数都是人为规定静态的或者简单动态的，实际上的 FCI 模型的权重是一种灵活动态，而宏观数据的变化是决定 FCI 权重与系数的关键，这也符合目前经济与金融业复杂多变的形式；由于将 FCI 的权重与系数事先假定好，就无法获得灵活的、动态的、多样的情形；鉴于我国正处于经济结构调整、产业转型升级的改革发展期，金融状况与经济状态呈动态演化，相关经济变量具有动态性、时变性和随机性特点，简单的平滑转化模型难以对其时变性进行准确描述。所以本书借鉴已有的混合创新时变系数随机方差向量自回归模型（MI – TVP – SV – VAR），基于金融系统状态与金融宏观审慎监管有效性的关系，重构具有灵活动态性的金融状况指数。MI – TVP – SV – VAR 模型考虑到了系数与误差协方差的时变性，对参数的时变方式也没有约束条件，不需要假定系数是符合某种演进方式，而是直接从数据中估算每一时刻的参数，直观地看到参数的变化程度，符合 FCI 模型的权重估算方式。

在金融状况指数的预测作用研究方面，以往学者多从跨期相关性、交叉谱两个方面进行研究，但是基于金融系统的非线性、复杂性特征（刘超，2013），以上两种方法并不能对系统变量之间的非线性关系进行准确度量。许多学者开始运用多重分形去趋势交叉相关性分析方法（MF – DCCA）研究金融时间序列间的交叉相关性特征，其优势在于可以有效消除局部趋势对时间序列标度行为的影响，并且可以衡量不同标度下时间序列所呈现出的分形特征，而且能够深入探究不同时间序列之间的交叉相关性及其非线性复杂特征[①]。虽然 MF – DCCA 模型能够准确地反映市场之间的多重分形相关关系，但它只能描述市场整体情况下的多重分形相关关系，因而很有可能不能准确地刻画市场间的非线性相关关系。因此，学者们在 MF – DCCA 基础上，将非对称消除趋势波动分析法（A – DFA）融合其中，提出非对称多重分形去趋势交叉相关分析法（MF – ADCCA）以研究市场间的非对称多重分形相关关系特征（Cao et al.，2014；Ramirez et al.，2009）。本部分运用 MF – ADCCA 分析不同标度下金融宏观状况指数与金融宏观审慎监管政策效果之间的非对称交叉相关性，更深入探究金融状况指数与金融宏观审慎监管政策的跨期预测作用。

本部分从金融宏观审慎监管有效性与金融系统状况关系出发，运用混合创新时变系数随机方差向量自回归模型（MI – TVP – SV – VAR），从与金融宏观审慎监管密切相关的货币市场、资本市场、债券市场、外汇市场以及房地产市场选取代表性指标，重新构建灵活动态的金融状况指数（MFCI），分析不同金融状况变量与金融宏观审慎监管政策有效性之间的灵活动态脉冲响应关系。并在此基础上研究金融状况指数对金融宏观审慎监管政策效果的预测作用，基于经济和金融系统的复杂非线性特征，将 MF – ADCCA 算法运用到对 MFCI 与金融宏观审慎监管效果的非对称相关性研究中，从跨期相关性、非对称相关性的角度分析金融状况指数对金融宏观审慎监管政策有效性的预测作用和预测能力，对我国金融宏观审慎监管政策调控具有一定的现实指导意义。

---

① 苑莹，王梦迪，樊晓倩，张同辉. 市场间相依性检验、非对称性及传导方向研究 [J]. 系统工程理论与实践，2016，36（11）：2778 – 2790.

7.2 MI－TVP－SV－VAR 模型构建

7.2.1 MI－TVP－SV－VAR 模型设定

首先构建一个标准的状况空间模型，其中，量测方程为：

$$y_t = Z_t \alpha_t + \varepsilon_t \qquad (7.1)$$

状况等式为：

$$\alpha_t = \alpha_{t-1} + R_t \eta_t \qquad (7.2)$$

y_t 为被解释变量，维度为 $p \times 1$，其中，p 为被解释变量的个数。Z_t 为解释变量，维度为 $p \times m$，其中，m 为所有被解释变量的滞后值及其截距项的总数。α_t 为所构建的 VAR 模型系数，维度为 $m \times 1$。R_t 包含控制参数发生结构变化的信息，维度为 $m \times 1$。ε_t 是相互独立的服从正态分布 $N(0, H_t)$ 的随机向量，η_t 是相互独立的服从 $N(0, Q)$ 的随机向量，两个等式中的误差项 ε_t 和 η_t 是相互独立的，$t = 1, 2, \cdots, T$。

由于误差扰动项 ε_t 的协方差矩阵 H_t 具有时变性，将其分解为下三角矩阵 A_t 和对角矩阵 $\sum_t$ 相乘的形式，其表达式为：

$$H_t = A_t^{-1} \sum\nolimits_t \sum\nolimits_t{}' (A_t^{-1})' \qquad (7.3)$$

其中，$\sum_t$ 为对角矩阵，将 $\sum_t$ 对角线上的元素 σ_{1t}，σ_{2t}，$\cdots$，σ_{pt}，组成一个向量 $\sigma_t = (\sigma_{1t}, \sigma_{2t}, \cdots, \sigma_{pt})'$。设向量 $h_t = (h_{1t}, h_{2t}, \cdots, h_{pt})'$，其中的每一个元素 $h_{it} = \ln(\sigma_{it})$。

$$h_{t+1} = h_t + \xi_t \qquad (7.4)$$

其中，ξ_t 与 ε_t，η_t 相互独立，且服从正态分布 $N(0, W)$。

为了描述 A_t 的演化机制，我们首先利用 A_t 中的非限定元素组成一个向量 a_t，且 $a_t = (a_{1,t}, a_{2,t}, \cdots, a_{p(p-1),t})'$，其共有 $\dfrac{p(p-1)}{2}$ 个元素。假定 a_t 的演进机制遵循如下的状况等式：

$$a_{t+1} = a_t + \zeta_t \qquad (7.5)$$

其中，ζ_t 与 ε_t，η_t 以及 ξ_t 相互独立，且服从正态分布 $N(0, C)$。

传统的 TVP－SV－VAR 模型中假定参数在每一期都会发生变化，但实际经济系统运行中并不是所有变量每一期都会发生变动，从而导致估计得出的误差协方差矩阵偏小且各状况值之间差异性较小。为解决模型中的参数模拟偏差问题，引入混合创新（IM）方法，构建 MI – TVP – SV – VAR 模型，不对参数的变化趋势做提前设定，避免了 TVP – SV – VAR 模型中的过度参数化问题。

在 MI – TVP – SV – VAR 模型中，令向量 $K = (k_1, k_2, \cdots, k_t)'$ 表示参数的结构性变化，$t = 1, 2, \cdots, T$。K_t 的各元素服从 Belluri 分布，设向量 $K_t = (K_{1t}, K_{2t}, \cdots, K_{pt})'$，在本书中令 $p = 3$，$K_{1t} \in \{0, 1\}$ 表示 VAR 系数 α_t 的变化，$K_{2t} \in \{0, 1\}$ 表示 $\sum_t$ 的变化，$K_{3t} \in \{0, 1\}$ 表示 A_t 的变化。因 α_t，$\sum_t$ 和 A_t 发生结构变化时相互独立，故 K_{1t}，K_{2t} 和 K_{3t} 的取值也是相互独立的。

7.2.2 MCMC 参数估计方法及脉冲响应函数

MCMC（markov chain monte carlo）算法可以解决因非线性随机波动导致的似然函数难以获得问题[①]，故采用 MCMC 算法对 MI – TVP – SV – VAR 模型中的参数进行估计，步骤如下：

（1）VAR 系数 α_t 的估计，将式（7.1）改写为：

$$y_t = Z_t \alpha_0 + Z_t \alpha_t^* + \varepsilon_t \tag{7.6}$$

由式（7.6）可见各个时期的 VAR 系数 α_t 由 α_0 和 α_t^* 之和构成，因此需要先分别估计 α_0 和 α_t^*。首先对 α_0 进行估计，将式（7.6）改写为：

$$y_t - Z_t \alpha_t^* = Z_t \alpha_0 + \varepsilon_t \tag{7.7}$$

将 $y_t - Z_t \alpha_t^*$ 看作因变量，则式（7.7）为标准的多元正态回归模型，对 α_0 进行后验抽样。

接着对 α_t^* 进行估计，将式（7.6）改写为：

$$y_t - Z_t \alpha_0 = Z_t \alpha_t^* + \varepsilon_t \tag{7.8}$$

将 $y_t - Z_t \alpha_0$ 看作因变量，则式（7.8）成为一个量测方程。令式（7.2）中的 $R_t = K_{1t}$ 则状况等式可以表示为：

---

① Chan J C C. The stochastic volatility in mean model with time-varying parameters: An application to inflation modeling [J]. Journal of Business & Economic Statistics, 2015, 35 (1): 17 – 28.

$$\alpha_{t+1} = \alpha_t + K_{1t}\eta_t \qquad (7.9)$$

将式（7.8）和式（7.9）结合，利用平滑仿真算法对状况向量 α_t^* 进行后验抽样[①]。因 α_t^* 仅度量对基准的 VAR 系数的偏离，故设定 α_t^* 的初始状况 $\alpha_1^* = 0$。

（2）参数 Q，W，C 的估计。假设 Q^{-1} 先验地服从 Wishart 分布，其分布形式表示为 $W(v_Q, Q^{-1})$。在其他参数确定的条件下，Q^{-1} 的后验分布也服从 Wishart 分布，设其分布形式为 $W(\overline{v_Q}, \overline{Q^{-1}})$。其中，$\overline{v_Q} = \sum_{t=1}^{T} K_{1t} + v_Q$，$\overline{Q^{-1}} = \left[Q + \sum_{t=1}^{T} (\alpha_{t+1} - \alpha_t)(\alpha_{t+1} - \alpha_t)' \right]^{-1}$。根据计算出的 Q^{-1} 的后验分布可以最终得到 Q 的后验抽样值。

因对三个参数估计的方法相似，此处仅对参数 Q 的估计进行说明。

（3）对参数 $h = (h_1', \cdots, h_T')'$ 的估计。根据式（7.3）我们可以得到：

$$y_t^* = A_t(y_t - Z_t\alpha_t) \qquad (7.10)$$

其中，$\mathrm{var}(y_t^*) = \sum_t \sum_t'$ 为对角矩阵。当 $j = 1, \cdots, p$ 时，令 $y_{j,t}^*$ 表示 y_t^* 的第 j 个元素。设 $y_{j,t}^{**} = \ln[(y_{j,t}^*)^2 + c]$，并且 $y_t^{**} = (y_{1,t}^{**}, \cdots, y_{p,t}^{**})'$。抵消常数 c 值设定为 0.001。由此可得状况空间模型的量测等式：

$$y_t^{**} = 2h_t + e_t \qquad (7.11)$$

之后，对 e_{jt} 进行抽样[②]，在其他参数确定的条件下，式（7.11）以及式（7.5）构成正态线性状况空间模型，并抽取 h_t。

（4）参数 α_t 的估计。首先定义 $y_t = y_t - Z_t\alpha_t$，那么可以得到

$$A_t\hat{y}_t = \psi_t \qquad (7.12)$$

这里的 ψ_t 相互独立且服从 $N(0, \sum_t)$。

对式（7.12）进行变形可以得到：

$$\hat{y}_t = C_t a_t + \psi_t \qquad (7.13)$$

在本书的实证模型中由于 $p = 3$，那么这里的 $C_t = [0, 0, 0; -\hat{y}_{1,t}, 0, 0; 0, -\hat{y}_{1,t}, \hat{y}_{2,t}]$。此处的 $\hat{y}_{1,t}$ 是 $\hat{y}_t$ 的第 i 个元素。式（7.13）和

---

① Durbin J, Koopman S. J. A simple and efficient simulation smoother for state space time series analysis [J]. Biometrika, 2002, 89 (3): 603–616.

② Kim S, Shepherd N, Chib S. Stochastic volatility: Likelihood inference and comparison with ARCH models [J]. Review of Economic Studies, 1998, 65 (3): 361–393.

式（7.9）一起构成了标准的状况空间模型，由此可以估计出 a_t 的值。

（5）参数 K_1，K_2，K_3 的估计。参数 K_j 的取值与参数 P_j 是密切相关的，其中在本书中 $j=1$，2，3。那么首先考虑 P_j 的估计。我们设 P_j 先验地服从 Beta 分布 $B(\beta_{1j}$，$\beta_{2j})$，由此可以推导出 P_j 的后验分布为 $B(\overline{\beta_{1j}}$，$\overline{\beta_{2j}})$。这里 $\overline{\beta_{1j}} = \beta_{1j} + \sum_{t=1}^{T} K_{jt}$，$\overline{\beta_{2j}} = \beta_{2j} + T - \sum_{t=1}^{T} K_{jt}$。然后，我们考虑 K 的后验抽样。从后验分布 $P(K_t | Data，K_{(-t)})$ 中对 K_t 进行抽样，这里的 $K_{(-t)}$ 指的是 K 中除 K_t 外的所有其他元素（Gerlach et al.，2000）。经过推导可以得到：

$$p(K_t | Data，K_{(-t)}) \propto p(y^{t+1,T} | y^{t+1}，K)$$
$$p(y_t | y^{1,t-1}，K^{1,t}) p(K_t | K_{(-t)}) \qquad (7.14)$$

（6）脉冲响应函数的计算。当完成对 MI – TVP – SV – VAR 模型中所有参数的估计之后，开始计算脉冲响应函数。在标准的 VAR 模型中，脉冲响应可以直接从向量移动平均（VMA）表达式中得到。因本书估计所得的模型参数都是时变参数，因此，VMA 系数也是时变的。

设标准 VAR 所对应的 VMA 表示为：

$$y_t = \sum_{i=0}^{\infty} \theta_i u_{t-i} \qquad (7.15)$$

以后 h 期的脉冲响应就可用 θ_h 来反映。在时变 VAR 模型中，各个时期所对应的 VMA 表达式为：

$$y_t = \sum_{i=0}^{\infty} \theta_{t,i} u_{t-i} \qquad (7.16)$$

由上可知，MI – TVP – SV – VAR 模型中各时期的脉冲响应函数存在差异性，可通过不同时期脉冲响应结果的对比分析不同时点的冲击效应。

7.3 我国金融状况指数（MFCI）重构与测度

7.3.1 金融状况指数（MFCI）测度方法

鉴于我国现阶段正处于经济结构调整，产业转型升级的改革发展期，经济和金融结构的调整并不是一蹴而就或者持续性变化的，而是呈现灵活动态调整，具有随机性，因此，本部分在已有的金融状况指数（FCI）和灵活动态金融状况指数（FDFCI）基础上（Goodhart & Hofmann，2001；周德才等，2015），选取与金融宏观审慎监管相关性较强的金融变量，运用 MI – TVP – SV – VAR 模型估计金融宏观审慎监管目标与各金融变量之间的脉冲响应函数，金融状况指数（MFCI）模型定义如下：

$$\text{MFCI}_t = \sum_{i}^{n} w_{it} \text{Xgap}_{it} \qquad (7.17)$$

其中，$w_{it} = \dfrac{\sum\limits_{j=1}^{M} \Phi_{ijt}}{\sum\limits_{it} \left| \sum\limits_{j=1}^{M} \Phi_{ijt} \right|}$。

w_{it} 为所选取第 i 个金融状况变量在 t 时期的权重系数，且 $\sum |w_{it}| = 1$；Xgap_{it} 为第 i 个金融状况变量在 t 期的缺口值，Φ_{ijt} 为在 t 期所要研究的经济或金融变量对来自第 i 个金融状况变量的一个标准差冲击的第 j 期脉冲响应函数值。

基于上述测度模型构建 MFCI 的灵活动态指数，第一，运用 MI – TVP – SV – VAR 模型估计各变量之间的灵活动态脉冲响应函数值，其中，使用灵活动态的 MI – TVP – SV – VAR 模型估计变量之间的灵活动态脉冲响应函数值。假设样本长度为 N，抽样次数为 S 次，脉冲响应函数期数为 T 期，因此，每个金融状况变量的全部脉冲响应函数值的个数为 N×S×T 个。第二，将各个金融状况变量的灵活动态脉冲函数累计值代入式（7.17）得到各个金融状况变量的灵活动态权重，并得到我国的金融状况指数 MFCI。

7.3.2 我国金融状况指数（MFCI）的重构

7.3.2.1 我国金融状况指数体系的重构

我国金融状况变量的选取原则。从金融环境变量对金融宏观审慎监管的影响来看，一方面货币市场、资本市场、债券市场作为金融宏观审慎监管实施的金融系统内部环境，直接影响金融宏观审慎监管的作用效果①，另一方面通过外汇市场影响实体经济企业的跨国投资和进出口贸易②。因此，选取货币市场、资本市场、债券市场、外汇市场代表性指标构建我国金融状况指标体系。另外，黄群慧（2017）指出伴随现代经济发展，房地产市场不断扩大，其金融衍生品特征愈加显著，对系统性金融风险的影响作用也不断加强，故将房地产市场作为金融市场环境的补充纳入指标体系中。下面对各市场代表性指标进行说明：

货币市场指标。货币市场选取货币供应量（M2）和利率（NR）两个指标。货币供应量作为我国货币政策调控的主要方式之一，是金融系统资金充足率的重要影响因素，同时也是金融宏观审慎监管中要考虑的重要因素。因此，借鉴刁思聪等（2011）的研究选取广义货币供应量（M2）作为货币供应量指标。利率作为资金成本，利率市场价格的高低直接影响信贷状况，也是金融宏观审慎监管关注的重点，因我国利率市场尚未完全开放，故本书借鉴余建干和吴冲锋（2017）选取相对具有利率市场价格的代表指标——银行间 7 天同业拆借利率作为利率的衡量指标。

资本市场指标。股市是经济的晴雨表，能够在一定程度上反映一国经济和金融状况，同时，也是金融监管的重点对象（Cooray，2010）。上证综指作为我国最早发布的股票市场指数能够反映我国股票市场状态，王奇珍和王玉东（2018）、唐勇和朱鹏飞（2018）等在其研究中均将上证综指作为我国股票市场状况指数代表，故选择上证综指作为股票价格（SPI）的代表。

债券市场指标。债券市场作为股票市场的重要补充，也是金融系统的重要组成部分，特别是随着我国债券市场的多元化发展，债券市场风险复杂性提升，债券市场监管在金融监管中的重视程度也在不断提升，监管部门在债券市场上通过公开市场业务方式实现对货币供应量的调节，是国家宏观调控的间接手段③。中债综合指数作为债券市场中样本涵盖最为全面的指标能够反映我国债券市场的波动情况，故选择中债综合指数作为债券价格（CBI）的代表。

---

① 谢军，黄志忠，何翠茹. 宏观货币政策和企业金融生态环境优化——基于企业融资约束的实证分析［J］. 经济评论，2013（4）：116－123.

② Mccarthy J. Pass-through of exchange rates and import prices to domestic inflation in some industrialized economies［J］. Eastern Economic Journal，2007，33（4）：511－537.

③ Kisgen D J. Credit ratings and capital structure［J］. The Journal of Finance，2006，61（3）：1035－1072.

外汇市场指标。随着金融市场对外开放性和人民币国际化的推进，外汇资源配置和外汇风险防范的重要性不断提升，全球金融系统风险会通过外汇市场传导到国内金融系统中，实际有效汇率通过贸易、投资等影响一国经济运行，外汇市场稳定发展对我国金融状况具有重要影响（马丹，2005；Brun－Aguerre，2017）。本书选择人民币兑美元的实际有效汇率作为外汇市场状况（REER）代表。

房地产市场指标。房地产市场作为虚拟经济的重要组成部分，其价格与市场利率、股票价格、资产配置效率、实体经济投资之间的关联性已被李扬（2017）等众多学者研究证实。美国次贷危机引发的全球性金融危机加深了各界对房地产市场风险的关注，房地产市场风险会引发金融系统风险，因此，房地产市场状况也是金融状况的重要体现。选取国房景气指数作为房地产价格（HPI）的代表指标。

金融宏观审慎监管有效性指标。巴塞尔委员会将逆周期资本监管作为金融宏观审慎监管的主要内容，因此，本部分在对金融宏观审慎监管有效性的研究中也重点关注金融宏观审慎监管中逆周期监管的有效性，并用逆周期资本监管指标验证所构建的 MFCI 的预测能力。巴塞尔委员会将广义信贷/GDP 作为逆周期资本监管的重要指标，但因我国尚未建立广义信贷统计监测指标，特别是对理财数据的收集和整理较难实现，因此，此处借鉴第 6 章宏观审慎与微观审慎监管协调中的调整后的广义信贷计算方法得到广义信贷数值。

相关变量定义如表 7－1 所示。

表 7－1　　　　　我国金融状况指数及经济发展相关变量表

分类		状况变量	变量符号	变量定义
金融状况指标体系	货币市场	货币供应量	M2	广义货币供应量（M2）
		利率	NR	银行间 7 天同业拆借利率
	资本市场	股票价格	SPI	上证指数
	债券市场	债券价格	CBI	中债综合指数
	外汇市场	实际有效汇率	REER	人民币兑美元实际有效汇率
	房地产市场	房地产价格	HPI	国房景气指数
宏观审慎监管	逆周期监管	广义信贷占比	GAP	调整后的广义信贷/GDP

191

7.3.2.2 数据的预处理

（1）数据的选取。本书数据样本区间为 2003 年一季度至 2017 年四季度，采用季度数据，一共 60 个样本点。首先对以上数据进行季节调整，消除季节影响，然后对除了利率之外的其他数据进行对数化处理，并使用 HP 滤波计算各个金融状况变量的长期趋势，利用原始数据与长期趋势的差值得各个变量的缺口值。

（2）平稳性检验。建立 MI‒TVP‒SV‒VAR 模型之前，首先运用 ADF 方法对各个变量时间序列的平稳性进行检验，所得检验结果如表 7‒2 所示。

表 7‒2　　我国金融状况指数及经济发展相关变量平稳性检验结果

变量名称	(C，T，L)	T 统计量	临界值	P 值	是否平稳
M2	(0，0，1)	‒3.362629 ***	‒2.577125	0.0009	平稳
NR	(0，0，1)	‒6.49339 ***	‒2.577125	0.0000	平稳
SPI	(0，0，2)	‒3.431051 ***	‒2.577255	0.0007	平稳
CBI	(0，0，2)	‒4.051414 ***	‒2.577190	0.0001	平稳
REER	(0，0，2)	‒4.509386 ***	‒2.577190	0.0000	平稳
HPI	(0，0，2)	‒3.335018 ***	‒2.577190	0.0000	平稳
GAP	(0，T，1)	‒4.020755 ***	‒3.464643	0.0016	平稳

注：检验形式（C，T，L）中 C 表示单位根检验中含有截距项，T 表示具有时间趋势，L 代表的数字表示滞后阶数。*** 、** 、* 分别表示在 1%、5%、10% 的显著水平下显著。

通过表 7‒2 可以看出，6 个金融状况变量在 1% 水平均拒绝原假设，所有变量时间序列为平稳时间序列，满足构建 MI‒TVP‒SV‒VAR 模型的基础条件。

7.3.2.3 我国金融状况指数（MFCI）的脉冲响应分析

MI‒TVP‒SV‒VAR 模型最优滞后阶数的确定依据为 AIC 准则，最优滞后阶数为 2 阶。因本书所选取的样本时间跨度较大，故在运算中将有效的重复抽样次数设定为 1600 次，预烧抽样次数设定为 600 次，舍去预烧抽样有效抽样次数为 1000 次。

（1）参数演进的特征分析。通过前期分析可知，α_t，$\sum_t$ 和 A_t 发生结构变化时相互独立，且分别由 K_{1t}、K_{2t}、K_{3t} 控制，通过模型运算结果得，$\sum K_{1t} = 22$，$\sum K_{2t} = 46$，$\sum K_{3t} = 8$，这表明在所有样本点中，VAR 系数 α_t 发生结构变化的次数为 22 次，$\sum_t$ 发生结构变化的次数为 46 次，A_t 发生结构变化的次数为 8 次。另外在每个时点上，α_t，$\sum_t$ 和 A_t 发生结构变化的后验期望概率分别为 $E(K_1 | Data) = 0.4897$；$E(K_2 | Data) = 0.9387$；$E(K_3 | Data) = 0.3265$。通过上述结果可以看出在所构建的模型样本期间各个参数在每个节点发生结构变化的概率较高，从而这会降低模型变动的幅度，促进参数演化的渐进性。

（2）灵活动态脉冲响应函数分析。建立金融宏观审慎监管与我国金融状况变量的 MI‐TVP‐SV‐VAR 模型，分析金融宏观审慎监管对我国金融状况变量单位信息冲击的脉冲响应函数，通过所得的结果可见各变量在样本期间的脉冲响应具有灵活性和呈现结构性变化。具体分析如下：

①金融宏观审慎监管（GAP）对货币供应量（M2）的灵活动态脉冲响应分析。货币供应量的增加会增加金融系统中的资金总量，提升资金流动性，有利于金融系统的稳定。图 7‐1 为研究样本期间不同的脉冲响应期数中金融宏观审慎监管（GAP）有效性对货币供应量（M2）的灵活动态脉冲响应结果。从不同样本期数来看，货币供应量对金融宏观审慎监管有效性的影响随时间呈动态变动，但基本保持正向。整个样本期内脉冲响应函数值呈驼峰特征，具有灵活动态性。其中，在 2008 年底至 2010 年初受全球金融危机的影响，金融系统受到极大的破坏，这一阶段正处于调整恢复期，货币供应量的增加为金融系统稳定发展提供更好的资金支持，金融监管效果更显著，从而货币供应量的变动对金融监管有效性的冲击作用更为明显。从不同的脉冲期数来看，我国货币供应量对金融宏观审慎监管有效性的影响基本都为正向的促进作用，而且随时间演化呈现一定的灵活动态性。这种脉冲作用在前 5 期作用较为显著，随脉冲期数的增加逐渐减弱。

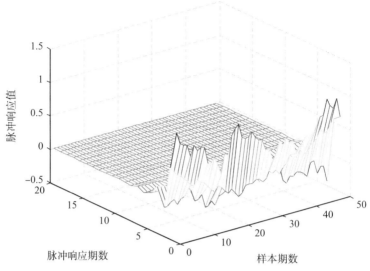

图 7 - 1　GAP 对 M2 的灵活动态脉冲响应结果

②金融宏观审慎监管（GAP）对利率（NR）的灵活动态脉冲响应分析。利率为资金成本，利率上升意味着金融系统中成本的增加从而对金融系统中资金流动性产生不利影响。图 7 - 2 为研究样本期间不同的脉冲响应期数中金融宏观审慎监管（GAP）对利率（NR）的灵活动态脉冲响应结果。从不同样本期数看，整个研究期间利率的正向冲击对金融宏观审慎监管有效性的冲击作用方向随时间而产生变化，整体上来看以负向为主，且呈现驼峰特征，说明样本期内金融宏观审慎监管有效性对利率的脉冲响应具有动态性。从不同脉冲期数来看，冲击效应在前 3 期较为显著，之后作用效果逐渐平稳，整个脉冲期间具有灵活性。

③金融宏观审慎监管（GAP）对股票市场价格（SPI）的灵活动态脉冲响应分析。股票市场还是经济的晴雨表，股票价格波动在一定程度上也反映了金融系统的稳定状态，股票价格波动过大会引起金融系统其他子系统的波动性，从而使系统性金融风险增加。图 7 - 3 为研究样本期间不同的脉冲响应期数中金融宏观审慎监管（GAP）对股票市场价格（SPI）的灵活动态脉冲响应结果。从不同样本期数来看，在整个样本期间，股票市场价格对金融宏观审慎监管有效性的影响呈现动态性，其中，由于 2007 年至 2009 年底全球金融危机的爆发使我国股票市场也受到重创，股票市场价格大幅波动，金融系统稳定性受到破坏，又缺少及

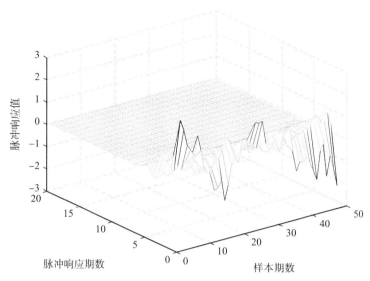

图 7 - 2　GAP 对 NR 的灵活动态脉冲响应结果

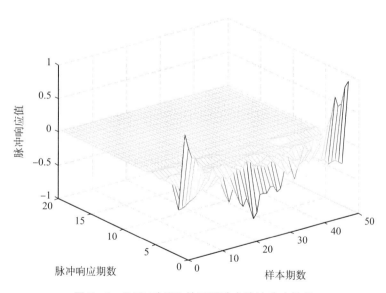

图 7 - 3　GAP 对 SPI 的灵活动态脉冲响应结果

时有效的金融宏观审慎监管手段从而表现为金融宏观审慎监管有效性降低，此阶段冲击作用为负。从不同脉冲期数来看，我国股票市场价格对金融宏观审慎监管有效性的影响具有灵活性，其中，负向脉冲响应的冲击效果更显著，作用持续时间也相对较长，能持续 5 期左右之后保持稳定，正向脉冲响应的冲击效果相对较弱，作用持续时间也相对较短，作用持续时间大约在 3 期。

④金融宏观审慎监管（GAP）对债券市场价格（CBI）的灵活动态脉冲响应分析。债券市场是金融系统的重要组成部分，随着我国债券市场的不断发展，债券产品的不断丰富，债券市场也成为金融宏观审慎监管的重点关注领域。图 7 - 4 为研究样本期间不同的脉冲响应期数中金融宏观审慎监管（GAP）对债券市场价格（CBI）的灵活动态脉冲响应结果。从不同的样本期数来看，在整个样本期间，整体上债券市场价格对金融宏观审慎监管有效性的影响基本为负向的，在整个期间动态性较为显著，呈现驼峰特征。但是在 2007 年之前因债券市场主要以国债和企业债为主，且企业债规模较小，因此，对金融监管的效果较为显著，2007 年我国债券市场开始发行公司债之后，债券市场活跃性增强，企业债券融资在企业融资中的占比不断提升，债券市场价格对金融宏观审慎监管的冲击作用也相对减弱。从不同的脉冲响应期数来看，债券市场价格对金融宏观审慎监管的影响具有灵活性。

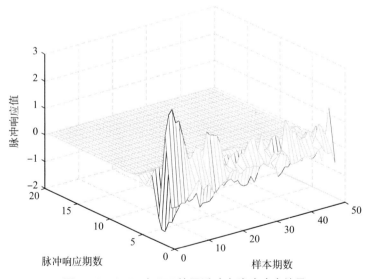

图 7 - 4　GAP 对 CBI 的灵活动态脉冲响应结果

⑤金融宏观审慎监管（GAP）对实际汇率（REER）的灵活动态脉

冲响应分析。随着改革开放的不断深入，特别是我国加入世贸组织之后，在经济一体化和金融全球化发展背景下，外汇市场对我国金融系统稳定性的影响作用逐渐增加，外汇市场的波动会引发金融系统的不稳定，从而影响金融宏观审慎监管的有效性。图 7 - 5 为研究样本期间不同的脉冲响应期数中 GAP 对 REER 的灵活动态脉冲响应结果。从不同的样本期数来看，不同时间段汇率对金融宏观审慎监管有效性的脉冲响应在保持趋势一致的同时呈动态演化。从不同的脉冲响应期数来看，正向的汇率冲击对实体经济发展产生的脉冲反应在短期内为较强的负向影响，且相对其他因素来说脉冲响应持续期数较长，这说明我国金融系统受国际市场环境的影响作用还较大，金融系统自身的抗外部风险能力有待加强。

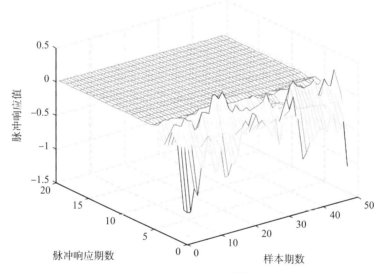

图 7 - 5　GAP 对 REER 的灵活动态脉冲响应结果

⑥金融宏观审慎监管（GAP）对房地产市场价格（HPI）的灵活动态脉冲响应分析。由房地产次级按揭贷款引发的美国次贷危机对全球金融系统的危害引发各国对房地产市场信贷监管的关注，特别是随着房地产价格的不断攀升，房地产泡沫的产生对一国金融系统稳定产生巨大威胁。图 7 - 6 为研究样本期间不同的脉冲响应期数中金融宏观审慎监管（GAP）对房地产市场价格（HPI）的灵活动态脉冲响应

结果。从不同样本期数来看，样本期内房地产价格对金融宏观监管有效性的影响呈动态性，且具有驼峰特征。从不同脉冲响应期数来看，房地产价格对金融宏观审慎监管有效性的冲击作用也在各期呈现不同的状况，灵活变动，滞后 1 期和 2 期的变化最大，之后在第 4 期逐渐回落至零点附近。

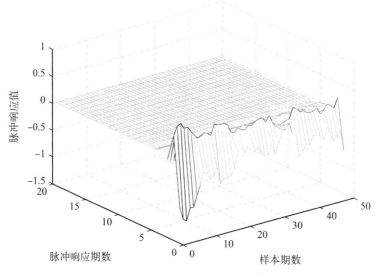

图 7 - 6　GAP 对 HPI 的灵活动态脉冲响应结果

7.3.3　我国金融状况指数（MFCI）测度与分析

7.3.3.1　我国金融宏观状况指数变量灵活动态权重的测算

根据 MI - TVP - SV - VAR 模型对 2006 ~ 2017 年期间我国金融状况指数中的 6 个金融状况变量的灵活动态权重进行估计（2003 ~ 2005 年数据为训练样本）。通过图 7 - 1 至图 7 - 6 的结果分析可知各个变量对金融宏观审慎监管的影响大多发生在 5 期之内，且主要影响作用发生在 4 期内，故在权重计算过程中，选择 1 ~ 4 期的脉冲响应函数值来进行权重测算。另外没有选择全部的 20 期脉冲响应值的另一个原因是在 MI - TVP - SV - VAR 模型测算权重过程中会产生大量的脉冲响应函数值，如果选择全部的函数值进行测算就会造成原本权重较大的变量经过重复叠加之后变得更大，而权重小的变量其权重更小。

按照式（7.17）计算方法得到各金融状况变量的灵活动态权重，结果如图7-7所示。通过比较分析可得我国金融状况变量的权重表现为以下特点：第一，金融状况变量的权重具有灵活时变性。通过整体观察可知，所有变量在整个区间内都呈现基本平稳又存在波动的状况，因此说明各变量的权重基本为静态的，但也在发展过程中呈现波动性。第二，通过各变量的权重比较发现，货币供应量和利率在我国金融状况指数中的权重较大，这主要是因为我国是银行主导型金融结构，广义信贷规模受利率和货币供应的影响较大。

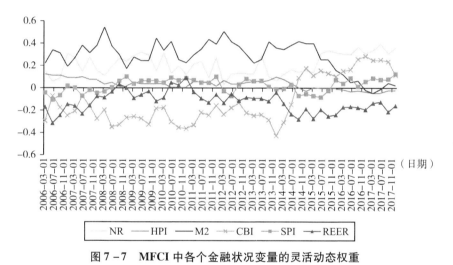

图7-7　MFCI中各个金融状况变量的灵活动态权重

7.3.3.2　我国金融状况指数（MFCI）测算结果

为突出灵活动态我国金融状况指数对金融宏观审慎监管有效性的预测作用，将两者在折线图中进行比较。从图7-8可以看出2006～2017年间我国金融状况指数与金融宏观审慎监管有效性指标在趋势上保持一致性，总体来看，MFCI领先于金融宏观审慎监管有效性指标的变动。从我国金融状况指数变动来看，我国金融状况一直呈动态演化，在整体保持平稳的趋势下，受不同经济金融环境影响而上下波动。

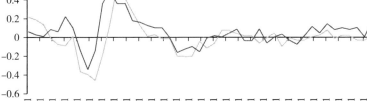

图 7 - 8　MFCI 与金融宏观审慎监管相关关系

<h2>7.4　MFCI 对金融宏观审慎监管
有效性的预测研究</h2>

　　通过图 7 - 8 可以看出我国金融状况指数（MFCI）与金融宏观审慎监管有效性指标之间具有趋势一致性。在此基础上，为验证 MFCI 的预测能力和预测效果，首先，运用格兰杰因果检验分析两者之间的因果关系，检验 MFCI 对 GAP 预测作用存在的可能性，之后运用 MF - DCCA 算法和跨期相关性检验分析 MFCI 与 GAP 之间的非对称相关性和跨期相关性分析 MFCI 对 GAP 的预测能力，最后运用交叉谱分析的方法对 MF-CI 的预测能力和预测效果进行分析和验证。

7.4.1　MFCI 与金融宏观审慎监管政策有效性的因果关系检验

　　在判定所构建的我国金融状况指数对宏观审慎监管有效性的预测能力之前，首先对两个变量之间的因果关系进行验证，一方面进一步印证前期 MFCI 中各变量与宏观审慎监管有效性之间脉冲响应关系的存在，另一方面也是 MFCI 预测能力有效的基础。

　　因前期已对宏观审慎监管有效性指标 GAP 的平稳性进行验证，且经过 MI - TVP - SV - VAR 模型测算所得的灵活动态指数本身也为平稳性数据，因此，这里不再对 GAP 与 MFCI 的平稳性做重复验证。基于两个变量的平稳性对其进行格兰杰因果检验，所得结果如表 7 - 3 所示。

表 7 - 3　　　　　　　　MFCI 与 GAP 的格兰杰因果关系检验

零假设	滞后期	统计值	P 值
MFCI 不是 GAP 的格兰杰原因	1	20.49919 ***	0.0000
GAP 不是 MFCI 的格兰杰原因	1	0.735015	0.3913
MFCI 不是 GAP 的格兰杰原因	2	18.35980 ***	0.0001
GAP 不是 MFCI 的格兰杰原因	2	4.225553	0.1209
MFCI 不是 GAP 的格兰杰原因	3	24.65643 ***	0.0000
GAP 不是 MFCI 的格兰杰原因	3	5.033701	0.1693
MFCI 不是 GAP 的格兰杰原因	4	22.75782 ***	0.0001
GAP 不是 MFCI 的格兰杰原因	4	6.801879	0.1467

注：*** 、 ** 、 * 分别表示在 1%、5%、10% 的显著水平下显著。

201

通过表 7 - 3 中各期格兰杰因果检验可知，MFCI 是 GAP 的格兰杰原因但是 GAP 不是 MFCI 的格兰杰原因，这说明我国金融状况指数的变动能够影响金融宏观审慎监管有效性指标，从而对我国金融宏观审慎监管有效性产生影响作用。但是金融宏观审慎监管的有效性对我国金融状况指数的影响作用却不显著，这说明了所构建的我国金融状况指数 MF-CI 对金融宏观审慎监管有效性预测作用存在的可能性。

7.4.2　MFCI 与金融宏观审慎监管政策有效性的非对称相关性

在验证 MFCI 对 GAP 具有预测作用之后，为进一步细化分析我国金融状况指数对金融宏观审慎监管有效性在波动幅度、变化方向方面的预测作用，基于金融系统非线性特征，选用 MF - DCCA 算法研究两者之间的非对称相关性以及在波动幅度、变化方向上的关系。

7. 4. 2. 1 MF – ADCCA 算法

第一步，给定两个同样长度的时间序列 $\{x^{(1)}(k)\}$ 和 $\{x^{(2)}(k)\}$，$k = 1, 2, \cdots, N$，N 为时间序列中数据的个数，令 $\overline{x^{(1)}} = \frac{1}{N}\sum_{k=1}^{N}x^{(i)}(k)$，$i = 1, 2$。构造新的时间序列：

$$y^{(i)}(m) = \sum_{k=1}^{m}(x^{(i)}(k) - \overline{x^{(1)}}) \qquad (7.18)$$

其中，$m = 1, 2, \cdots, N$

第二步，新的时间序列 $y^{(i)}(m) = \sum_{k=1}^{m}(x^{(i)}(k) - \overline{x^{(1)}})$ $(i = 1, 2)$ 被分成不相重叠，长度为 n 的子区间，子区间的个数为 $N_n = \mathrm{int}(N/n)$，因为 N 并不总是能被 n 整除，为将结尾处的序列包含在内，逆序处理数据后并重复上述操作，最后得到 $2N_n$ 个相同长度的子区间。

第三步，子时间序列和子区间相应的整合时间序列分别表示为 $S_j^{(1)} = \{s_{j,k}^{(i)}, k = 1, \cdots, n\}$，$Y_j^{(i)} = \{y_{j,k}^{(i)}, k = 1, \cdots, n\}$，其中 $j = 1, 2, \cdots, 2N_n$。设定 $10 \leqslant n \leqslant \frac{N}{4}$，在第 j 个子区间内，

$$s_{j,k}^{(i)} = x^{(i)}[(j-1)n+k], \quad y_{j,k}^{(i)} = y^{(i)}[(j-1)n+k] \qquad (7.19)$$

其中，$j = 1, 2, \cdots, N_n$

$$s_{j,k}^{(i)} = x^{(i)}[(j-N_n)n+k], \quad y_{j,k}^{(i)} = y^{(i)}[(j-N_n)n+k] \qquad (7.20)$$

其中，$j = N_n+1, N_n+2, \cdots, 2N_n$

第四步，对于时间序列 $s_j^{(i)} = \{s_{j,k}^{(i)}, k = 1, \cdots, n\}$ 和它的整合时间序列 $Y_j^{(i)} = \{y_{j,k}^{(i)}, k = 1, \cdots, n\}$，应用最小二乘法计算局部拟合函数：

$$L_{S_j^{(i)}}(k) = a_{S_j^{(i)}} + b_{S_j^{(i)}}k; \quad L_{Y_j^{(i)}}(k) = a_{Y_j^{(i)}} + b_{Y_j^{(i)}}k \qquad (7.21)$$

其中，k 是横坐标，$j = 1, 2, \cdots, 2N_n$，因此定义波动函数为：

$$F_j(n) = \frac{1}{n}\sum_{k=1}^{n}|y_{j,k}^{(1)} - L_{Y_j^{(1)}}(k)| \cdot |y_{j,k}^{(2)} - L_{Y_j^{(2)}}(k)| \qquad (7.22)$$

第五步，斜率 $b_{S_j^{(i)}}$ 决定集中在子时间序列 $S_j^{(i)}$ 的趋势是正还是负，$b_{S_j^{(i)}} > 0$ 则表示趋势为正。因此，考虑到两个时间序列的非对称交叉相关性是由于某一时间序列的不同趋势造成的（以 $\{x^{(1)}(t)\}$ 为例），方向性 q 阶平均波动函数可以表示成如下形式：

$$F_q^+(n) = \left(\frac{1}{M^+} \sum_{j=1}^{2N_n} \frac{sign(b_{S_j^{(1)}}) + 1}{2} \left[F_j(n) \right]^{\frac{q}{2}} \right)^{\frac{1}{q}} \qquad (7.23)$$

$$F_q^-(n) = \left(\frac{1}{M^-} \sum_{j=1}^{2N_n} \frac{- \left[sign(b_{S_j^{(1)}}) - 1 \right]}{2} \left[F_j(n) \right]^{\frac{q}{2}} \right)^{\frac{1}{q}} \qquad (7.24)$$

其中，$M^+ = \sum\limits_{j=1}^{2N_n} \dfrac{sign(b_{S_j^{(1)}}) + 1}{2}$，$M^- = \sum\limits_{j=1}^{2N_n} \dfrac{- \left[sign(b_{S_j^{(1)}}) - 1 \right]}{2}$ 代表相对而言正、负趋势的子时间序列的数量。

如果幂律交叉相关性存在，那么标度或幂律关系应该满足：

$$F_q^+(n) \sim n^{H_{12}^+(q)}; \; F_q^-(n) \sim n^{H_{12}^-(q)} \qquad (7.25)$$

其中，$H_{12}^+(q)$ 分别代表时间序列 $\{x^{(1)}(t)\}$ 上升、下降时标度指数。当 $H_{12}^+(q) > 0.5$（$H_{12}^+(q) < 0.5$）时，时间序列 $\{x^{(1)}(t)\}$ 上升时的交叉相关具有持久性（反持久性）。如果 $H_{12}^+(q)$ 随着 q 的变动而变动，说明两序列的交叉相关存在多重分形特征。同理，$H_{12}^-(q)$ 亦如此。

另外，为了衡量交叉相关的非对称程度，定义：

$$\Delta H_{12}(q) = H_{12}^+(q) - H_{12}^-(q) \qquad (7.26)$$

对于每一个 q 值，$|\Delta H_{12}(q)|$ 越大，则非对称性越强。若 $\Delta H_{12}(q) > 0$，说明时间序列 $\{x^{(1)}(t)\}$ 上升时的交叉相关的持久性程度更强，若 $\Delta H_{12}(q) < 0$，说明时间序列 $\{x^{(1)}(t)\}$ 下降时的交叉相关的持久性程度更强。若 $\Delta H_{12}(q) = 0$，说明不同趋势的时间序列 $\{x^{(1)}(t)\}$ 的交叉相关是对称的，即时间序列 $\{x^{(1)}(t)\}$ 上升趋势和下降趋势时的交叉相关性相同。

7.4.2.2　MFCI 与金融宏观审慎监管政策有效性的非对称相关性分析

首先，分析不同趋势下交叉序列的非对称交叉相关性。令 $q = 2$，得到不同趋势下的 MFCI 和 GAP 交叉项的标度指数 $H_{12}^+(2)$、$H_{12}^-(2)$，具体结果见表 7 - 4。由表 7 - 4 可以看出，MFCI（或 GAP）序列的 $H_{12}^+(2)$ 和 $H_{12}^-(2)$ 都显著大于 0.5，表明无论 MFCI（或 GAP）呈上升还是下降趋势时，两序列之间的交叉相关具有持久性。由 $\Delta H_{12}(2)$ 显著不为 0，表明当 MFCI（或 GAP）序列具有不同趋势时，交叉相关是

非对称的。且对于 MFCI 序列，$H_{12}^{+}(2) > H_{12}^{-}(2)$，表明上升趋势的长记忆性更显著，即当 MFCI 序列呈上升趋势时比下降趋势时的交叉相关的持久性更强。MFCI 具有不同趋势时的 $|\Delta H_{12}(2)|$ 小于 GAP 序列具有不同趋势时的 $|\Delta H_{12}(2)|$，说明 GAP 具有不同趋势时，交叉相关的非对称性更强。

表 7 - 4   交叉序列的标度指数趋势分析

序列	$H_{12}^{+}(2)$	$H_{12}^{-}(2)$	$\Delta H_{12}(2)$
MFCI	3.763	2.201	1.562
GAP	1.051	3.585	-2.534

其次，分析不同趋势下单独序列的非对称自相关性。表 7 - 5 给出了不同趋势下 MFCI 和 GAP 单独项的标度指数 $H_{12}^{+}(2)$、$H_{12}^{-}(2)$。由表 7 - 5 可以看出，MFCI（或 GAP）序列无论是上升还是下降趋势，自相关都具有持久性。当 MFCI（或 GAP）具有不同趋势时，自相关的持久性不同（$H_{12}^{+}(2) \neq H_{12}^{-}(2)$），即自相关具有非对称性。并且对于 MFCI，$\Delta H_{12}(2) > 0$，即 $H_{12}^{+}(2) > H_{12}^{-}(2)$，表明当 MFCI（或 GAP）呈上升趋势时，单独序列的自相关的持久性更强。对于 GAP，$\Delta H_{12}(2) < 0$，即 $H_{12}^{+}(2) < H_{12}^{-}(2)$，表明当 GAP 呈下降趋势时，单独序列的自相关的持久性更强。MFCI 具有不同趋势时的 $|\Delta H_{12}(2)|$ 大于 GAP 具有不同趋势时的 $|\Delta H_{12}(2)|$，说明 MFCI 的非对称自相关程度更强。

表 7 - 5   单独序列的标度指数趋势分析

序列	$H_{12}^{+}(2)$	$H_{12}^{-}(2)$	$\Delta H_{12}(2)$
MFCI	3.742	1.604	2.137
GAP	1.601	2.058	-0.457

再次，分析不同趋势下交叉相关性与变动幅度之间的关系。图 7 - 9 给出了 MFCI 和 GAP 具有不同趋势时，交叉序列的 $h^{+}(q)$、$h^{-}(q)$ 随着 q 值变化的走势图。当 MFCI 呈下降趋势时，对于任意 q 值，$h^{-}(q)$ 全都大于 0.5，交叉相关具有持久性，并且持久性与波动幅度无关，

MFCI 的下降会导致 GAP 的下降。当 MFCI 呈上升趋势时，$h^+(q)$ 全都大于 0.5，说明 MFCI 的上升会导致 GAP 的上升。

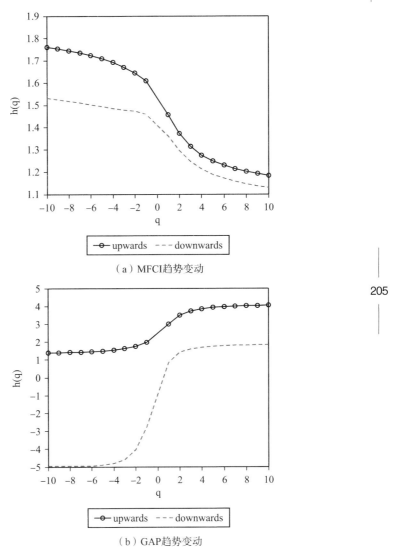

（a）MFCI趋势变动

（b）GAP趋势变动

图 7 - 9　不同趋势下交叉序列的非对称标度指数

最后，分析不同趋势下交叉序列的非对称交叉相关性及单独序列的非对称自相关性的多重分形特征。由图 7 - 10 分析得到，交叉序列的

$h^+(q)$、$h^-(q)$ 均不为常数，不同趋势的两序列的交叉相关性具有多重分形特征。另外，交叉序列的 $h^+(q)$ 与 $h^-(q)$ 全不相等，即交叉序列的 $|\Delta H_{12}(q)|$ 全不为 0（见图 7-10），表明 MFCI（或 GAP）两序列的非对称交叉相关性具有多重分形特征。当 MFCI 具有不同趋势时，$\Delta H_{12}(q)$ 随着 q 的增大而呈现下降趋势，小幅度变化比大幅度变化的交叉相关的非对称性更强。当 GAP 具有不同趋势时，$\Delta H_{12}(q)$ 随着 q 的增大先增后减，两序列的非对称交叉相关性与金融宏观审慎监管有效性的变动幅度有关，小幅度变化比大幅度变化的交叉相关的非对称性更强。图 7-11 分别给出了 MFCI（或 GAP）具有不同趋势时，单独序列的非对称标度指数 $h^+(q)$、$h^-(q)$ 随着 q 值变化的走势图。由图 7-11 知，单独序列的 $h^+(q)$、$h^-(q)$ 均不为常数，MFCI（或 GAP）的非对称自相关性也具有多重分形特征。同时由图 7-11 看出，GAP 单独序列的 $\Delta H_{12}(q)$ 随着 q 的变化呈现递减趋势，说明 GAP 序列的自相关性的非对称程度随着变动幅度增加而减小。MFCI 单独序列的 $\Delta H_{12}(q)$ 随着 q 的变化先增大后减小再增大，说明 MFCI 序列的自相关性的非对称程度对波动幅度的变动反应敏感。至此可以看出，对于非对称性的多重分形特征，GAP 对 MFCI 的交叉影响没有改变单独序列本身的非对称性的多重分形特征，而且，交叉序列和 GAP 对于波动趋势的反应是一样的；MFCI 对 GAP 的交叉影响改变了单独序列本身的非对称影响，说明了金融状况对金融宏观审慎监管有效性的前期影响作用的存在。

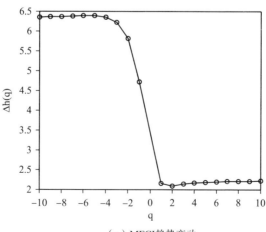

（a）MFCI趋势变动

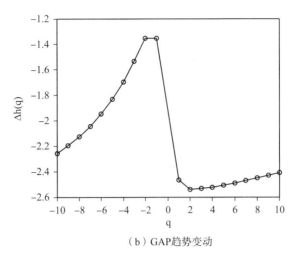

（b）GAP趋势变动

图 7 - 10   不同趋势下交叉序列的 $\Delta H_{12}(q)$

　　通过 MF - ADCCA 算法可知我国金融状况指数与金融宏观审慎监管有效性之间存在交叉相关性，且交叉相关呈现非对称性，MFCI 对 GAP 的交叉影响改变 GAP 本身的非对称影响，MFCI 能够对金融宏观审慎监管有效性起到预测作用。

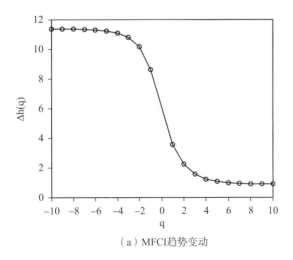

（a）MFCI趋势变动

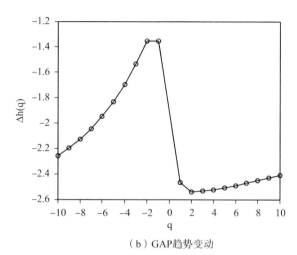

（b）GAP趋势变动

图 7 – 11　不同趋势下单独序列的 $\Delta H_{12}(q)$

7.4.3　MFCI 与金融宏观审慎监管政策有效性的跨期相关性

　　为判定我国金融状况指数对金融宏观审慎监管有效性的领先和预测作用，对 MFCI 与 GAP 进行跨期相关性检验，所得相关系数如表 7 – 6 所示。通过表 7 – 6 可以看出 MFCI 与未来 1 个季度也就是 3 个月内的金融宏观审慎监管有效性指标的相关性相对较强，相关系数都在 0.4 以上，说明 MFCI 对金融宏观审慎监管有效性的预测作用在短期内效果更好。

表 7 – 6　　　　　　　　不同领先期的 MFCI 与 GAP 跨期相关关系

0 期	1 期	2 期	3 期	4 期
0.638316	0.409089	0.135742	– 0.07046	– 0.158066

7.4.4　MFCI 与金融宏观审慎监管政策有效性的时效性检验

　　为验证 MFCI 对金融宏观审慎监管有效性预测作用研究结果的有效性，进一步运用交叉谱分析，检验 MFCI 与 GAP 之间的领先滞后关系。表 7 – 7 中列示 MFCI 与 GAP 交叉谱分析结果，MFCI 与 GAP 在 32 – 1 个

表7-7　MFCI与金融宏观审慎监管有效性交叉谱结果

跨度	振幅	一致性	时间差	角度	跨度	振幅	一致性	时间差	角度	跨度	振幅	一致性	时间差	角度
32.000	0.009	0.199	0.016	0.002	2.783	0.011	0.791	0.007	0.008	1.455	0.000	0.077	0.000	0.000
25.600	0.009	0.209	0.016	0.002	2.723	0.010	0.798	0.006	0.007	1.438	0.000	0.075	0.000	0.000
21.333	0.010	0.221	0.016	0.002	2.667	0.010	0.804	0.006	0.007	1.422	0.000	0.071	0.000	0.000
18.286	0.010	0.235	0.016	0.003	2.612	0.009	0.809	0.006	0.007	1.407	0.000	0.067	0.000	0.000
16.000	0.010	0.250	0.016	0.003	2.560	0.009	0.813	0.005	0.007	1.391	0.000	0.062	0.000	0.000
14.222	0.011	0.267	0.016	0.003	2.510	0.008	0.815	0.005	0.006	1.376	0.000	0.057	0.000	0.000
12.800	0.011	0.284	0.016	0.004	2.462	0.008	0.815	0.005	0.006	1.362	0.000	0.051	0.000	0.000
11.636	0.012	0.303	0.015	0.004	2.415	0.007	0.814	0.005	0.006	1.347	0.000	0.044	0.000	0.000
10.667	0.012	0.322	0.015	0.004	2.370	0.007	0.809	0.004	0.006	1.333	0.000	0.038	0.000	0.000
9.846	0.013	0.342	0.015	0.005	2.327	0.007	0.803	0.004	0.005	1.320	0.000	0.032	0.000	0.000
9.143	0.013	0.362	0.015	0.005	2.286	0.006	0.793	0.004	0.005	1.306	0.000	0.026	0.000	0.000
8.533	0.014	0.382	0.015	0.005	2.246	0.006	0.780	0.003	0.005	1.293	0.000	0.021	0.000	0.000
8.000	0.014	0.403	0.014	0.006	2.207	0.005	0.764	0.003	0.004	1.280	0.000	0.016	0.000	0.000
7.529	0.015	0.423	0.014	0.006	2.169	0.005	0.744	0.003	0.004	1.267	0.000	0.012	0.000	0.000
7.111	0.015	0.442	0.014	0.006	2.133	0.004	0.721	0.003	0.004	1.255	0.000	0.009	0.000	0.000
6.737	0.015	0.462	0.014	0.006	2.098	0.004	0.693	0.002	0.004	1.243	0.000	0.007	0.000	0.000
6.400	0.016	0.481	0.013	0.007	2.065	0.004	0.662	0.002	0.003	1.231	0.000	0.005	0.000	0.000

跨度	振幅	一致性	时间差	角度	跨度	振幅	一致性	时间差	角度	跨度	振幅	一致性	时间差	角度
6.095	0.016	0.499	0.013	0.007	2.032	0.003	0.628	0.002	0.003	1.219	0.000	0.004	0.000	0.000
5.818	0.016	0.517	0.013	0.007	2.000	0.003	0.590	0.002	0.003	1.208	0.000	0.003	0.000	0.000
5.565	0.017	0.534	0.013	0.007	1.969	0.003	0.549	0.002	0.003	1.196	0.000	0.003	0.000	0.000
5.333	0.017	0.550	0.012	0.007	1.939	0.002	0.506	0.001	0.002	1.185	0.000	0.002	0.000	0.000
5.120	0.017	0.566	0.012	0.008	1.910	0.002	0.462	0.001	0.002	1.174	0.000	0.002	0.000	0.000
4.923	0.017	0.581	0.012	0.008	1.882	0.002	0.416	0.001	0.002	1.164	0.000	0.002	0.000	0.000
4.741	0.017	0.595	0.012	0.008	1.855	0.002	0.371	0.001	0.002	1.153	0.000	0.002	0.000	0.000
4.571	0.017	0.609	0.012	0.008	1.829	0.002	0.327	0.001	0.002	1.143	0.000	0.001	0.000	0.000
4.414	0.017	0.622	0.011	0.008	1.803	0.001	0.285	0.001	0.001	1.133	0.000	0.001	0.000	0.000
4.267	0.017	0.634	0.011	0.008	1.778	0.001	0.247	0.001	0.001	1.123	0.000	0.001	0.000	0.000
4.129	0.017	0.646	0.011	0.008	1.753	0.001	0.212	0.001	0.001	1.113	0.000	0.001	0.000	0.000
4.000	0.017	0.657	0.011	0.008	1.730	0.001	0.181	0.001	0.001	1.103	0.000	0.002	0.000	0.000
3.879	0.016	0.668	0.010	0.008	1.707	0.001	0.155	0.000	0.001	1.094	0.000	0.003	0.000	0.000
3.765	0.016	0.679	0.010	0.008	1.684	0.001	0.133	0.000	0.001	1.085	0.000	0.003	0.000	0.000
3.657	0.016	0.690	0.010	0.009	1.662	0.001	0.117	0.000	0.001	1.076	0.000	0.004	0.000	0.000
3.556	0.015	0.700	0.010	0.009	1.641	0.001	0.104	0.000	0.001	1.067	0.000	0.006	0.000	0.000
3.459	0.015	0.710	0.009	0.009	1.620	0.001	0.095	0.000	0.000	1.058	0.000	0.007	0.000	0.000

续表

跨度	振幅	一致性	时间差	角度	跨度	振幅	一致性	时间差	角度	跨度	振幅	一致性	时间差	角度
3.368	0.015	0.720	0.009	0.009	1.600	0.001	0.089	0.000	0.000	1.049	0.000	0.008	0.000	0.000
3.282	0.014	0.729	0.009	0.008	1.580	0.000	0.085	0.000	0.000	1.041	0.000	0.009	0.000	0.000
3.200	0.014	0.739	0.009	0.008	1.561	0.000	0.083	0.000	0.000	1.032	0.000	0.011	0.000	0.000
3.122	0.013	0.748	0.008	0.008	1.542	0.000	0.082	0.000	0.000	1.024	0.000	0.012	0.000	0.000
3.048	0.013	0.758	0.008	0.008	1.524	0.000	0.081	0.000	0.000	1.016	0.000	0.012	0.000	0.000
2.977	0.012	0.766	0.008	0.008	1.506	0.000	0.081	0.000	0.000	1.008	0.000	0.013	0.000	0.000
2.909	0.012	0.775	0.007	0.008	1.488	0.000	0.080	0.000	0.000	1.000	0.000	0.013	0.000	0.000
2.867	0.011	0.783	0.007	0.008	1.471	0.000	0.079	0.000	0.000					

季度的时间跨度上一致性均值能够保持在 0.337，说明两者之间具有较强的相关性。从时差和角度来看，MFCI 均领先于 GAP，且在 2 季度时间段内一致性最高，说明我国金融状况指数在中短期内领先于金融宏观审慎监管有效性指标，对金融宏观审慎监管具有预测作用。

7.5   本 章 小 结

本部分基于金融环境和金融宏观审慎监管的灵活性、动态性，运用混合创新时变系数随机方差向量自回归模型（MI－TVP－SV－VAR）从与金融宏观审慎监管密切相关的货币市场、资本市场、债券市场、外汇市场以及房地产市场选取代表性指标，重新构建了我国金融状况指数（MFCI），并基于 MF－ADCCA 算法、交叉谱分析等分析 MFCI 与金融宏观审慎监管有效性指标的跨期相关性、非对称相关性，进而验证金融状况指数对金融宏观审慎监管有效性的预测作用和预测能力。通过研究主要得出以下结论：第一，各金融状况变量对金融宏观审慎监管有效性的脉冲响应函数值在不同样本期数上具有动态性，在不同脉冲期数上具有灵活性。第二，金融状况变量的权重具有灵活时变性，其中，货币供应量、利率在 MFCI 中的权重较大。第三，我国金融状况指数（MFCI）在样本期间能够与金融宏观审慎监管有效性指标在变动趋势上保持一致性，且领先于金融宏观审慎监管有效性指标的变动。第四，运用格兰杰因果检验验证 MFCI 与金融宏观审慎监管有效性的因果关系，之后运用 MF－ADCCA 算法对 MFCI 与金融宏观审慎监管有效性的非对称相关性检验得出具有不同趋势时 MFCI 的交叉相关非对称性自相关性更强，MFCI 与 GAP 时间序列具有持久的交叉相关性，MFCI 的下降会导致 GAP 的下降，MFCI 的上升会导致 GAP 的上升；MFCI 对 GAP 的交叉影响改变了单独序列本身的非对称影响，说明我国金融状况指数 MFCI 对金融宏观审慎监管有效性的前期影响作用的存在，具有对金融宏观审慎监管有效性的预测作用。跨期相关性检验得出 MFCI 对金融宏观审慎监管有效性的预测作用在 3 个月内效果更显著，这一结论与交叉谱分析结果保持一致。

第8章 完善我国金融宏观审慎监管框架的政策建议

本书研究主要从金融宏观审慎监管工具传导路径、工具有效性、协调性以及有效性预测方面对我国金融宏观审慎监管相关问题进行研究,基于本书研究内容和研究结论,将有针对性地从宏观审慎监管工具储备池建设、金融宏观审慎监管协调机制建设以及金融宏观审慎监管预期管理三个方面提出完善我国金融宏观审慎监管的政策建议。我国金融宏观审慎监管中存在问题、本书主要研究成果及对应政策建议之间的关系如图 8-1 所示。

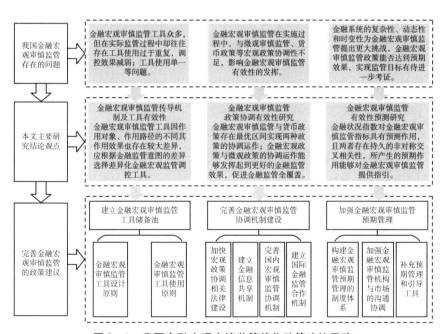

图 8-1 我国金融宏观审慎监管优化政策建议思路

8.1 建立金融宏观审慎监管工具储备池

通过第 4 章和第 5 章对金融宏观审慎监管工具传导路径及工具有效性的研究发现金融宏观审慎监管种类较多，不同监管工具作用对象、作用路径和作用效果存在较大的差异，而随着金融系统复杂性提升，系统性金融风险的表现形式也在不断发生变化，监管工具选择不当可能会使实际监管效果与金融宏观审慎监管预期存在较大差距，甚至起反作用。从我国当前宏观审慎监管发展来看，在金融宏观审慎监管工具选择依据和使用方面仍然处于探索阶段，在监管工具使用上过于集中、重复性较强，这会造成金融系统对金融监管工具实施产生反应抗体，削弱监管工具有效性，从而造成金融宏观审慎监管有效性降低。

为提升金融宏观审慎监管工具选择的有效性和实施的有效性，可以通过建立金融宏观审慎监管工具储备池的方式，明确金融宏观审慎监管工具的设计原则和使用原则，形成金融宏观审慎监管工具的动态调整机制，一方面对现有金融宏观审慎监管工具进行评价分析，做进一步细化的分类归纳，将不适用的监管工具予以剔除；另一方面通过国际借鉴和研究探索补充适合新时期新特点的新工具。

8.1.1 金融宏观审慎监管工具设计原则

根据本书对金融宏观审慎监管工具传导路径、工具特点以及有效性评价分析认为金融宏观审慎监管工具的设计应该从针对性、可行性、有效性三个方面展开：

（1）金融宏观审慎监管工具的针对性。相同的金融宏观审慎监管工具可能会因其所处的经济环境以及发展阶段的不同而发挥不同的效果，因此，在选择金融宏观审慎监管工具时应该首先对我国金融发展现状和金融监管现状进行分析，所选择的工具能够符合当前金融环境的实施要求；其次，还要分析宏观监管工具是否能够满足我国当前金融发展阶段的需求，不会因工具发展阶段适用性的不同而影响效果发挥；最后，宏观审慎监管工具的选择还要注重与其他宏观政策的协调性，尽量促进各类宏观政策的协调运作。

（2）金融宏观审慎监管工具的可行性。为提升金融宏观审慎监管效率，储备池中的宏观监管工具需要具有较强的可操作性，应尽量选取操作简单且透明度较高的工具。

（3）金融宏观审慎监管工具的有效性。金融宏观审慎监管工具实施的最终目的是维护金融稳定，防范系统性金融风险，因此，储备池工具应选取对系统性金融风险具有较好抑制作用，且最好能够防止该类工具作用的风险再次积累的工具，另外，还可以选取具备较好逆周期调节作用和防范风险传染的工具。

8.1.2　金融宏观审慎监管工具使用原则

通过对金融宏观审慎监管有效性的分析可知不同类别的金融宏观审慎监管工具的作用对象存在差异，因此，为确保金融宏观审慎监管的有效性，在进行宏观监管工具使用时还要根据监管条件的差异注意不同工具使用范围和原则的区别。

（1）注意不同监管工具适用条件的差异。在选择金融宏观审慎监管工具时需要对所调控的目标以及实施的经济环境进行分析，例如，当出现房地产价格的短期过快增长时，以调控房地产价格为监管目标，可以选取贷款价值比（LTV）这类对房价调控最为快速显著的信贷类审慎工具，而当没有特定的金融监管短期目标时，则可以考虑实施全面的宏观审慎调控，既可以选择杠杆率等资本类工具，也可以通过调控存贷比实现对系统流动性的调控。

（2）加强多种宏观监管工具组合。随着金融系统复杂性和金融风险传染性的增强，金融系统性风险的表现形式也不断发生变化，可能由某一金融机构的风险引发，也可能在金融系统的多个方面同时发生，因此，可以通过宏观监管工具组合的方式，从空间和时间两个不同的维度共同发挥风险调控作用，并且根据不同阶段风险表征的不同及时调整宏观监管工具组合，提升金融宏观审慎监管有效性。

8.2　完善金融宏观审慎监管协调机制建设

通过第 6 章对金融宏观审慎监管与货币政策、微观审慎政策等宏观政策的协调性研究可知，金融宏观审慎监管与其他宏观政策的协调运作能够提高政策实施效果，实现宏观调控优化，而如果各项政策之间协调性不足不仅不会造成政策失灵还可能对社会经济系统产生损害。从我国当前的金融宏观审慎监管政策与其他宏观政策的协调来看还存在较多问题，特别是在我国金融监管改革的变革时期，如果处理不好金融宏观审慎监管政策与其他宏观政策之间的协调性问题，极有可能引发系统性问题，因此，需要尽快建立和完善金融宏观审慎监管协调的相关法律和机制，为金融宏观审慎监管与其他宏观政策协调运作提供依据和保障。

8.2.1　加快宏观政策协调的相关法律建设

法律是制度实施的基本保障，建立有效的金融宏观审慎监管与其他宏观政策的协调机制需要以相关配套法律建设为依据。在我国现有法律基础上加快宏观政策协调的相关法律建设可以从两个方面入手：

（1）加快制定宏观调控相关的基本法律。金融宏观审慎监管协调性相关基本法律中需要对协调过程中相关各方法律责任进行界定，建立相应的问责制度，明确金融宏观监管与其他政策协调过程中调控权的最终归属问题以及政策协调的途径和方式等。基本法律的制定和实施对政策协调过程中各方职责、目标、权限范围等进行规定能够促进各方的协同作业。当各方协调过程中出现利益冲突时可以依据基础法律制定解决方案，同时也对各方起到监督和制约的作用。另外，基础法律中还要包含各方协调的基本程序，避免操作实施过程中因程序不当造成的时间和资源损失。

（2）加快补充制定相关部门的综合性法律。在金融宏观审慎监管与其他宏观政策协调实施过程中可能会出现相关部门职能的错位或重复，为规范各部门协作流程，促进各部门尽职尽责，需要在基础法律的基础上制定各行业部门或门类的综合性法律。综合性法律的制定会使相关部门的权责更加明晰，更有利于促进宏观政策协调过程中各部门的规范化运作，减少部门之间的摩擦或冲突。

8.2.2　建立金融信息共享机制

真实完整的金融市场信息及经济信息对于金融宏观审慎监管有效性具有重要的影响作用。特别是随着金融系统复杂性的不断提升，金融信息复杂化，金融监管经常会因信息不对称而造成监管失灵，从而影响金融宏观审慎监管的有效性。而从我国当前的金融监管部门设计来看，银保监会、金融机构以及央行在开展相关业务过程中信息不对称的现象较为明显，为促进金融部门之间的交流、提升金融监管有效性，有必要通过相应机制的建立促进金融监管相关部门或机构之间的信息互通、交流、协商，提升金融宏观审慎监管及其他监管政策的有效性。

所谓的金融信息共享机制就是金融宏观审慎监管部门以及其他监管部门、经济政策部门按照相关法律要求，定期将各部门所拥有的信息、数据以及其他相关信息进行共享，使遵循共享机制的每个部门都能够了解机制内其他部门的共享信息，从而为金融宏观审慎监管政策制定以及其他宏观政策制定和实施提供更加完善的信息。英国、日本等国已经建立了相应的金融信息共享机制，但是从各国现有的金融信息共享机制的设计和实施来看还存在协调效率低下、各方参与激励制度不完善、约束力不强等缺陷，从而导致各国现有共享机制作用不能较好发挥。

（1）金融信息共享机制的建立原则。通过对比国外已有的信息共享机制，并参照巴塞尔委员会、国际证监会组织等国际金融监管组织提出的《监管信息共享的基本原则》等建立我国金融宏观审慎监管政策与其他宏观政策协调的信息共享机制主要遵循以下原则：第一，将金融宏观审慎监管为目标导向。明确的目标导向是保持金融信息共享机制有效性的关键，以金融宏观审慎监管为目标，央行作为主要责任部门可以制定共享机制运行规则，有效引导机制中各部门和机构提供信息共享服务，促进共享机制有序持续运行。第二，共享机制各方权利和义务法定原则。为保障金融信息共享机制发挥持续良好的作用，还需要对共享机制相关当事方的权利和义务进行明确的规范。主要责任部门承担金融宏观审慎监管相关信息收集及宏观审慎政策分析的责任，同时也有权力要求共享机制中的其他机构或者部门提供监管所需信息，而其他参与人则按照规定向责任部门提供相关信息。对共享机制中所涉及单位的权利和义务建立相关法律进行规范和约束。第三，共享信息的审慎保密。因金融信息共享机制中所涉及信息关系到一国经济和金融安全，因此，要加强对共享信息的保护。金融信息共享机制相关各方都对共享信息保密负责，除相关权力部门依照法律法规要求可以对外提供信息数据外，其他部门不得以任何形式向任何机构或组织提供共享机制中的信息。

（2）我国金融信息共享机制方式的选择。通过上述对金融信息共享机制的论述可以发现金融信息共享机制的建立主要涉及两个方面，一是金融信息共享各部门的权力和职责，二是信息共享的范围界定。基于这两个方面，结合我国当前金融监管结构，建议我国可以建立以中国人民银行（以下简称"央行"）为责任部门，其他金融机构或单位共同参与的金融信息共享机制。

央行负责金融信息共享机制的运行，监测金融系统风险，制定金融宏观审慎监管政策。从我国金融结构来看，央行在宏观审慎监管工作中承担着重要的职责，在制定和执行货币政策过程中已经形成了金融信息收集、分析、政策制定的管理体系，另外，央行还具有完备的信息维护和清算体系，这些都为金融宏观审慎监管奠定了基础，因此，可以将央行作为责任部门牵头建设金融信息共享机制。由央行根据金融宏观审慎监管的需求和相关法律规定对其他参与部门提出信息需求，制定金融信息收集、统计、管理办法，统一统计口径，规范金融信息统计报表，各参与部门按照规定向央行提供所需信息数据。为了防止央行权力滥用，还需要建立相应的监督机制，央行需定期向相关领导部门或共享机制参与方报告信息共享机制的运行和信息使用情况。

金融信息共享机制的其他参与方则根据央行需求按照规范提供所需的金融数据、财务报表、情况通报、评估报告等材料，并确保所提供信息的规范性、完整性和真实性。在机制运行规则范围内，参与方在进行评估或风险分析过程中，也有权向机制内部其他各方提出信息共享要求，获得相关金融信息，但要注意信息的保密性，建立严格的信息保护机制。

8.2.3 建立和完善国内宏观审慎监管协调机制

从各国金融宏观审慎监管体系来看，央行都在宏观审慎监管体系中处于核心地位，但仅央行并不能较好地实现金融宏观审慎监管的协调，基于金融宏观审慎监管协调的复杂性和各国制度结构的差异，不同国家会根据各国具体国情建立和完善各国的金融监管体系。

（1）我国金融宏观监管协调的困境。原有的"一行三会"监管格局在发挥分业监管效用的同时也存在监管不协调的弊端。为解决监管协调问题，我国政府进行了一系列的探索，2013 年 8 月，成立金融监管协调部际联席会议制度，但效果甚微，因监管不协调所导致的局部风险时有发生。2015 年 11 月，"十三五"规划中又将建设金融宏观审慎管理制度，加强统筹协调作为我国金融工作的重点议题。2017 年 7 月，全国金融工作会议上提出设立国务院金融稳定发展委员会，推动金融宏观和微观监管的协调。2018 年 3 月，中共中央印发的《深化党和国家机构改革方案》明确指出，组建银保会，不再保留银监会和保监会。随着银监保监合并，也标志着"一委一行两会"新监管体系的形成。新金融监管改革体现了健全宏观审慎政策框架、加强央行统筹金融稳定核心地位，加强金融监管协调的金融监管改革新思路。

但是我国的金融监管协调机制建设刚刚起步，还存在许多需要规范和完善之处。比如，各部门协调合作的激励和约束机制建设不完善，虽然金稳委具有协调金融监管的责任，但是相关的操作要求、监督检查制度等的缺失都使各部门的协调难以落到实处。对于监管中的争议问题缺少解决机制和问责机制，表现为对金融创新产品的监管往往需要不同监管部门的合作，但是在监管过程中却常常出现重权力轻责任的情况，对于存在争议的问题没有较好的协调机制进行处理，造成金融监管协调性不足，多部门的重复监管还会造成监管成本的增加。特别是在对影子银行体系的监管中这种多头监管的监管失效更加明显。

（2）我国金融宏观监管协调机制的建立。针对我国金融宏观审慎监管协调中存在的问题，在现有金融监管框架下，可以从以下几个方面开展优化：

加强金融稳定发展委员会与其他监管主体的协调。2017 年 11 月，国务院正式成立金融稳定发展委员会作为协调金融稳定和改革发展重大问题的协调机构。金融稳定发展委员会金融监管协调地位的确立推动了我国金融宏观审慎监管协调机制的优化发展。但因其成立时间较短，还应从以下几个方面加强金融稳定发展委员会的金融监管协调权力：对金融监管指标体系及类别的决定权、对金融监管的立法建议权、对系统重要金融机构的直接监管权、对金融机构的检查权、重要金融管理人员的任职建议权等，并且应完善金稳委相关权力行使的法律依据。在加强金融稳定发展委员会协调监管权力的同时，还要建立和完善金稳委与其他金融宏观监管相关机构比如地方金融办、商务部门等之间的协调机制。

加强各金融监管主体之间的协调。新的金融监管框架下中国人民银行主要负责货币政策和金融宏观审慎监管，证监会和银保监会负责微观审慎监管。在实际监管过程中，监管机构的不协调容易造成重复监管或真空监管，增加监管成本，为市场套利者提供机会。因此，要在金融稳定发展委员会的协调下，建立央行与其他金融监管机构的协调机制，通过制定监管计划、共享监管信息等的方式加强金融监管机构之间的信息沟通，促进金融监管机构的监管协调。还可以通过联合监管的方式对系统重要金融机构或特殊金融机构进行监管协作，提高金融监管效率的同时也增加金融监管机构之间的监管协调性。

建立相应的激励和约束机制加强金融监管机构的再监管。金融稳定发展委员会要充分发挥监管协调的作用，制定对金融监管主体监管效率的评价和考核制度，通过监管协作积累，激励监管机构监管协调的积极性和主动性，促进各方在各自监管目标范围内的监管合作。同时，还要对金融监管机构各方行为进行有效约束，对于监管协作过程中不合作或消极合作的金融监管机构进行相关问题的核实和问责。

8.2.4　建立国际金融监管合作机制

随着金融全球化的发展，系统性风险的传染能力不断扩散，加强国际金融监管合作对于金融宏观审慎监管有效性提升具有重要意义。在金融宏观审慎监管标准方面，可以通过国际金融监管合作在监管信息披露原则、会计准则、信用评级等方面建立国际标准，提高跨境监管和跨市场监管效率；在金融宏观审慎监管对象方面，通过国际监管合作加强对系统性重要金融机构、跨国金融机构以及跨市场业务的监管，促进金融宏观审慎监管的合作和互补。

8.3　加强金融宏观审慎监管预期管理

通过第 7 章对金融宏观审慎监管有效性的预测研究可知，预期对金融宏观审慎监管有效性具有重要影响作用，可以通过预期作用于来引导市场行为从而起到一定的宏观调控作用。有关金融宏观审慎监管预期管理的完善可以从以下三个方面入手。

8.3.1　构建金融宏观审慎监管预期管理的制度体系

从美国的金融宏观监管实施来看，宏观政策的预期管理已经作为宏观政策的重要组成部分，由财政部部长作为政府经济发言人，根据监管需求提前发布相关的金融监管政策或信息，通过市场对政策预期的反应再进行监管政策的调整，这样会减少因市场对监管政策过度反应而造成的监管有效性降低。从当前我国金融宏观审慎监管体系框架来看，尚缺乏金融宏观审慎监管预期管理制度及体系。因金融监管预期会对不同领域产生不同的影响，故而在实施金融宏观审慎监管的预期管理之前，需要先对不同领域预期作用主体、信息传播渠道以及市场可能的反应等进行分析，建立金融宏观审慎监管预期管理体系。根据我国当前的金融监管体系，可以将国务院金融稳定发展委员会作为宏观调控预期管理的负责机构，并设立相应的发言人，而央行、证监会、银保监会以及其他相关金融监管部门也应在各自领域设置预期管理机制。实施金融宏观审慎监管的预期管理时可以根据不同阶段金融宏观审慎监管目标的差异选取适当渠道发布预期信息。

8.3.2　加强金融宏观审慎监管机构与市场的沟通协调

良好的信息沟通机制是金融宏观审慎监管政策预期管理目标实现的关键环节。政策制定和制度安排的透明度直接影响市场对金融宏观审慎监管政策的预期效果。受我国社会体制的影响，金融监管机构作为政府部门在政策制定、制度安排过程中与市场的信息沟通相对不足，使得市场对政府监管政策的反应也变得不可预估，从而导致金融宏观审慎监管预期管理效率较低。政府将与调控政策相关的政府会议纪要进行公开，并通过会议纪要内容加强公众与政府之间的信息交流，引导公众的政策预期。另外，在政府监管调控信息公布之前，还可以先与相关的媒体或记者约谈，将金融监管部门政策制定的初衷和目标通过媒体进行传播，缓解因信息不对称而导致市场对金融监管政策目的的猜忌所导致的失灵。建立双向的信息沟通渠道，促进金融监管政策部门与市场主体的交流，提升政策预期引导的有效性。

8.3.3　补充预期管理和引导工具

在建立信息沟通渠道的同时，还可以通过制定相关的信心指数、景气指数、金融状况指数等金融监管有效性指标的方式加强市场预期管理，例如，本书所构建的金融宏观状况指数等，可以通过分析现有的金融资产价格、债券市场价格变动等反映金融系统稳定性变动状况的信息，预测市场预期变动，与市场保持良好的沟通，对相关政策进行及时的调整，另外，还可以通过相关指数的变动传递金融宏观审慎监管机构监管的方向，从而引导市场预期。通过市场预期分析，提升金融宏观审慎监管微调功能，从而提升金融宏观审慎监管有效性。

参 考 文 献

［1］朱玲玲，胡日东．金融脱媒对我国货币政策传导机制的影响分析——基于 STVAR 模型［J］．宏观经济研究，2014（12）．

［2］周海欧，肖茜．我国金融稳定测度与因素分析（1994－2013）——基于"表现"和"能力"综合评价的视角［J］．当代财经，2015，362（1）．

［3］周德才，童飞杰，胡琛宇．基于混频损失函数的中国实时金融状况指数另种构建［J］．数量经济技术经济研究，2018，35（12）．

［4］周德才，冯婷，邓姝姝．我国灵活动态金融状况指数构建与应用研究——基于 MI－TVP－SV－VAR 模型的经验分析［J］．数量经济技术经济研究，2015（5）．

［5］郑联盛．金融创新、金融稳定的历史回望与当下风险管控［J］．改革，2014，246（8）．

［6］赵新泉，孟晓华．国际大宗商品与我国股市的极端风险溢出效应研究［J］．统计与决策，2018，34（4）．

［7］张晓明，任紫薇．我国银行与保险经营同质化水平研究［J］．经济问题，2019，6（6）．

［8］张岷．金融稳定评估指标体系的构建［J］．统计与决策，2007，229（1）．

［9］张洪涛，段小茜．金融稳定有关问题研究综述［J］．国际金融研究，2006（5）．

［10］苑莹，王梦迪，樊晓倩，张同辉．市场间相依性检验、非对称性及传导方向研究［J］．系统工程理论与实践，2016，36（11）．

［11］苑莹，王海英，庄新田．基于非线性相依的市场间金融传染度量——测度 2015 年中国股灾对重要经济体的传染效应［J］．系统工程理论与实践，2020，40（3）．

[12] 余建干，吴冲锋．金融冲击、货币政策规则的选择与中国经济波动 [J]．系统工程理论与实践，2017，37（2）．

[13] 于维生，张志远．国际金融监管的博弈解析与中国政策选择 [J]．国际金融研究，2013（1）．

[14] 尹力博，吴优．离岸人民币区域影响力研究——基于信息溢出的视角 [J]．金融研究，2017，446（8）．

[15] 尹继志．中央银行在金融宏观审慎监管体系中的地位与权限 [J]．财经科学，2011（1）．

[16] 叶欢．宏观审慎政策工具的有效性——基于中国、中国香港和韩国数据的研究 [J]．管理评论，2018，30（2）．

[17] 杨子晖，陈里璇，陈雨恬．经济政策不确定性与系统性金融风险的跨市场传染——基于非线性网络关联的研究 [J]．经济研究，2020，1（1）．

[18] 杨子晖，周颖刚．全球系统性金融风险溢出与外部冲击 [J]．中国社会科学，2018，12（12）．

[19] 杨亦民，刘星，李明贤．软预算约束、银行危机与金融监管 [J]．管理工程学报，2007，21（4）．

[20] 杨昊龙，方意，李宪铎，等．"金砖国家"宏观审慎政策有效性研究 [J]．宏观经济研究，2017（1）．

[21] 颜永嘉．影子银行体系的微观机理和宏观效应——一个文献综述 [J]．国际金融研究，2014（7）．

[22] 严伟祥，张维，牛华伟．金融风险动态相关与风险溢出异质性研究 [J]．财贸经济，2017，38（10）．

[23] 闫海．后金融危机时代的金融宏观审慎监管工具创新 [J]．财经科学，2010（10）．

[24] 徐国祥，郑雯．中国金融状况指数的构建及预测能力研究 [J]．统计研究，2013，30（8）．

[25] 谢平，邹传伟．金融危机后有关金融监管改革的理论综述 [J]．金融研究，2010（2）．

[26] 谢军，黄志忠，何翠茹．宏观货币政策和企业金融生态环境优化——基于企业融资约束的实证分析 [J]．经济评论，2013（4）．

[27] 肖卫国，尹智超，陈宇．资本账户开放、资本流动与金融稳

定——基于宏观审慎的视角 [J]. 世界经济研究, 2016 (1).

[28] 项后军, 巫姣, 谢杰. 地方债务影响经济波动吗 [J]. 中国工业经济, 2017, 1 (1).

[29] 吴云, 史岩. 监管割据与审慎不足: 中国金融监管体制的问题与改革 [J]. 经济问题, 2016 (5).

[30] 吴培新. 以货币政策和金融宏观审慎监管应对资产价格泡沫 [J]. 国际金融研究, 2011 (5).

[31] 王晓, 李佳. 金融稳定目标下货币政策与金融宏观审慎监管之间的关系: 一个文献综述 [J]. 国际金融研究, 2013 (4).

[32] 王伟, 李海平. 中央银行在我国银行业金融宏观审慎监管体系中的角色研究 [J]. 上海金融, 2012 (3).

[33] 王奇珍, 王玉东. 国际油价、美国经济不确定性和中国股市的波动溢出效应研究 [J]. 中国管理科学, 2018, 26 (11).

[34] 王力伟. 金融宏观审慎监管研究的最新进展: 从理论基础到政策工具 [J]. 国际金融研究, 2010 (11).

[35] 王国刚. 新常态下的金融风险防范机制 [J]. 金融研究, 2015 (2).

[36] 王爱俭, 王璟怡. 宏观审慎政策效应及其与货币政策关系研究 [J]. 经济研究, 2014 (4).

[37] 唐勇, 朱鹏飞. 基于分形视角下的沪港股市投资组合策略 [J]. 系统工程理论与实践, 2018, 38 (9).

[38] 石广平, 刘晓星, 许从宝. 异质性条件下的杠杆周期行为: 基于资产价格视角的研究 [J]. 系统工程理论与实践, 2017 (37).

[39] 沈悦, 李善燊, 马续涛. VAR 宏观计量经济模型的演变与最新发展——基于 2011 年诺贝尔经济学奖得主 Smis 研究成果的拓展脉络 [J]. 数量经济技术经济研究, 2012 (10).

[40] 尚玉皇, 郑挺国. 中国金融形势指数混频测度及其预警行为研究 [J]. 金融研究, 2018 (3).

[41] 綦相. 国际金融监管改革启示 [J]. 金融研究, 2015 (2).

[42] 苗永旺, 王亮亮. 金融系统性风险与金融宏观审慎监管研究 [J]. 国际金融研究, 2010 (8).

[43] 毛锐, 刘楠楠, 刘蓉. 地方政府债务扩张与系统性金融风险

225

的触发机制 [J].中国工业经济,2018,4(4).

[44] 马勇.基于金融稳定的货币政策框架:理论与实证分析 [J].国际金融研究,2013(11).

[45] 马旭平,王军,孙晓蕾,等.主权风险溢出网络动态特征研究:以"一带一路"国家为例 [J].系统工程理论与实践,2019,39(6).

[46] 马理,娄田田.基于零利率下限约束的宏观政策传导研究 [J].经济研究,2015(11).

[47] 马建堂,董小君,时红秀,徐杰,马小芳.中国的杠杆率与系统性金融风险防范 [J].财贸经济,2016,37(1).

[48] 马丹,许少强.中国贸易收支、贸易结构与人民币实际有效汇率 [J].数量经济技术经济研究,2005,22(6).

[49] 刘志洋.金融宏观审慎监管机构安排的国际实践 [J].国际金融研究,2012(8).

[50] 刘志洋,宋玉颖.金融宏观审慎监管政策工具实施及有效性国际实践 [J].中国社会科学院研究生院学报,2016(1).

[51] 刘向丽,王旭朋.基于小波分析的股指期货高频预测研究 [J].系统工程理论与实践,2015(6).

[52] 刘生福,李成.货币政策调控、银行风险承担与宏观审慎管理——基于动态面板系统 GMM 模型的实证分析 [J].南开经济研究,2014(5).

[53] 刘澜飚,郭子睿,王博.中国宏观审慎监管沟通对金融资产价格的影响——以股票市场为例 [J].国际金融研究,2018,374(6).

[54] 刘金全,张小宇,刘慧悦.货币政策与股票收益率的非线性影响机制研究 [J].金融研究,2013(1).

[55] 刘超.系统科学金融理论 [M].北京:科学出版社,2013.

[56] 刘超,徐君慧,周文文.中国金融市场的风险溢出效应研究——基于溢出指数和复杂网络方法 [J].系统工程理论与实践,2017,37(4).

[57] 刘超,马玉洁,王超.金融稳定与货币政策多目标协调性研究——基于 2005—2015 年月度数据 [J].系统科学与数学,2017,37(3).

[58] 刘超,李元睿,姜超,等.中国证券公司系统性风险测度及

演化特征研究——来自 20 家上市证券公司的数据 [J]. 中国管理科学，2019，28（5）.

［59］林志平. 我国资本市场稳定性问题探讨. 证券市场导报，2011（3）.

［60］廖岷，林学冠，寇宏. 中国金融宏观审慎监管工具和政策协调的有效性研究 [J]. 金融监管研究，2014（12）.

［61］梁璐璐，赵胜民，田昕明，等. 宏观审慎政策及货币政策效果探讨：基于 DSGE 框架的分析 [J]. 财经研究，2014，40（3）.

［62］梁丽珍，孔东民. 中国股市的流动性指标定价研究 [J]. 管理科学，2008，21（3）.

［63］李永胜. 兼具宏观和微观审慎监管功能的 LTV 限制 [J]. 统计与决策，2013（17）.

［64］李扬. "金融服务实体经济" 辨析 [J]. 经济研究，2017（6）.

［65］李文泓. 关于金融宏观审慎监管框架下逆周期政策的探讨 [J]. 金融研究，2009（7）.

［66］李鹏. 中国式影子银行宏观审慎监管：现实挑战与框架改进 [J]. 经济学家，2019，11（11）.

［67］李明强. 基于道德风险视角的资本类逆周期监管工具的比较分析 [J]. 金融发展研究，2012（11）.

［68］李建强，张淑翠，秦海林. 货币政策、宏观审慎与财政政策协调配合——基于 DSGE 策略博弈分析与福利评价 [J]. 财政研究，2018（12）.

［69］李卉，付文林. 区域金融市场风险及影响机制——基于财政视角的分析 [J]. 经济与管理评论，2019（1）.

［70］李成，李玉良，王婷. 金融宏观审慎监管视角的金融监管目标实现程度的实证分析 [J]. 国际金融研究，2013（1）.

［71］荆中博，方意. 中国宏观审慎政策工具的有效性和靶向性研究 [J]. 财贸经济，2018（10）.

［72］姜永宏，穆金旗，聂禾. 国际石油价格与中国行业股市的风险溢出效应研究 [J]. 经济与管理评论，2019（5）.

［73］惠康，任保平，钞小静. 中国金融稳定性的测度 [J]. 经济经纬，2010（1）.

［74］黄志强. 英国金融监管改革新架构及其启示［J］. 国际金融研究，2012（5）.

［75］黄宪，马理，代军勋. 资本充足率监管下银行信贷风险偏好与选择分析［J］. 金融研究，2005（7）.

［76］黄群慧. 论新时期中国实体经济的发展［J］. 中国工业经济，2017（9）.

［77］胡利琴，彭红枫，彭意. 我国银行业金融宏观审慎监管与微观审慎监管协调问题研究［J］. 管理世界，2012（11）.

［78］洪永淼，成思危，刘艳辉，等. 中国股市与世界其他股市之间的大风险溢出效应［J］. 经济学（季刊），2004（2）.

［79］韩平，李斌，崔永. 我国 M2/GDP 的动态增长路径、货币供应量与政策选择［J］. 经济研究，2005（10）.

［80］郭晔，杨娇. 货币政策的指示器——FCI 的实证检验和比较［J］. 金融研究，2012（8）.

［81］郭文伟. 中国股市泡沫与债市泡沫之间的时频联动性研究［J］. 系统工程，2017，35（8）.

［82］郭金龙，赵强. 保险业系统性风险文献综述［J］. 保险研究，2014，6（6）.

［83］宫晓琳. 宏观金融风险联动综合传染机制［J］. 金融研究，2012（5）.

［84］冯飞鹏. 产业政策、信贷配置与创新效率［J］. 财经研究，2018，440（7）.

［85］方意. 系统性风险的传染渠道与度量研究——兼论宏观审慎政策实施［J］. 管理世界，2016（8）.

［86］方意，赵胜民，谢晓闻. 货币政策的银行风险承担分析——兼论货币政策与宏观审慎政策协调问题［J］. 管理世界，2012（11）.

［87］范从来，高洁超. 银行资本监管与货币政策的最优配合：基于异质性金融冲击视角［J］. 管理世界，2018，34（1）.

［88］段小茜. 金融稳定及其变迁的新政治经济学分析［J］. 金融研究，2010，363（9）.

［89］刁思聪，程棵，杨晓光. 我国信贷资金流入股票市场、房地产市场的实证估计［J］. 系统工程理论与实践，2011，31（4）.

［90］崔金鑫，邹辉文. 时频视角下国际股市间高阶矩风险溢出效应研究［J］. 国际金融研究，2020，398（6）.

［91］程方楠，孟卫东. 宏观审慎政策与货币政策的协调搭配——基于贝叶斯估计的 DSGE 模型［J］. 中国管理科学，2017，25（1）.

［92］巴曙松，王璟怡，杜婧. 从微观审慎到宏观审慎：危机下的银行监管启示［J］. 国际金融研究，2010（5）.

［93］Yellen J L. Macroprudential supervision and monetary policy in the post-crisis world［J］. Business Economics，2010，46（1）：3－12.

［94］Westerlund J. New simple tests for panel cointegration［J］. Econometric Reviews，2005，24（3）：297－316.

［95］Wesise C. The asymmetric effects of monetary policy：a nonlinear vector autoregression approach［J］. Jouranl of Money，Credit and Bankig，1993，31（1）：85－108.

［96］Wellink A. Current issues in central banking［J］. Speech Presented at the central bank of Aruba. Oranjestad，Aruba，2002.

［97］Wang Y，Wang B，Zhang X. A new application of the support vector regression on the construction of financial conditions index to CPI prediction［J］. Procedia Computer Science，2012，9（Complete）：1263－1272.

［98］Wall，Larry D. Stricter microprudential supervision versus macroprudential supervision［J］. Journal of Financial Regulation and Compliance，2015，23（4）：354－368.

［99］Vandenbussche J.，Vogel U.，Detragiache E. Macro-prudential policies and housing prices：A new database and empirical evidence for central，eastern，and southeastern Europe［J］. Journal of Money Credit & Banking，2015，47（S1）：343－377.

［100］Unsal F D. Capital flows and financial stability；Monetary policy and macroprudential responses［C］. International Monetary Fund，2011：233－285.

［101］Tweneboah G，Alagidede P. Interdependence structure of precious metal prices：A multi-scale perspective［J］. Resources Policy，2018，59（11）：427－434.

［102］ Toda H, Yamamoto T. Statistical inference in vector autoregressions with possibly integrated processes ［J］. Journal of Econometrics, 1995, 66 (1 − 2): 225 − 250.

［103］ Toader O. Estimating the impact of higher capital requirements on the cost of equity: an empirical study of European banks ［J］. International Economics & Economic Policy, 2015, 12 (3): 411 − 436.

［104］ Tiwari A K, Cunado J, Gupta R, et al. Volatility spillovers across global asset classes: Evidence from time and frequency domains ［J］. The Quarterly Review of Economics and Finance, 2018, 70 (11): 194 − 202.

［105］ Tinbergen J. Economic policy: principles and design ［J］. Journal of the American Statistical Association, 1956, 53 (281): 230.

［106］ Tillmann P. Unconventional monetary policy and the spillovers to emerging markets ［J］. Journal of International Money & Finance, 2016, 66: 136 − 156.

［107］ Tillmann P. Estimating the effects of macroprudential policy shocks: A Qual VAR approach ［J］. Economics Letters, 2015, 135: 1 − 4.

［108］ Steeley J M. Volatility transmission between stock and bond markets ［J］. Journal of International Financial Markets Institutions & Money, 2006, 16 (1): 71 − 86.

［109］ Sousa J M, Zaghini A. Global monetary policy shocks in the G5: A SVAR approach ［J］. Journal of International Financial Markets, Institutions and Money, 2007, 17 (5): 403 − 419.

［110］ Solt E. The quest for the stability of the global financial system ［J］. Procedia Economics &Finance, 2015, 34: 485 − 492.

［111］ Smets F, Wouters R. An estimated stochastic dynamic general equilibrium model of the Euro Area ［J］. Journal of the European Economic Association, 2003, 1 (5): 1123 − 1175.

［112］ Silva W, Kimura H, Sobreiro V A. An analysis of the literature on systemic financial risk: A survey ［J］. Journal of Financial Stability, 2017, 28 (2): 91 − 114.

［113］ Shin H S. Reflections on Northern Rock: The bank run that heralded the global financial crisis [J]. Journal of Economic Perspectives, 2009, 23 (1): 101 – 19.

[114] Shikimi M, Yamada K. Trade and financial channels as the transmission mechanism of the financial crisis [J]. International Review of Economics & Finance, 2019, 63 (9): 364 – 381.

[115] Sehularick M, Taylor A M. Credit booms gone bust: Monetary policy, leverage cycles, and financial crises, 1870 – 2008 [J]. The American Economic Review, 2012, 102 (2): 1029 – 1061.

[116] Schwerter S. Basel III's ability to mitigate systemic risk [J]. Journal of Financial Regulation & Compliance, 2011, 19 (4): 337 – 354.

[117] Schoenmaker D, Wierts P. Macroprudential supervision: From theory to policy [J]. National Institute Economic Review, 2016, 235 (1): 50 – 62.

[118] Schoenholtz K, Cecchetti S. Loose-leaf for money, banking, and financial markets [J]. Irwin/McGraw – Hill, 2015.

[119] Schneider M., Tornell A. Balance sheet effects, bailouts guarantes and financial crises [J]. The Review of Economic Studies, 2004, 71 (3): 883 – 913.

[120] Schmitt – Grohé S, Uribe M. Is Optimal Capital Control Policy Countercyclical in Open Economy Models with Collateral Constraints? [J]. IMF Economic Review, 2017, 65 (3): 498 – 527.

[121] Schinasi G J. Defining financial stability [R]. IMF Working Papers, 2004, 04 (4/187): 37 – 55.

[122] Rose C. Financial regulation and risk governance [M]. Global Asset Management: Palgrave Macmillan UK, 2013.

[123] Ramirez J. A., Rodriguez E., Echeverria J. C. DFA approach for assessing asymmetric correlations [J]. Physica A, 2009, 388 (12): 2263 – 2270.

[124] Quagliariello M. Asset quality assessment and stress test for European banks [J]. Bancaria, 2013, 09: 17 – 23.

[125] Primiceri, Giorgio E. Time varying structural vector autoregressions and monetary policy [J]. Review of Economic Studies, 2005, 72

（3）：821 – 852.

［126］Piet Clement. The term "macroprudential"：origins and evolution ［R］. BIS Quarterly Review，2010，3：59 – 65.

［127］Pesaran，M. H，Shin. Generalised impulse response analysis in linear multivariate models ［J］. Economics Letters，1998，58（1）：17 – 29.

［128］Pesaran M. H. ，Smith R. Estimating long-run relationships from dynamic heterogeneous panles ［J］. Journal of Econometrics，1995，68（1）：79 – 113.

［129］Percival D B，Walden A T. Wavelet Methods for Time Series Analysis ［M］. Cambridge：Cambridge University Press，2000.

［130］Padoa – Schioppa T. Central banks and financial stability：exploring the land in between ［J］. The Transformation of the European Financial System，2003，（25）：269 – 310.

［131］Ostry J D，Qureshi M S，Habermeier K F，et al. capital inflows：the fole of controls ［J］. Revista De Economia Institucional，2010，12（23）：135 – 164.

［132］Oet M V，Bianco T，Gramlich D，Ong S J. Safe：An early warning system for systemic banking risk ［J］. Journal of Banking & Finance，2013，37（11）：4510 – 4533.

［133］Obstfeld M. Financial flows，financial crises，and global imbalances ［J］. Journal of International Money and Finance，2012，31（3）：469 – 480.

［134］N'Diaye P M P. Countercyclical macro prudential policies in a supporting role to monetary policy ［J］. General Information，2009，9（9）：1 – 22.

［135］Nakajima J，Kasuya M，Watanabe T. Bayesian analysis of time-varying parameter vector autoregressive model for the Japanese economy and monetary policy ［J］. Journal of the Japanese & International Economies，2011，25（3）：1 – 245.

［136］Mundell R A. A theory of pptimum currency areas ［J］. American Economic Review，1961，51（4）：657 – 665.

［137］ Moshirian F. The global financial crisis and the evolution of markets, Institutions and regulation ［J］. Journal of Banking & Finance, 2011, 35 (3): 502 – 511.

［138］ Mishkin, F. Globalization, macroeconomic performance and monetary policy ［J］. Journal of Money, Credit and Banking, 2009 (41): 187 – 196.

［139］ Mester L J. The nexus of macroprudential supervision, monetary policy, and financial stability ［J］. Journal of Financial Stability, 2017, 30 (6): 177 – 180.

［140］ Mensi W, Hammoudeh S, Shahzad S J H, et al. Modeling systemic risk and dependence structure between oil and stock markets using a variational mode decomposition-based copula method ［J］. Journal of Banking & Finance, 2017, 75 (2): 258 – 279.

［141］ Mendicino C, Punzi M T. House prices, capital inflows and macroprudential policy ［J］. Journal of Banking & Finance, 2014, 49 (12): 337 – 355.

［142］ Mccarthy J. Pass – through of exchange rates and import prices to domestic inflation in some industrialized economies ［J］. Eastern Economic Journal, 2007, 33 (4): 511 – 537.

［143］ Matheson T D. Financial conditions indexes for the United States and euro area ［J］. Economics Letters, 2012, 115 (3): 0 – 446.

［144］ Masciandaro D, Volpicella A. Macro prudential governance and central banks: Facts and drivers ［J］. Journal of International Money and Finance, 2016, 61 (3): 101 – 119.

［145］ Masciandaro D, Pansini R V, Quintyn M. The economic crisis: Did supervision architecture and governance matter? ［J］. Journal of Financial Stability, 2013, 9 (4): 578 – 596.

［146］ Martin M. Assessing the model risk with respect to the interest rate term structure Under Solvency II ［J］. Journal of Risk Finance, 2013, 14 (3): 269 – 274.

［147］ Mariathasan M, Merrouche O. The manipulation of basel risk-weights ［J］. Journal of Financial Intermediation, 2014, 23 (3): 300 –

321.

[148] Madaleno M, Pinho C. International stock market indices co-movements: a new look [J]. International Journal of Finance & Economics, 2012, 17 (1): 89 – 102.

[149] Männasoo K, Mayes D G. Explaining bank distress in Eastern European transition economies [J]. Journal of Banking & Finance, 2009, 33 (2): 244 – 253.

[150] Love I, Zicchino L. Financial development and dynamic investment behavior: Evidence from panel VAR [J]. Quarterly Review of Economics & Finance, 2007, 46 (2): 190 – 210.

[151] Lombardi M J, Osbat C, Schnatz B. Global commodity cycles and linkages: a FAVAR approach [J]. Empirical Economics, 2012, 43 (2): 651 – 670.

[152] Loisel O, Pommeret A, Portier F. Monetary policy and herd behavior in new-tech investment [J]. THEMA, 2010, 43 (4): 1 – 43.

[153] Liu Z, Spiegel M M, Tai A. Measuring the effects of dollar appreciation on Asia: A FAVAR approach [J]. Journal of International Money and Finance, 2017, 74: 353 – 370.

[154] Lippi M, Reichlin L. The dynamic effects of aggregate demand and supply disturbances: comment [J]. American Economic Review, 1993, 83 (3): 644 – 652.

[155] Lin L. Optimal loan-to-value ratio and the efficiency gains of default [J]. Annals of Finance, 2014, 10 (1): 47 – 69.

[156] Lim C H, Costa A, Columba F, et al. Macroprudential policy: What instruments and how to use them? Lessons from country experiences [R]. IMF Working Papers, 2011.

[157] Liebeg D, Eidenberger J, Schmitz S W, et al. Macroprudential supervision: A key lesson from the financial crisis [J]. Financial Stability Report, 2014 (27): 83 – 94.

[158] Lee M, Asuncion R C, Kim J. Effectiveness of macroprudential policies in developing Asia: An empirical analysis [J]. Emerging Markets Finance & Trade, 2016, 52 (4): 923 – 937.

[159] Laeven L, Levine R. Bank governance, regulation and risk taking [J]. Journal of Financial Economics, 2009, 93 (2): 259 – 275.

[160] Koop G, Leon – Gonzalez R, Strachan R W. On the evolution of the monetary policy transmission mechanism [J]. Journal of Economic Dynamics and Control, 2009, 33 (4): 997 – 1017.

[161] Koop G, Korobilis D. A new index of financial conditions [J]. European Economic Review, 2014, 71 (10): 101 – 116.

[162] Kisgen D J. Credit ratings and capital structure [J]. The Journal of Finance, 2006, 61 (3): 1035 – 1072.

[163] Kim S, Plosser M C, Santos J A C. Macroprudential policy and the revolving door of risk: Lessons from leveraged lending guidance [J]. Journal of Financial Intermediation, 2018, 34: 17 – 31.

[164] Kim S, Shepherd N, Chib S. Stochastic volatility: Likelihood inference and comparison with ARCH models [J]. Review of Economic Studies, 1998, 65 (3): 361 – 393.

[165] Khandani A E, Lo A W, Merton R C. Systemic risk and the refinancing ratchet effect [J]. Journal of Financial Economics, 2013, 108 (1): 29 – 45.

[166] Kenourgios D., Dimitriou D. Contagion of the global financial crisis and the real economy: A regional analysis [J]. Economic Modelling, 2015, 44 (1): 283 – 293.

[167] Kanno M. The network structure and systemic risk in the global non-life insurance market [J]. Insurance Mathematics & Economics, 2016, 67 (3): 38 – 53.

[168] Kannan P, Rabanal P, Scott A M. Monetary and macroprudential policy rules in a model with house price booms [J]. Social Science Electronic Publishing, 2009, 12 (9): 544 – 553.

[169] Jebabli I, Arouri M, Teulon F. On the effects of world stock market and oil price shocks on food prices: An empirical investigation based on TVP – VAR models with stochastic volatility [J]. Energy Economics, 2014, 45 (9): 66 – 98.

[170] Ireland P. A method for taking models to the data [J]. Journal of

Economic Dynamics and Control，2004，28（6）：1205 – 1226.

［171］ Inderst R，Ottaviani M. How（not）to pay for advice：A frame-work for consumer financial protection ［J］. Journal of Financial Economics，2012，105（2）：393 – 411.

［172］ IMF. Global financial stability report ［R］. IMF working papers，2011.

［173］ Huang X，Zhou H，Zhu H. A framework for assessing the systemic risk of major financial institutions ［J］. Journal of Banking & Finance，2009，33（11）：2036 – 2049.

［174］ Houben A. Aligning macro-micr oprudential supervision ［M］. Financial Supervision in the 21st Century. Springer Berlin Heidelberg，2013：201 – 220.

［175］ Hosszú，Zsuzsanna. The impact of credit supply shocks and a new FCI based on a FAVAR approach ［J］. Economic Systems，2018，42（3）：32 – 44.

［176］ Hoque M E，Zaidi M A S. The impacts of global economic policy uncertainty on stock market returns in regime switching environment：Evidence from sectoral perspectives ［J］. International Journal of Finance & Economics，2019，24（2）：991 – 1016.

［177］ Hong Y，Liu Y，Wang S，et al. Granger Causality in Risk and Detection of Extreme Risk Spillover Between Financial Markets ［J］. Journal of Econometrics，2009，150（2）：271 – 287.

［178］ Holtz – Eakin D，Rosen N H S. Estimating vector autoregressions with panel data ［J］. Econometrica，1988，56（6）：1371 – 1395.

［179］ Hayashi F，Sims C. Nearly efficient estimation of time series models with predetermined，but not exogenous，instruments ［J］. Econometrica，1983，51（3）：783 – 798.

［180］ Harrington S E. The financial crisis，systemic risk，and the future of insurance regulation ［J］. Journal of Risk & Insurance，2009，76（4）：785 – 819.

［181］ Hanson S G，Stein J C. Monetary policy and long-term real rates ［J］. Journal of Financial Economics，2014，115（3）：429 – 448.

［182］ Gupta R, Jurgilas M, Kabundi A. The effect of monetary policy on real house price growth in South Africa: A factor-augmented vector autoregression (FAVAR) approach ［J］. Economic Modelling, 2010, 27 (1): 315 - 323.

［183］ Guichard S. , Turner D, Quantifying the effect of financial conditions on US activity ［R］. OECD Economics Department Working Papers, 2008, No. 9.

［184］ Goodhart C, Hofmann B. Asset prices, financial conditions and the transmission of monetary policy ［J］. Proceedings, 2001, 114 (2): 198 - 230.

［185］ Gong P, Dai J. Monetary policy, exchange rate fluctuation, and herding behavior in the stock market ［J］. Journal of Business Research, 2017, 76 (7): 34 - 43.

［186］ Gohari B, Woody K E. The new global financial regulatory order: Can macroprudential regulation prevent another global financial disaster? ［J］. Journal of Corporation Law, 2015, 40 (2): 403 - 435.

［187］ Goel A, Mehra A. Analyzing Contagion Effect in Markets During Financial Crisis Using Stochastic Autoregressive Canonical Vine Model ［J］. Computational Economics, 2019, 53 (3): 921 - 950.

［188］ Girod C, Vitalis R, Leblois R, et al. Inferring population decline and expansion from microsatellite data: a simulation-based evaluation of the Msvar method ［J］. Genetics, 2011, 188 (1): 165 - 179.

［189］ Gilles P, Gauvin M S, Huchet N. Banking sector and monetary policy transmission: Bank capital, credit and risk-taking channels ［J］. Modern Economy, 2013, 04 (1): 77 - 86.

［190］ Gibson H D, Hall S G, Tavlas G S. Measuring systemic vulnerability in European banking systems ［J］. Journal of Financial Stability, 2018, 36 (6): 279 - 292.

［191］ Gerlach R, Carter C, Kohn R. Efficient bayesian inference for dynamic mixturemodels ［J］. Journal of the American Statistical Association, 2000, 95 (451): 819 - 828.

［192］ George Mészáros. Macroprudential regulation: A contradiction in

237

its own terms [J]. Journal of Banking Regulation, 2013, 14 (2): 164 – 182.

[193] Francq C, Zakoïan J M. Risk-parameter estimation in volatility models [J]. Journal of Econometrics, 2015, 184 (1): 158 – 173.

[194] Foot M. What is "financial stability" and how do we get it? [R]. The Roy Bridge Memorial Lecture, 2003.

[195] Ferraresi T, Roventini A, Fagiolo G. Fiscal policies and credit regimes: a TVAR approach [J]. Journal of Applied Econometrics, 2014, 30 (7): 23 – 56.

[196] Fáykiss P, Szombati A. Macroprudential supervision in non-euro area European countries [J]. Mnb Bulletin, 2013, 8: 61 – 68.

[197] Fan H C, Gou Q, Peng Y C. Spillover effects of capital controls on capital flows and financial risk contagion [J]. Journal of International Money and Finance, 2020, 105 (7): 102189.

[198] Ezeoha A. E. Banking consolidation, credit crisis and asset quality in a fragile banking system: Some evidence from Nigerian data [J]. Journal of Financial Regulation & Compliance, 2011, 19 (1): 33 – 44.

[199] Engel C. Macroprudential policy under high capital mobility: policy implications from an academic perspective [J]. Journal of Japanese and International Economics, 2016, 42 (6): 162 – 173.

[200] Emmanouil N. Karimalisa, Nikos K. Nomikosa. Measuring systemic risk in the European banking sector: A copula CoVaR approach [J]. European Journal of Finance, 2017, 24 (11): 944 – 975.

[201] Elyasiani E, Mansur I. International Spillover of Risk and Return among Major Banking Institutions: A Bivariate GARCH Model [J]. Journal of Accounting, Auditing and Finance, 2003, 18 (2): 303 – 330.

[202] ECB. EU Banking Sector Stability [R]. Germany: European Central Bank, 2008.

[203] Durbin J, Koopman S. J. A simple and efficient simulation smoother for state space time series analysis [J]. Biometrika, 2002, 89 (3): 603 – 616.

[204] Dueker M. Dynamic forecasts of qualitative variables: A qual

VAR model of U. S. recessions [J]. Journal of Business & Economic Statistics, 2005, 23 (1): 96 – 104.

[205] Dua P, Ray S C. A BVAR model for the connecticut economy [J]. Journal of Forecasting, 2010, 14 (3): 167 – 180.

[206] Drehmann B M, Borio C. Measuring financial asset return and volatility spillovers, with application to global equity [J]. Markets, Economic Journal, 2009, 119 (534): 171.

[207] Del Negro M, Schorfheide F, Smets F, et al. On the fit of new keynesian models [J]. Journal of Business & Economic Statistics, 2007, 25 (2): 123 – 143.

[208] Danielsson J, Shin H S, Zigrand J P. Endogenous extreme events and the dual role of prices [J]. Social Science Electronic Publishing, 2012, 4 (1): 111 – 129.

[209] Culp C L, Neves A M P. Shadow banking, risk transfer, and financial stability [J]. Journal of Applied Corporate Finance, 2017, 29 (4): 45 – 64.

[210] Cooray A. Do stock markets lead to economic growth? [J]. Journal of Policy Modeling, 2010, 32 (4): 448 – 460.

[211] Coën A, Lefebvre B, Simon A. International money supply and real estate risk premium: The case of the London office market [J]. Journal of International Money and Finance, 2018, 82 (4): 120 – 140.

[212] Claeys S, Schoors K. Bank supervision Russian style: Evidence of conflicts between micro-and macro-prudential concerns [J]. Journal of Comparative Economics, 2007, 35 (3): 630 – 657.

[213] Claessens S. An overview of macroprudential policy tools [R]. IMF Working Papers, 2014.

[214] Cifuentes R, Claro S, Jara A. Macroeconomic and financial volatility and macroprudential policies in Chile [J]. BIS Paper, 2018, 24 (1): 87 – 98.

[215] Chernick M R. Wavelet Methods for Time Series Analysis [J]. Technometrics, 2001, 43 (4): 491.

[216] Chang Q L, Chi X, Cong Y, et al. Measuring financial market

239

risk contagion using dynamic MRS – Copula models：The case of Chinese and other international stock markets ［J］. Economic Modelling，2015，51 （12）：657 –671.

［217］ Chan J C C. The stochastic volatility in mean model with time-varying parameters：An application to inflation modeling ［J］. Journal of Business & Economic Statistics，2015，35（1）：17 –28.

［218］ Cecchetti S G，Li L. Do capital adequacy requirements matter for monetary policy？［J］. Economic Inquiry，2008，46（4）：643 –659.

［219］ Cao G. X. ，Cao J. ，Xu L. B. ，et al. Detrended cross-correlation analysis approach for assessing asymmetric Multifractal detrended cross-correlations and their application to the Chinese financial market ［J］. Physica A，2014，393（1）：460 –469.

［220］ Campello M. ，Graham J. R. ，Harvey C. R. The real effects of financial constraints：evidence from a financial crisis ［J］. Journal of Financial Economics，2010，97（3）：470 –487.

［221］ Caccioli F，Barucca P，Kobayashi T. Network models of financial systemic risk：A review ［J］. Journal of Computational Social Science，2018，1（1）：81 –114.

［222］ Brunnermeier M. The fundamental principles of financial regulation ［J］. Geneva Reports on the World Economy，2009，93（23）：153 –158.

［223］ Brun – Aguerre R，Fuertes A M，Greenwood – Nimmo M. Heads I win；tails you lose：asymmetry in exchange rate pass-through into import prices ［J］. Journal of the Royal Statistical Society：Series A（Statistics in Society），2017，180（2）：587 –612.

［224］ Bratis T，Laopodis N T，Kouretas G P. Systemic risk and financial stability dynamics during the Eurozone debt crisis ［J］. Journal of Financial Stability，2020，47（3）：100723.

［225］ Brana S，Djigbenou M L，Stéphanie Prat. Global excess liquidity and asset prices in emerging countries：A PVAR approach ［J］. Emerging Markets Review，2012，13（3）：256 –267.

［226］ Boyson N M，Stahel C W，Stulz R M. Hedge fund contagion

240

and liquidity shocks ［J］. The Journal of Finance, 2016, 65 (5): 1789 –
1816.

［227］ Borio, C. , Lowe P. . Asset prices. financial and monetary sta-
bility: Exploring the Nexus ［R］. BIS Working Paper, 2002.

［228］ Borio, C. and M. Drehmann. Assessing the risk of banking cri-
ses-revisited ［J］. BIS Quarterly Review, 2009, 3 (3): 29 – 46.

［229］ Borio C. The financial cycle and macroeconomics: What have we
learnt? ［J］. Social Science Electronic Publishing, 2012, 45 (8): 182 –
198.

［230］ Borio C, Drehmann M. Financial instability and macroeconom-
ics: bridging the gulf ［C］. Twelfth Annual International Banking Confer-
ence, The International Financial Crisis: Have the Rules of Finance
Changed. 2009: 24 – 25.

［231］ Borio C E V, Disyatat P. Global imbalances and the financial
crisis: link or no link? ［J］. Social Science Electronic Publishing, 2011, 68
(5): 1 – 18.

［232］ Blanchard O J, Riggi M. Why are the 2000s so different from the
1970s? A structural interpretation of changes in the macro-economic effects of
oil prices ［J］. Journal of the European Economic Association, 2013, 11
(5): 1032 – 1052.

［233］ BIS. Recent innovations in international banking ［R］. BIS
Report, 1986: 2 – 4.

［234］ Bhansali V, Gingrich R, Longstaff F A. Systemic credit risk:
What is the market telling us? ［J］. Financial Analysts Journal, 2008, 64
(4): 16 – 24.

［235］ Beshenov S, Rozmainsky I. Hyman Minsky's financial instability
hypothesis and the Greek debt crisis ［J］. Russian Journal of Economics,
2015, 1 (4): 419 – 438.

［236］ Bertrand O, Zuniga P. R&D and M&A: Are cross-border M&A
different? An investigation on OECD countries ［J］. International Journal of
Industrial Organization, 2006, 24 (2): 401 – 423.

［237］ Bernanke B S, Eliasz B P. Measuring the effects of monetary policy: A factor-augmented vector autoregressive (FAVAR) approach [J]. The Quarterly Journal of Economics, 2005, 120 (1): 387 – 422.

[238] Bencivenga V. , Smith B. , Starr R. Transacions costs, technological choice, and endogenous growth [J]. Journal of Economic Theory, 1995, 67 (1): 153 – 177.

[239] Bekaert G, Hoerova M, Lo Duca M. Risk, uncertainty and monetary policy [J]. Journal of Monetary Economics, 2013, 60 (7): 771 – 788.

[240] Beckmann J, Czudaj R. Exchange rate expectations and economic policy uncertainty [J]. European Journal of Political Economy, 2017, 47 (3): 148 – 162.

[241] Basel B. Comments on proposal to ensure the loss absorbency of regulatory capital at the point of non-viability [R]. Committee on Banking Supervision (BCBS) . 2010.

[242] Baruník J, Ko č enda E, Vácha L. Gold, oil, and stocks: Dynamic correlations [J]. International Review of Economics & Finance, 2016, 42 (3): 186 – 201.

[243] Barrell R. , Hurst I. , Kirby S. Financial crises, regulation and growth [J]. National Institute Economic Review, 2008, 206 (313): 56 – 65.

[244] Balcilar M, Hammoudeh S, Toparli E A. On the risk spillover across the oil market, stock market, and the oil related CDS sectors: A volatility impulse response approach [J]. Energy Economics, 2018, 74 (8): 813 – 827.

[245] Bailliu J, Meh C, Zhang Y. Macroprudential rules and monetary policy when financial frictions matter [J]. Economic Modelling, 2012, 50: 148 – 161.

[246] Allen W A, Wood G. Defining and achieving financial stability [J]. Journal of Financial Stability, 2005, 2 (2): 152 – 172.

[247] Allen F. , Babus A. , Carletti E. Asset commonality, debt maturity and systemic risk [J]. Journal of Financial Economics, 2011, 104 (3): 519 – 534.

［248］Aiyar S, Calomiris C W, Wieladek T. Does macro-prudential regulation leak? Evidence from a UK policy experiment ［J］. Journal of Money Credit & Banking, 2014, 46 (s1): 181 –214.

［249］Ahuja A, Nabar M. Safeguarding banks and containing property booms: cross-country evidenceon macroprudential policies and lessons from Hong Kong SAR ［R］. IMF Working Papers, 2011, 11 : 1 –27.

［250］Acharya V V, Gale D, Yorulmazer T. Rollover risk and market freezes ［J］. Journal of Finance, 2009, 66 (4): 1177 –1209.